# I-DO
# 学习模式的
# 创意与实践

李倩 等◎著

课堂教学新样态丛书

丛书主编 杨四耕

华东师范大学出版社
·上海·

**图书在版编目(CIP)数据**

I - DO 学习模式的创意与实践/李倩等著. —上海：华东师范大学出版社,2025. —(课堂教学新样态丛书).

ISBN 978 - 7 - 5760 - 5903 - 8

Ⅰ. G632.421

中国国家版本馆 CIP 数据核字第 2025NB7930 号

课堂教学新样态丛书

# I - DO 学习模式的创意与实践

丛书主编　杨四耕
著　　者　李　倩　等
策划编辑　刘　佳
项目编辑　林青荻
特约审读　韩　蓉
责任校对　饶欣雨　时东明
装帧设计　卢晓红

出版发行　华东师范大学出版社
社　　址　上海市中山北路 3663 号　邮编 200062
网　　址　www.ecnupress.com.cn
电　　话　021 - 60821666　行政传真 021 - 62572105
客服电话　021 - 62865537　门市(邮购)电话 021 - 62869887
地　　址　上海市中山北路 3663 号华东师范大学校内先锋路口
网　　店　http://hdsdcbs.tmall.com

印 刷 者　上海商务联西印刷有限公司
开　　本　787 毫米×1092 毫米　1/16
印　　张　18.5
字　　数　156 千字
版　　次　2025 年 6 月第 1 版
印　　次　2025 年 6 月第 1 次
书　　号　ISBN 978 - 7 - 5760 - 5903 - 8
定　　价　58.00 元

出 版 人　王　焰

(如发现本版图书有印订质量问题,请寄回本社客服中心调换或电话 021 - 62865537 联系)

# 编委会

**主　编**

李　倩

**副主编**

潘　霞

**编　委**

（按姓氏笔画）

孙江涛　邢冰伟　吴　昕　郭杉杉　屠卓莹

# 丛书总序
# 被重新定义的课堂

苏联教育家赞科夫在《教学与发展》一书中指出：课堂教学必须"使班上所有的学生都得到一般发展"。也就是说，课堂教学要引导学生在认知、情感、技能等方面发生整体改变，在思维方式、情感体验、思想境界、为人处世等维度发生实质性变化；课堂教学应释放出生命感、意义感、眷注感、智慧感、美妙感、意境感、期待感……

长久以来，我们的课堂特别重视知识传承，以致许多学生能从容应对考试，却在生活中显得无能。有一位德国专家说："你们的教科书比我们的教科书厚，你们的题目比我们的题目难，但是你们得买我们的货。"这句话给我们的教育敲响了警钟，值得每一个人思考：请给知识注入生命，用经验激活知识，用智慧建构知识，用情感丰富知识，用心灵感悟知识，用想象拓展知识，让知识变得鲜活，让孩子们领悟到生命的伟岸！课堂教学是思想与思想的碰撞，是心灵与心灵的相遇，是生命与生命的对话，让我们用热情去拥抱课堂——课堂是眷注生命的地方。

我们必须清醒：如果把揭示人生的意义看作认识论的任务，我们就永远不可能把这个意义揭示出来，因为，知识的增长并不一定使生活变得完美。当认识、知识成了第一性的东西，情感和意志便成了奴仆。这样，一个人受的教育越多，他们的思想就越会被包裹在一层坚实的知识硬壳之中。其实，臻达人性完美需要"另一种"教学，这种教学与理解融合，教学本身即理解，理解本身即教学。教学是生命意义的澄明，使人不断地自我超越，"不停地'进入生活'，不停地变成一个人"。说白了，课堂里蕴涵着"人是什么"的答案。因此，在一般意义上，教学即对理解的自觉追求；在终极意义上，教学即理解。

它们共同揭示了一个深刻的道理：课堂是善解人意的地方。

俄国教育学家乌申斯基曾经说过："教育的主要目的在于使学生获得幸福，不能为任何不相干的利益而牺牲这种幸福。"诺丁斯也提过："一种好的教育就应该极大地促进个人和集体的幸福。"课堂教学是师生双边活动，没有教师幸福地教，也就没有学生幸福地学。当老师和学生积极参与到课堂教学之中，让生命释放意义感，他们就能在丰富多彩的教学活动中成长，获得生命意义上的幸福感。幸福是人类的永恒情结，课堂教学不仅应给人高品位的精神生活，而且应给人高品位的幸福体验。从一定意义上说，课堂是守望幸福的地方。人的一生能否过得幸福，很大程度上取决于他今天在课堂生活中能否获得幸福。这或许就是课堂教学的深刻意义所在。

我们的课堂善用纪律规范行为，用训练规约思想，却漠视人的情感与独特感受，课堂因此没有了盎然的生气。课堂理应是春暖花开的地方，宁静，安全，温馨，轻松。在这里，有家的感觉，不用担心"万一说错了怎么办"，孩子们敢于说"我有不同的想法"，"老师，你讲错了"；在这里，孩子们不怕"露怯"，不怕"幼稚"，能道出困惑，能提出观点，能形成质疑；在这里，有诗情画意，有奇思妙想，有思维碰撞，有情景，有灵气，课堂因此有了一种奇妙的意境感。

课堂也是为放飞梦想而存在的。孩子们充满想象，面对这个世界，他们无拘无束，内心有太多美好的期待。他们渴望走向社会，走进自然。课堂是广袤的天地，上下五千年，纵横数万里，任你穿越。课堂中心、书本中心、教师中心，多么不堪一击！课堂教学要回归曾经远离了的生活世界，穿越时间隧道，把过去、现在、未来浓缩在一起，跨越空间的界碑，让孩子们享受人类文明的成果。由此，课堂是凝视梦想的地方，这里有未来，有远方，有充满张力的诗……

怀特海说："教育只有一个主题，那就是五彩缤纷的生活。但我们没有向学生展现生活这个独特的统一体，而是教他们代数、几何、科学、历史，却毫无结果；……以上这些能说代表了生活吗？"怀特海的观点是令人深思的：知识并不代表生活，生活需要智慧。很多时候，课堂与知识无关；课堂是一种态度、一种生活。有什么样的态度，就有什么样的生活。课堂教学的核心意义在于传递生活态度，让孩子们彻底明白：生命的厚度在于拥有静谧的时光，让心灵溢满宁静与幸福。这样，课堂教学有效性就能提高，课堂就不再每一分钟都压得学生"喘不过气来"。无论如何，我们应该懂得，课堂是一个酝酿牵挂的地方。

派纳在《健全、疯狂与学校》一文的结语中说："我们毕业了，拿到了证书却没有清醒的头脑，知识渊博却只拥有人类可能性的碎片。"这多么令人深思啊！当人的需要、价值、情感被淹没在单纯的知识目标之中，生命感在这里便荡然无存。将课堂教学视为纯粹的认识活动，片面发展人的认识能力，看不到人的整体"形象"，特别是作为"在场的人"的"整体形象"被抽象；放眼世界，人之精神远遁，迷失于庞大的"静止结构"，这便是"教学认识论"的"悲剧范畴"。其实，课堂是一个意义时空，教学即谈心，学习即交心。当我们真正把学生看作活生生的人，就会发现：原来，课堂是点亮心灵的地方。

课堂教学是富含智慧和艺术的活动。只有把教师的主导性和学生的主动性都激发出来，才能算作真正的课堂教学。说白了，课堂是智慧碰撞的地方。课堂教学要善于抓住转瞬即逝的思维亮点，促成智性的提升和灵性的妙悟。如何围绕教学目标，理清教学思路，选用教学方法，驾驭教学机制，促进孩子们智性跃迁与灵性发展？如果我们只是单纯地传授知识，教师拼命讲，学生认真听、被动地接受，长此以往，学生的大脑便会"格式化"，发展便得不到真正的保障，他们只能在大脑中形成直线型知识反馈通路，无法呈现富有生命情愫的、饱满的人的形象！

对于课堂，我们可以有无穷的定义。一位哲人曾经说过："一种文化首先意味着一种眼光"，"眼光不同，对所有事情的理解就不同"。当课堂被重新定义的时候，当我们真切地回归课堂教学人文立场的时候，检视课堂教学的"眼光"便有了新的角度，课堂教学便有了新的样态。

杨四耕

2022 年 3 月 8 日于上海市教育科学研究院

# 目录

## 第一章　有智慧地做　/ 1

　　I－DO学习模式是项目学习的一种特殊形式，其目标可以从学科素养目标和一般素养目标两个维度设计。从学科素养目标角度设计项目学习目标，就是从把握学科核心概念和具体知识点的角度设计项目学习目标；从一般素养目标设计项目学习目标，特别关注批判性思维、创新思维、沟通能力和协作能力，在相关学科教学中找到这些能力的落脚点，从而设计项目学习目标。一句话，项目学习目标设计需站在培养"完整人"的立场上考量。

## 第二章　有发现地做　/ 55

发现是人的存在方式，发现学习是以发现为目标和引领的一种学习方式，项目学习离不开发现学习的支撑与辅助。只有符合学习者的需求才能得到学习者的关注，教师在进行学习设计或者活动设计时，应充分挖掘学科目标要求，并据此细化学习内容，丰富活动资源。只有这样，学习者才能有理"发现"、有据"发现"、有所"发现"。

## 第三章　有设计地做　/ 101

I-DO 学习模式表征为经过精心设计的序列活动，目前比较常见的有从问题出发到成果展示的正向设计思路，也有"以终为始"的逆向设计思路。两种设计方式各有所长，适用于不同的情境。结合项目学习活动的关键要素分析，教师在进行项目设计时要关注三个层面：教师与学生的参与、指向素养达成的情境搭建、评价反思与反馈改进。

## 第四章　有探究地做　／ 159

　　I-DO学习模式以发现问题为起点,以描述问题为导向,以设计活动为核心,以成果展示为手段,倡导以探究为主的学习方式,推动育人方式变革,着力发展学生的核心素养,凸显学生的主体地位,以思维能力、科学探究和实践能力、态度与社会责任为培养重点,促进学习能力、创新能力的发展。

## 第五章　有成长地做　／ 217

　　评价的目的在于促进学习,基于核心素养的评价是关注"过程",明确"终点",关照到每一个学生个性的评价,我们将表现性评价和形成性评价相结合,将过程性评价与终结性评价相结合,将质性评价与量化评价相结合,无论是"指导者"角色还是"支持者"角色的评价,其落脚点都在于让学习真实发生。

**后记**　／274

# 前言　给予儿童探寻未知世界的力量

　　上海理工大学附属普陀实验学校是由普陀区人民政府与上海理工大学合作办学，以科技创新教育为特色的一所公办九年一贯制学校。学校始终树立儿童本位的教育观念，确立"以人育人　成就人人"的办学理念，秉持"科创引领文理相融"的办学特色，树立"给予儿童探寻未知世界力量"的课程理念，以国家课程优质化、地方课程融合化、校本课程特色化，推动三类课程协同育人，以期实现"让每一个师生明天更美好"的办学愿景。

　　学校围绕"健康快乐　厚德睿智　好学善创"的育人目标，以五大素养（人文素养、科学素养、艺术素养、创新素养、健康素养）维度，从学生八大显性能力（科学观察能力、独立思考能力、质疑判断能力、问题解决能力、想象创新能力、动手实验能力、语言表达能力、团队合作能力）方向培养"三善"优秀毕业生（见图1）。

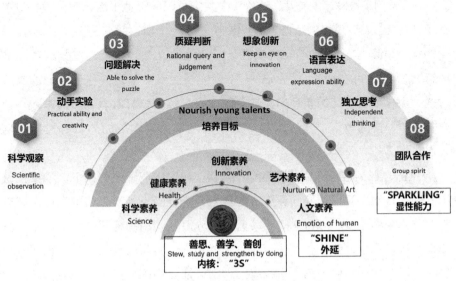

**图 1　上海理工大学附属普陀实验学校育人模型**

学校自 2018 年起，经过两轮区级课题研究，持续推进校本科创课程的开发与实施，尊重学生的个性差异，以"创新、培优、提质"和"丰富、多样、可选择"为原则，通过课程的顶层设计和体系架构，将课程的总目标细化到分水平目标体系，设定不同水平的培养目标，提高教师的可操作性，增强学习评价的可观测性；完成 1—6 年级的"趣·十一"教学资源包的编写，创设以教师为主导，以学生为主体，多样的学习机会和良好的探究氛围。经过多年的探索，授课教师在实践过程中，能保护学生的好奇心，激发学生的学习兴趣，引导、支持和帮助学生主动学习、主动探究，初步实现了教师育人价值观和教学方式的转变。我校在基于学习和研究的基础上，在课堂实践中逐步形成了 I-DO 学习模式。

## 一、I-DO 学习模式具有鲜明的时代性

国家社会和教育发展的需要。在党的二十大报告、教育部发布的《中国学生发展核心素养》《义务教育课程方案和课程标准（2022 年版）》等多个文件中都对科创人才的培养提出了明确的要求。因此在义务教育阶段，有目标、有计划、有系统、扎实有效地培育学生的科创素养尤为迫切与必要。

项目学习理论发展的需要。随着《中共中央国务院关于深化教育教学改革全面提高义务教育质量的意见》《上海市义务教育项目化学习三年行动计划（2020—2022 年）》《关于实施项目化学习推动义务教育育人方式改革的指导意见》等文件的颁发，作为培养 21 世纪学生所需学习素养和能力的有效方式，深化项目学习的实践和探索，已成为基层学校紧跟教改、推进教与学方式变革、提高教育质量、培养学生创造性解决问题能力的重要抓手与切入点。

学生发展的需要及我校课程建设的需要。在课程理念的引领下，我校推进国家课程、地方课程和校本课程协同育人，开发了系列科创校本课程，形成限定必修课程普及、综合实践活动课程多元、社团活动特色的培育体系。在课程实施过程中，我校将 I-DO 学习模式作为一种新的学习方式进行实践与探索，以此提升学生的动手实践能力、创造性思维能力和合作能力，落实学

科核心素养。

## 二、I-DO 学习模式具有校本的创新性

我校在课堂实践中凝结出富有特色的、创新的 I-DO 学习模式。I 为智慧（Intelligence），以此建立为目标观，化知识为智慧；D 是与做事有关的内容和方法，分为发现现象（Discover）、描述问题（Describe）、设计活动（Design）、数据收集（Data）、成果展示（Demonstrate）；O 为开放的评价（Open），包括评价维度的开放、评价方法的开放、评价数据的开放。同时也表示着在 I-DO 的学习模式下，学生的学习处于开放的空间、开放的时间，引导学生把自己成长的环境作为学习场所，不断拓展活动时空和活动内容，使自己的探究能力、实践能力、创新能力不断获得发展。我校始终坚持，学生的学习不应当仅是在课堂上，学习应当是随时随地发生的，一次卓有意义的学习活动应该走出教室，走出校园，走到真实的世界中。而学生的学习内容也具有多样性（Diversity），面向学生完整的生活世界，强调学生解决真实问题的能力。学生的学习内容既有学科内容的学习，也有跨学科的学习，还有科技馆场馆课程、实验室课程和研学课程的学习等。

在实践探索中，我校教师主动改进教学行为，创新教学活动，通过多资源、多路径、多场域、多渠道的实施，结合开放的评价，为学生提供多样性、综合性、实践性的学习情境和时空，从而培养学生做中思、做中学、做中创的意识，初步形成素养导向的 I-DO 项目学习模式。

## 三、I-DO 学习模式具有内容的丰富性

我校 I-DO 学习模式选用的内容丰富，通过创设真实而富有挑战性的问题情境，引导学生持续探究，并尝试创造性地解决问题，从而发展学生的核心素养。依据上海市教育委员会关于实施项目化学习推动义务教育育人方式改革的指导意见，将其内容分为三类：1. 活动项目学习：指学生从真实情景中发现问题从而转化的项目。例如本书中"让'动'起来的剪纸走进毕业季""DIY 运

动手环的创意设计与实现""'音为爱'原创酷乐队"等。 2.学科项目学习：指向学科核心素养培育的项目。例如本书中语文学科项目"新版名著《简·爱》新书发布会"；数学学科项目"'尺'观世界，'量'出精彩"；英语学科项目"调皮小猫闯厨房"；地理学科项目"'向'天地·'踏'四方"等。 3.跨学科项目化学习：结合并指向两个及以上学科核心素养培育的项目。例如本书中结合数学与信息科技的"数学建模与计算机应用的融合"项目；结合信息科技、劳动、美术的"创意打击乐"项目；结合语文、自然、美术等学科的"思·忆清明"项目等。

除此之外，基于学生发展的年龄特点和个性特征，我校形成了"趣·十一"特色校本科创课程。该课程以十个主题组成课程的基本框架，目前已经完成小学10册，每册10个板块，共108个主题、 200多个课时的综合实践活动资源包，具体见图2。

图2 "趣·十一"科创课程框架图

## 四、I-DO 学习模式具有实践的扎根性

本书中 I-DO 学习模式项目案例包含了我校科创课程"趣·十一"、校园文化节活动、综合实践活动、项目化学习等多种学习样态,涉及的年段从小学一直跨越到初中,是结合我校实际现状、尊重学生成长需求、教师提升需求以及学校发展需求的实践结晶,具有较强的实践扎根性。同时,案例中包含的学科种类丰富、多元,各学科老师积极参与实践,用智慧让我们的学生在这九年中能够多方位地实现学有所思、学有所得、学有所用。

在开发与实践 I-DO 学习模式的过程中,基于项目共同体,我校形成了一套具有可行性、可操作性的教师研修流程:教师探讨项目学习的项目选择,根据学生需求确定项目内容,努力寻求更加创新有趣、贴近现实的教学设计,改善教学方法和策略;定期召开会议探讨项目目标制定、项目活动的实施、项目评价方式的确定,研究认知策略、学习经历、成果呈现等关键问题,促进共同学习;同时聘请专家对教师进行培训,指导聚焦项目学习实施方案的设计、课堂氛围的营造及知识与能力的建构等方面,以此更好地提升项目学习的效果和可操作性;以案例分享、课堂观摩、学生作品展示等形式交流成果,以此激励教师,获得成就感;最后通过自评、互评等形式,回顾整个项目过程,评价总结、提升拓展,形成充实完善并可在全校推广的典型案例,为各学科、各年级教师提供可参照的活动项目、学科项目、跨学科项目案例。

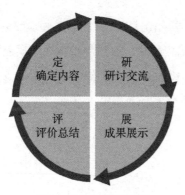

**图 3 教师研修流程图**

## 五、I-DO 学习模式具有效果的生长性

I-DO 学习模式的形式为学生提供了可施展的平台，提高了教师的职业效能感，促进了办学特色提升。

对儿童发展具有生长性。经过专家指导、教师反复打磨，I-DO 学习模式的实践立足生活实际，通过综合实践活动、校本课程、社团等的实施方式，以丰富的活动内容引导学生发现身边问题，培育多元智能，深受学生喜爱。在我校教师的孵化下，学生参加各类科技创新赛事，多名学生在上海市各大赛事中有所斩获，获奖人数逐年递增。

对教师成长具有生长性。第一，促进了教师的持续学习。文献的学习，能够重构教师的教学理念，激发教师的教学研究能力。第二，促进教师教学方式转变。在 I-DO 学习模式下进行项目学习，有助于更新教师的教学理念，主动改进教学行为，促进课堂从以教为中心向以学为中心转变，帮助创新教学活动，为学生提供多样性、综合性、实践性的学习情境和时空。

对学校建设具有生长性。I-DO 学习模式的开发实施是我校前期开展的大量学生科创素养培育工作的经验总结及智慧凝练，是我校校园文化的延伸拓展，是我校办学特色优化提升的有效途径，为我校积极探索、尝试并建立持续的、有梯度的科创素养培育模式提供了新思路；同时很好地体现了我校"以人育人、成就人人"的办学理念，在实践探索中实现"健康快乐、厚德睿智、好学善创"的育人目标。

总之，I-DO 项目学习模式的建立能够进一步促进教师专业能力提升，完善我校学生科创素养的培育路径，推进学校教育高质量发展和学校科创特色的打造；该学习模式的建构也在无形中加快了学校课程改革的步伐，为学校进一步探索双新背景下教育教学新样态提供了方向。

# 第一章　有智慧地做

I-DO学习模式是项目学习的一种特殊形式，其目标可以从学科素养目标和一般素养目标两个维度设计。从学科素养目标角度设计项目学习目标，就是从把握学科核心概念和具体知识点的角度设计项目学习目标；从一般素养目标设计项目学习目标，特别关注批判性思维、创新思维、沟通能力和协作能力，在相关学科教学中找到这些能力的落脚点，从而设计项目学习目标。一句话，项目学习目标设计需站在培养"完整人"的立场上考量。

项目学习，究其源头，可以追溯到杜威的"从做中学"教育思想。其与陶行知的"教学做合一"的主张有异曲同工之妙，有利于学习者根据自身兴趣和需要，基于已有的知识经验，通过亲身实践来解决实际问题。

　　关于项目学习，在巴克教育研究所的《项目学习教师指南》一书中，把以课程标准为核心的项目学习定义为一套系统的教学方法，它是对复杂、真实问题的探究过程，也是精心设计项目作品、规划和实施项目任务的过程，在这个过程中，学生能够掌握所需的知识和技能。① 也有学者认为：项目化学习是在教师的引导下，"以学生为中心，以问题为基础"，通过采用小组合作探究的形式，学生围绕问题独立收集资料，发现问题、解决问题，培养学生自主学习能力和创新能力的教学模式。②

　　《义务教育课程方案（2022年版）》指出："要探索大单元教学，积极开展主题化、项目式学习的综合性教学活动。"③ 项目化学习的使命之一就是要补足学生在创造性、问题解决方面的"短板"，培养学生的创造性。以此为据，我校结合项目学习的研究与实践，尝试将项目学习的理念与方式在学科教学中加以落实。

　　在我们看来，项目学习是以学习者为中心，以问题为驱动，以成果为导向，以探究为基础，以合作为方式，以评价为支持，以作品为载体，助力深度学习，培育高阶思维，实现问题解决的全过程。在实践过程中，推进项目学习，应该注意以下几点：第一，项目学习不是脱离或超越课程标准的教学。项

① 美国巴克教育研究所. 项目学习教师指南：21世纪的中学教学法［M］任伟，译. 北京：教育科学出版社，2008：5.
② 王丽艳. 开展项目化学习实践活动　促进学生高品质发展［J］. 牡丹江教育学院学报，2023（5）：123—125.
③ 崔允漷，郭华，吕立杰，等. 义务教育课程改革的目标、标准与实践向度（笔谈）——《义务教育课程方案和课程标准（2022年版）》解读［J］. 现代教育管理，2022（9）：6—19.

目学习需要以课程标准要求的素养目标为主旨，以课程标准要求的学科内容为核心，是以项目的形式、流程、方法实施的创造性教学。第二，项目学习重视驱动性任务或成果的构思、设计，指向师生共同参与课程建构，有利于催生跨情境的知识迁移。第三，项目学习既以学科为基，又超越学科课程，重视不同学科间的联系，引导学习者关注一些与社会热点相关、融入现实生活的情境类任务或项目。第四，项目学习中的学生能够找到兴趣、发现热爱、敢于挑战、自我探索、团队协作、感受成功。从核心知识到关键技能，从基本概念到核心素养，基于真实场景深度学习，基于真实任务协同合作，基于真实体验获得成长。

开展项目学习，首先要从学科素养目标和一般素养目标两个维度设计项目学习目标。从学科素养目标角度设计项目学习目标，一般方法就是：从课程标准中找出学科核心概念，自上而下逐级分解，构建核心知识目标体系；或者基于具体的知识点，自下而上逐级聚焦，提炼出学科核心概念；也可以链接课标的核心概念和教材的具体知识点，上下互动，把握具体概念之间的联系。[①]

从一般素养目标设计项目学习目标，应特别关注"4C"能力，即批判性思维、创新思维、沟通能力和协作能力。我们要在相关学科教学中找到这些能力的落脚点，然后在跨学科学习中加以融合。如协作能力可以解读为：能接受别人的批评意见，反思调整自己的探究，在进行多人合作时愿意沟通交流，综合考虑小组各成员的意见，形成集体的观点。继而可以将团队协作能力分解为接受意见、愿意沟通、综合考虑、形成共识四个维度，并在项目中根据程度设定相应的目标等级。

总之，多元的项目学习目标，本质是站在培养"完整人"的立场，在促进儿童智力增长的同时，发展他们优良的品德、高尚的情操、健康的身心、正确的态度与崇高的价值观。

---

① 陈素平，缪旭春. 基于学科的项目化学习设计与实施样态［J］. 上海教育科研，2019（10）：38—43.

创意 01

# "向"天地·"踏"四方

项目化学习是以解决创造性问题能力为导向，以活动项目、学科项目、跨学科项目为载体的学习方式。作为一名地理教师，恰逢新中考改革，初三跨学科案例考查将对学生综合实践能力的培养提上了新的高度。在跨学科案例的测试背景下，对于学生的考查重点在于弱化知识，要让学生能够在不知道知识的基础上，也能通过能力的迁移完成答题。在学习过程中抛弃机械的知识记忆，以知识为背景，提升问题解决的能力，提高个人素养。

在教学中，我常常会从自己的思考出发，替学生总结一些方法和规律，告诉学生们：第一步、第二步……怎样去做可以在最后得到什么样的结论。在当时看来，已是尽了最大的努力，帮助学生学习解决问题的方法。但方法本身不是单一不变的，不是一条永远不会有变式的公式。我慢慢地开始意识到，这种做法过于刻板，学生的思维能力并没有得到提升，反而被"自创"的公式限制住了思考。

项目化学习便为课堂教学的变革提供了一种崭新的思路。基于"项目化学习"模式，我校提炼并探索形成 I－DO 项目学习模式，引导学生在做中思，做中学，做中创。教师以地理学科核心单元"地图"为例，把握核心知识基础，以驱动问题为起点，建构具有驱动性、挑战性的问题系统，设计并实施以单学科为主体的项目化课程，探索项目化学习在学科基础课程中的实践。

## 一、活动目标

地图是地理学发展的重要表现，其历史沿革源远流长。地图背后的发展历程，如何绘制地图、如何绘制正确的地图都值得挖掘和探索。在日常生活中，如何寻找方向、估量远近都是实际需要解决的真实问题，也是学生应掌握的基本技能。本项目在尽可能少地依赖现有科技的情况下，引导学生通过最传统的方式，沉浸于制图学者的视角，更有思维深度地投入解决问题的过程，由此设定活动目标。

1. 比较古今地图，认识中国古代判别方向的工具及技术，说出地图"语言"，包括比例尺、方向、图例和注记；

2. 绘制平面地图，了解传统制图学的发展历程，感受中华民族的悠久历史和勤劳智慧，增强民族自信心与民族团结意识。

3. 通过制作简易地球仪模型、平面经纬网地图等活动，在地图上识别经线和纬线，说明经度和纬度的分布特征，在小组活动中培养团队合作的意识、负责任的态度和不怕困难的勇气。

4. 阅读地图，描述地理事物所在地的经纬度位置和相对位置等；能够提取地图上的地理信息，并说明地理事物和现象；探究如何运用地图更准确地查找地理信息；初步具备崇尚真知、独立思考、大胆尝试等科学品质。

## 二、活动过程

### （一）观察现象，发现问题

"地图"是地理学习的重要工具，在"地图"的学习前，学生对于我国传统导航技术的发展并没有过多了解，对于地图的作用仅停留在生活经验方面。本项目开展以"如何在生活中寻找方向"为引导，引导学生从实际出发探索方向的判别与综合发展。

为了让学生的项目学习过程有依可循，教师以时间发展为脉络，从中国传统的古代导航技术发展的角度，到西方科学的进步与传统制图技术的碰撞，再到现代地图学的快速发展。通过驱动问题设计，逐一落实教学内容，引导学生掌握地图工具的使用，沉浸课堂。

如图1-1所示，在规划中，本体知识与驱动问题相匹配，让素材服务于课堂的同时，不忽略学科知识的落实。在真实的问题解决情境中投入项目探究，强化课堂地理性和过程项目化。

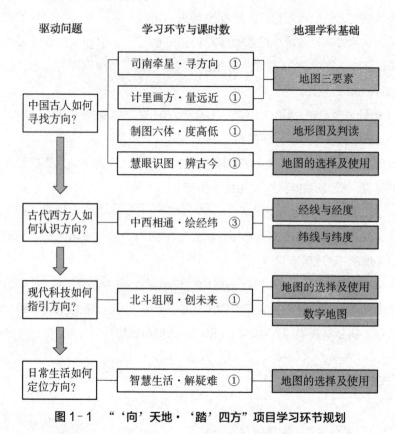

图1-1　"'向'天地·'踏'四方"项目学习环节规划

## （二）思考方案，制订计划

本项目的整体学习线索是按照传统导航技术的不断更新，从时间和空间角度，以时代的发展为脉络。因此，学习探究活动的设置，也紧紧围绕项目内容层层递进，符合学生学习过程。如下表1-1所示，活动组织从个人至团体，形式从实测到自主探究，成果从平面到立体再到课后的自主探究，给学生创造足够的空间发挥与创新。在体验过程中，发挥新时代青少年的创造力。

表1-1 "'向'天地·'踏'四方"项目学习活动规划

| | 活动一 | 活动二 | 活动三 | 活动四 | 活动五 |
|---|---|---|---|---|---|
| 活动内容 | 绘制"居住地地理位置简图" | 绘制"校园简易平面地图" | 制作简易地球仪 | 制作方格式经纬网图 | 创意绘制"校园平面地图" |
| 活动组织 | 个人活动 | 两两合作 | | 小组讨论 | |
| 活动形式 | 脚步丈量实测绘图 | 拼装模型 | | 手持仪器实测绘图 | |
| 活动成果 | 平面地图 | 立体地球仪 | | 制图报告 | |

### （三）合作探究，收集证据

**1. 运用传统测量方法，绘制简易平面地图**

在活动整体设置中，以绘图、制图为主，通过提供不同材料以及相应的活动步骤，引导学生逐渐熟悉地图工具。以往的绘图活动往往注重描摹方式，忽略了实地体验的实践价值。在活动一（图1-2）和活动二（图1-3）的步骤中，尽可能少地借用现代工具，通过目测、步测等非常传统的方法进行实地测量，学生通过真实实践，理解为什么要绘图，通过什么样的方法可以绘图等实际问题，经历发现问题到解决问题的过程。站在古代人民的角度思考如何通过地图规范呈现地理信息，在亲身活动中体验古代人民绘制地图的艰难过程，在矛盾中感受古代人民不畏艰险、探索求知的精神。

活动一：绘制"居住地地理位置简图"

活动材料：一张"校园地理位置简图"，一张空白绘图纸

活动步骤：
1. 观察"校园地理位置简图"，说出需要画出的地理信息（包括居住地的位置、周边道路或河流、指向标、图例等）。
2. 模仿"校园地理位置简图"，观察并记录上下学路途中经过的地理事物。
3. 绘制自己居住地的地理位置简图。
4. 使用你绘制的地理简图向同伴介绍居住地位置。

**图1-2 活动一的活动内容**

**2. 认识中西文化交流，体验从球面到平面**

地图这一部分的学习难度之一是图像信息的抽象，尤其是经纬网部分。活

活动二：
绘制"校园
简易平面地
图"

活动材料：一张绘有部分信息的绘图纸

活动步骤：
1. 采用步测法测量距离。
2. 考虑绘图纸的大小和学校占地面积的大小以确定比例尺。
3. 在图上要标出方向箭头和比例尺。
4. 根据测量结果进行计算并完成绘图。

图 1-3 活动二的活动内容

动三（图 1-4）的设计中通过提供给学生泡沫球、扭扭棒等材料，制作地球仪模型，将抽象的经纬线直观地呈现在学生眼前。在模型制作的基础上，活动四（图 1-5）的设计，通过借用球体模型材料，制作方格式经纬网图，落实经纬网图从球面到平面的转换，从而突破教学难点。在活动深入的过程中，学生能够深切理解西方经纬网知识的引入对传统制图学的影响，在技术的交流中，不断深化自身的技术水平。

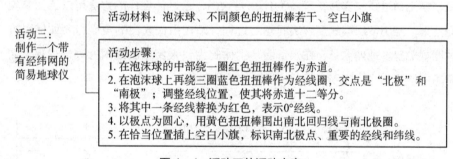

活动三：
制作一个带
有经纬网的
简易地球仪

活动材料：泡沫球、不同颜色的扭扭棒若干、空白小旗

活动步骤：
1. 在泡沫球的中部绕一圈红色扭扭棒作为赤道。
2. 在泡沫球上再绕三圈蓝色扭扭棒作为经线圈，交点是"北极"和"南极"；调整经线位置，使其将赤道十二等分。
3. 将其中一条经线替换为红色，表示0°经线。
4. 以极点为圆心，用黄色扭扭棒围出南北回归线与南北极圈。
5. 在恰当位置插上空白小旗，标识南北极点、重要的经线和纬线。

图 1-4 活动三的活动内容

3. 宣传我国导航技术，开展制图探究活动

在众多素材铺垫、动手操作活动的实践中，学生对于传统导航技术的发展、制图学的进步有了一定的了解，充分感受到了我国优秀传统文化的时代价值。活动中，老师引导学生思考，这些技术、精神在学习之前都是被忽略的，面向周围、家人、朋友是否有了解？作为当代学生有义务将优秀传统文化宣扬开来。基于这样的考虑，活动五通过主题式探究性学习展开。

活动四：
制作方格式
经纬网图

活动材料：

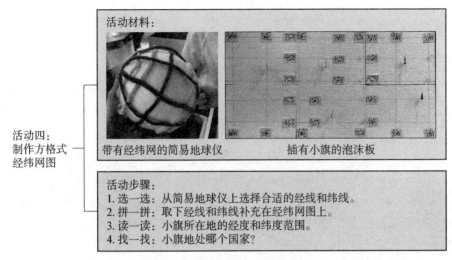

带有经纬网的简易地球仪          插有小旗的泡沫板

活动步骤：
1. 选一选：从简易地球仪上选择合适的经线和纬线。
2. 拼一拼：取下经线和纬线补充在经纬网图上。
3. 读一读：小旗所在地的经度和纬度范围。
4. 找一找：小旗地处哪个国家?

图1-5  活动四的活动内容

活动五：
创意绘制
"校园平
面地图"

活动材料：北斗定位模块组、记录表

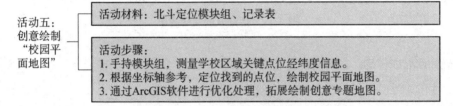

活动步骤：
1. 手持模块组，测量学校区域关键点位经纬度信息。
2. 根据坐标轴参考，定位找到的点位，绘制校园平面地图。
3. 通过ArcGIS软件进行优化处理，拓展绘制创意专题地图。

图1-6  活动五的活动内容

（四）形成修订，成果展示

如图1-7所示，学生通过小组合作，展开拓展探究，通过校外授课老师的讲解，了解了有关北斗导航的历史以及组成部分，手持测量仪，化身"测量员"，走遍校园的每一个角落，测量出不同纬度并记录数据。通过数据分析，制订了个性化地图主题，校园植被、厕所分布等都成为学生挖掘的角度。

## 三、 活动反思

在整个项目活动的实施中，由于活动形式多样且复杂，各项活动的开展不仅要提供给学生相应的活动步骤，更要通过演示等方式回顾过程，指导学生明

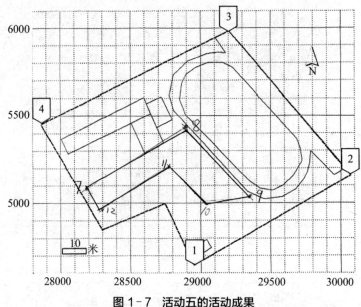

**图 1-7 活动五的活动成果**

确如何完成作品。在有可操作性的框架中，助力学生进一步探索和实践，激发学生的思维品质及创造力；并把这种品质延续到课堂之后，让学生仍然可以通过现有的材料进一步开发新的想法，共同思考如何将材料用得更好，展现更完备的作品，更创意地将知识内容表达到位。在综合实践过程中，不断激发思维潜能，塑造实践能力。

基于学科项目化课程的设计让教师对项目化学习有了更深入的理解，学生专注而又积极地投入也给了教师充足的信心面对未来的教学工作，期待能有更多的尝试，在亲身投入到项目化教学的过程中，给学生带去更好的学习体验。

综上所述，围绕"地图"这一重要的地理学习工具，教师通过项目整体规划，借地图发展的历史过程，将分散的"地图"知识重新整合，生动展现"地图"工具的不断革新。引导学生在学习"地图"各要素的过程中，明晰一张精确的地图对生产实践、社会进步、国家发展等方方面面的价值。在把握学科知识与技能的同时体会科技引领社会发展的重要作用。

项目活动以素养为导向，以地理单学科为基础，具体区分了知识与技能学习目标以及成功素养学习目标。通过项目学习，学生不仅了解了"地图"工具的作用、使用，也在矛盾中感受到古代人民探索求知的精神，理解了一项科技成就现实的不易。在多样化的实践中，建构学科新知，突破了地理学中空间转换的思维难点，初步具备崇尚真知、独立思考、大胆尝试等科学品质。在课后拓展中，学生仍然可以利用现有的材料进一步开发新的想法，展现更完备、更有创意的作品。在学习、传承文化经典的道路上，通过自己的努力将中华优秀传统文化发扬光大。

以目标驱动项目的形式，使项目规划更完整，项目推进层次更鲜明，学生实践更有序，为活动的开展指明关键方向，向立德树人的根本任务踏出前进步伐。

**创意 02**

## 以"大观念"定"小目标"

　　随着新课标的出台，小学英语教师对于英语课程目标、课程结构、课程内容、教学方式、学业评价、课程资源等的解读能力与行为转化能力存在较大的差异。部分教师在备课中依然将教材窄化为知识的载体，碎片化推进，忽视了单元教学的整体性；对于课程育人、目标叙写、内容整合、语篇研读、课程资源的开发与利用、评价方式等指向学生核心素养培育转型的研究能力欠缺；学习活动的设计与实施游离于学段目标之外，缺乏学段特征的思考。①

　　《义务教育课程方案（2022 年版）》指出："要探索大单元教学，积极开展主题化、项目式学习的综合性教学活动。"② 如何在学科教学中落实项目化学习，教学目标的设定是否还将关注点聚焦在语言知识技能的学习上？我校结合项目学习的研究与实践，尝试将项目学习的理念与方式在学科教学中加以落实。我校小学英语教研组积极开展"大观念下的小学英语单元教学目标制定路径探索"研修活动，即在学科大观念背景下的单元教学目标设计，基于核心素养设计单元整体教学目标、基于教学内容设计课堂教学目标、基于主题意义设计育人目标、基于学情状况设计课后延伸学习目标。

　　这里以牛津上海版 4A M3U2 Around my home 为例，在小学英语学科教学

---

① 朱成. 小学英语教师 15 项教学关键能力［M］. 上海. 上海教育出版社，2023：3.
② 崔允漷，郭华，吕立杰，等. 义务教育课程改革的目标、标准与实践向度（笔谈）——《义务教育课程方案和课程标准（2022 年版）》解读［J］. 现代教育管理，2022（9）：6—19.

项目化实施的实践过程中，我组教师以英语学科大观念为指导思想，结合对教材与学情的了解，依据课程标准，提炼出主题意义；基于主题意义，建构单元大观念（主题大观念及语言大观念）；基于大观念，制定单元、课时教学目标。

## 一、 活动目标

研读教材，提炼大观念，育人引领。学科大观念可理解为能反映学科本质的核心或关键概念。通过挖掘和提炼单元大观念，能更好地把握文本核心育人价值，为教学目标的制定、学习内容的选择奠定基础。[①] 教师需要基于课程标准和单元主题，深挖阅读语篇信息，结合学生实际情况，从核心素养出发，多维设计教学目标，以主题意义为引领，带动整体设计教学目标，以目标分类为指导，优化教学目标。

基于大观念，多维设计单元教学目标及单课时教学目标。根据对文本的解读，课时目标可能包括四项核心素养，也可能包括其中的几项等。因此，课时目标应以语言能力为基础，体现文化意识、思维品质或学习能力。

## 二、 活动过程

### （一） 依据课程标准，提炼主题意义

基于英语学科大观念的单元整体教学设计，教师需要深入研读单元内容，挖掘各主题内容，提炼各子主题所承载的主题意义。[②]

4A M3 从家庭社区入手，这些都是日常学生出入的场所，源自学生实际生活。通过本模块的学习，学生能从认识、介绍自己家及他人家的周围新场所，了解各个场所的特点、方位以及在不同场所能做的事情的过程中，感受周遭环境，体会到学习的快乐以及生活的方便。通过梳理单元内容各语篇的类型和主

① 王蔷. 新版课程标准解析与教学指导 ［M］. 北京：北京师范大学出版社，2022：24.
② 王蔷. 新版课程标准解析与教学指导 ［M］. 北京：北京师范大学出版社，2022：26.

要内容，可提炼出各语篇的主题意义（见表1-2）。

表1-2　4AM3U2单元语篇主题

| 语篇 | 语篇类型 | 语篇内容 | 语篇主题 | 主题意义 |
|---|---|---|---|---|
| Alice's neighbourhood | 对话 | Alice家庭社区周边 | 社区环境保护 | 感受生活周遭场所的多样与不同。 |
| Jill's neighbourhood | 对话 | Jill家庭社区周边 | 社区环境保护 | 感受街区生活带来的快乐和便捷。 |
| At the street corner | 对话 | 问路 | 社区环境保护 | 在问路与指路的交流过程中收获助人为乐的良好体验。 |
| About Nanjing Road | 记叙文 | 了解南京路 | 社区环境保护 | 感受南京路的繁华，感受家乡的美。 |

## （二）基于主题意义，建构单元大观念

1. 重组单元内容，提炼单元主题大观念

4AM3U2由Look and learn，Look and say，Draw and say，Say and act，Look and read，Answer the question，Learn the sound和Listen and Enjoy等几个部分构成（见表1-3）。主要语篇为Alice's neighbourhood，At the street corner和Nanjing Road等。

表1-3　4AM3U2单元教学内容分析

| 项目 | 内　　容 |
|---|---|
| 话题 | ☑人与社会　□人与自然<br>（单元话题__Around my home__） |
| 功能 | ☑交往　□感情　□态度<br>（单元功能__询问、介绍__） |
| 育人价值 | 学生能从认识、介绍自己家及他人家的周围新场所，了解各个场所的特点、方位以及在不同场所能做的事情的过程中，感受周遭环境，体会到学习的快乐以及生活的方便。 |

| 项目 | 内 容 |
|------|-------|
| 教材板块定位 | ☑核心板块　☐非核心板块<br>板块名称　Learn the sound; Look and learn; Look and say; Say and act<br>☐核心板块　☑非核心板块<br>板块名称　Draw and say; Look and read; Listen and enjoy |

| | 板块内容 | 1. ☑语音：常见辅音字母组合 sl-，sn-，sw-的读音规则<br>2. 词汇：核心词汇 supermarket post office restaurant next to between<br>3. 句法：一般疑问句 Is/Are there …?<br>　　Yes，there is/are. /No，there isn't/aren't.<br>4. 语篇：介绍 Nanjing Road |
| 教材板块定位 | 板块功能 | 1. 核心板块<br>（1）Learn the sound 通过"听、说、读"活动引导学生用读音规则朗读单词；<br>（2）Look and learn 通过"听、说、读、写"活动引导学生背记、理解和运用核心词汇；<br>（3）Look and say 通过"听、说、读、写"活动引导学生运用特殊疑问句提问，并作出回答；<br>（4）Say and act 通过"听、说"活动引导学生在语境中巩固核心。<br>2. 内容非核心板块<br>（1）Draw and say 通过"听、说"活动引导学生在语境中巩固核心内容；<br>（2）Look and read 通过"听、说、读"活动引导学生在语境中学习相关知识，加深体验；<br>（3）Listen and Enjoy 通过"听与唱"活动引导学生融入语境，感知话题。 |

通过研读教学内容分析得出，本单元内容原有的顺序对于学生大观念的形成引导不足。因此，教师在对教学内容进行梳理后，以学生生成大观念为核心，根据学生已有的认知水平及学习能力，调整语篇顺序，对单元教学内容进行重组。

教师对单元内容进行了适当调整和补充。例如就 Look and say 和 Look and learn 板块而言，教师将其整合成一个新的语篇"Alice's neighbourhood"，该语篇主要讲述 Alice 向同学老师介绍自己家周围的社区，进而提炼出主题意义，即"感受生活周遭场所的多样与不同"。教师基于学生已有的认知水平及生活经验，补充语篇 Jill's neighbourhood，帮助学生生成各个主题小观念。

2. 分析教材学情，提炼单元语言大观念

要提炼单元语言大观念，教师需要根据学生的已有认知水平，概括归纳教学内容需要掌握的语言知识技能和需要提升的策略与方法等。

本单元主要涉及的词汇和表达方式的理解与运用，包括地点类词汇和表达方式，如 supermarket、 bakery 等，也包括表示方位的介词短语用法，比如 next to、 between 等，还包括介绍地点的陈述句，询问道路的特殊疑问句，以及描述活动的带有频率副词的陈述句等。此外，本单元的图片及视频资源等，也是学生思维品质培养的一个重要组成部分。因此，本单元的语言大观念提炼如下：以语义为基点，指导学生读取图片及视频信息，系统学习词汇和表达方式，即从"describe 描述、 change 改变、 suggest 建议"三个方面，帮助学生建立词汇与语义的图文关联，形成新的结构化知识体系。学生在已有生活经验的认知及语言积累的基础上，借助地图等获取信息，也可以形成本课时的词汇学习策略，因此本单元的第二个语言小观念提炼为"通过对地图的辨认，既有趣又能快速记忆地点的表达方法"。

3. 融合话题，形成单元大观念

单元大观念是从立足于知识点学习转向对于学习内容和方法学习的转型，体现单元内容整合的相关性、递进性和结构性。以《英语（牛津上海版、五年级第一学期）》 Module 4 Unit 1 Water 为例，单元主题内容框架如图 1-8 所示。

4. 基于单元大观念，叙写单元教学目标

单元教学目标是各课时教学目标设定的逻辑起点，分课时教学目标是单元教学目标的具体化体现，是局部与整体的关系。因此，单元内各课时目标应相互关联、螺旋递增，目标维度也应层层递进、相辅相成，促进单元目标的有效达成。以下是本单元分课时目标（表1-4）。

图 1-8　4AM3U2 单元主题内容框架图

表 1-4　4AM3U2 单元教学目标解析

| 课时 | 知识与技能 | 思维与策略 | 文化与情感 |
|---|---|---|---|
| 第一课时 | 1. 初步感知字母组合 sl-，sn-，sw-的发音，并正确跟读含有字母组合 sl-，sn-，sw-的单词。<br>2. 感知、理解与运用 supermarket，post office，restaurant，between 和 next to 等场所类词汇与方位介词。<br>3. 感知、理解和初步运用 There is/are …句型的一般疑问句形式以及回答。 | 1. 通过模仿朗读学习字母组合的读音规则。<br>2. 通过视听感知、看图说话等方式开展学习，正确描述他人的一周学习生活内容。 | 感受生活周遭场所的多样与不同。 |
| 第二课时 | 1. 准确朗读字母组合 sl-，sn-，sw-的发音，并准确朗读含有字母组合 sl-，sn-，sw-的单词和由这些单词组成的句子。<br>2. 运用核心词汇 supermarket，post office，restaurant，next to，between，street，shop，near，city，many，some。<br>3. 运用单元核心句型介绍不同地方、不同场所。 | 1. 在谈论 Jill 所居住的小区语境中，学习并操练单元核心词汇和句型。<br>2. 通过对话问答、小调查、主题思考和讨论等方式开展学习，正确描述自己和他人的居住环境和周边设施。 | 进一步感受周遭的生活场所，感受街区生活带来的快乐和便捷。 |

| 课时 | 知识与技能 | 思维与策略 | 文化与情感 |
|---|---|---|---|
| 第三课时 | 1. 读出字母组合 sl-，sn-，sw-的发音，并熟练读出含有字母组合 sl-，sn-，sw-的单词和由这些单词组成的儿歌。<br>2. 运用核心词汇 supermarket，post office，restaurant，next to，between，street，shop，near，city，many，some。<br>3. 运用核心句型介绍某地有哪些场所，以及这些场所的方位和去这些场所的目的。<br>4. 理解、分角色朗读文本。 | 1. 在问路的语境中感知、理解并运用 bakery，show you the way，it's our pleasure 等相关内容。<br>2. 通过视听相关视频模仿并尝试交流，学会问路和指路的语句。 | 进一步感受居家周遭环境和不同场所的功能。<br>在问路与指路的交流过程中收获助人为乐的良好体验。 |
| 第四课时 | 1. 读出字母组合 sl-，sn-，sw-的发音，并熟练读出含有字母组合 sl-，sn-，sw-的单词，并能与音近词进行辨析，作出正确判断。<br>2. 感知、理解 centre，stay，hotel 等内容。<br>3. 运用句型 There is/ are … People can … 介绍南京路。 | 利用 KWL 表格帮助学生梳理阅读文本的思路，帮助学生借助问题的指引从文本中提取相关信息。 | 感受南京路的繁华，感受社区生活的便捷。 |

创意 03

# 让"动"起来的剪纸走进毕业季

近年来，随着教育改革的不断深入，课程标准也在不断调整与完善。为了培养学生的创新素养，跨学科学习成为一种重要的教育方式。以"让'动'起来的剪纸走进毕业季"跨学科项目为例，探讨在新课标视角下，依托项目化学习，以学生探究实践为抓手，在学习科学观念的同时，引导学生体验科学探究方法，发展科学思维，树立态度责任。

## 一、活动目标

此活动能激发学生的创新素质，同时提高学生的综合素养等学习能力，其核心目的在于将剪纸与定格动画技术相结合，为学生提供一种不同的学习体验。这一目标体现了对学生全面发展的重视，既注重技能的掌握，又注重一般性素养的培养，如创造性、思辨能力、协作能力等。

项目在实施过程中设置了如学习剪纸技巧、探究海派剪纸文化、制作剪纸动画等目标。这种目标设定的方式体现了对学生全面发展的重视，符合现代教育的理念，旨在培养具有创新精神和跨学科能力的学生。

定格动画是指将拍摄完的静态图像按照一定顺序播放，从而达到一种连续播放的动画效果。定格动画在中国的校园里逐渐兴起，成为一种独特而有趣的项目化学习案例，而剪纸则是一种传统的中国民间手工艺，结合二者，我们可以创造出独特的剪纸定格动画作品。

五年级的小朋友即将迎来毕业季，刚好结合这个有意义的毕业季活动，用剪纸定格动画的方式将其呈现出来，这项跨学科的活动融合了美术学科、信息技术、语文等多个领域，既激发了学生们的创造力和想象力，又提升了他们的合作能力和综合素质。

## 二、活动过程

### （一）观察现象，发现问题

我们将剪纸定格动画分为四个主要阶段。从了解海派剪纸到练习剪纸，再到收集素材构思创作和最终呈现作品，我们在这个过程中获得了知识、技能和成长。该项目让我们在体验到传统文化艺术魅力的同时，还让我们在团队协作、创意及问题解决能力上得到了锻炼。

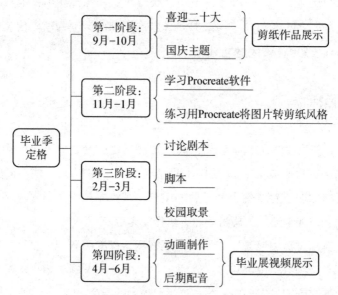

图1-9 "让'动'起来的剪纸走进毕业季"项目学习环节规划

本次项目化学习设计的实践活动是走进海派剪纸文化。海派剪纸艺术，是上海文化的璀璨瑰宝，它蕴含着浓厚的地域文化特色，是上海一种独特的民间艺术形式。这种剪纸初见于十九世纪，在当时民间的鞋花、门笺、刺绣图案等都有所体现，经过了一百年多年的历史演变，上海剪纸逐渐形成了与众不同的"海派"风格，在中国剪纸这一传统技艺中具有相当的地位。

2005年，海派剪纸被认定为上海市传统保护技艺。在这次探索之旅中，我们有幸跟随享有盛名的剪纸艺术家王建中先生，深入了解海派剪纸文化的精髓。

**（二）思考方案，设计脚本**

在设计内容时，我们将选择一个具有代表性的毕业题材，比如五年校园生活回忆、有趣的活动等。通过挖掘校园生活的故事情节和情感元素，通过拍摄采集素材，再运用Procreate绘图软件，进行图像处理，以及根据故事情节设计脚本等等。

图1-10　讨论脚本环节

Procreate这款软件能够满足艺术家们对细节的极致追求，同时也为创作提供了无尽的创意空间。它能够模拟传统剪纸的艺术效果并创造出更多可能性，帮助艺术家们创造出高质量、富有创意的作品。随着科技的不断进步，Procreate绘图软件将成为新时代绘图软件处理剪纸作品的首选工具。借助Procreate绘图软件，再根据毕业季故事脚本，设计绘画人物形象。每个角色情节都有着独特的特点，使得故事更加丰富多彩。

**（三）学习与合作，制作动画背景**

为了结合非遗文化剪纸，此次定格动画背景运用剪纸风格，所以在校园取景的时候，也着重和学生们探讨，选取的场景是否符合剪纸风格的呈现，以及还需结合故事的展示。剪纸艺术是一项镂空艺术，视觉上给人以透空的感觉和艺术享受，校园背景需要呈现这种效果，每一幅剪纸作品都需要反复琢磨，借助 Procreate 绘图软件，从绘画到剪、刻，最终制作出动画背景。

图 1‑11　学习 Procreate 绘图软件设计背景

运用拍摄定格动画器材进行拍摄。为了实现定格动画效果，学校配置了定格动画的设备，学生们通过学习使用仪器，初步掌握制作创意定格动画的摆拍法，知道动画是怎样动起来的，了解"视觉暂留"现象，再自己摸索拍摄动画，运用摄影机、镜头调整、胶片把客观事物及其运动记录下来。通过将剪纸角色逐帧拍摄并进行微小的位移，再连续播放这些图片，就可以产生流畅而有趣的动画效果。

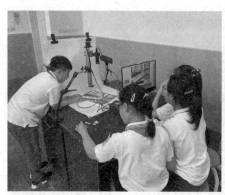

图 1‑12　拍摄动画环节

（四）形成视频，成果展示

图 1–13　项目呈现活动现场

配音、舞台表演、成品展示。

学生一年来的成果最终通过毕业季舞台来展示，他们不仅将自己制作的定格动画展示出来，还在现场进行了配音和解释，使这段视频呈现出最完美的画面效果。

## 三、活动反思与评价

本次活动先由学生自主探索，再以集体协作的方式进行讨论，最后开始制作剪纸定格动画。毕业季是个有趣且有意义的主题，同学们通过回忆这五年来身边发生的事情来获取灵感，例如，在教室里上课、操场上的运动会、有趣的民俗活动，等等。这些场景都是他们熟悉且真实存在的，需要将它们呈现出来。而剪纸定格动画作为一种形象生动的表达方式，能够将学生们的思想和情感传递给观看者，让他们更加深入地体会到毕业季这个特殊时刻的意义。

在制作过程中，同学们巧妙地结合剪纸技艺与定格动画原理，生动地再现了校园的独特场景。定格动画以一定的速度播放获取到静止的画面，展现出神奇的动画效果。为了达到最佳效果，同学们特意选择了一个固定的摄像头视角，精心布置了剪纸人物和场景，并逐帧进行拍摄，最终利用计算机来连接捕捉到的静态画面，从而形成动画作品。

总之，剪纸定格动画是一个跨学科的项目化学习案例，对于走进毕业季具有趣味性和实效性的重要意义。通过自主探究、小组合作制作和展示活动，学生们能够获得全方位的成长和收获，并在校园生活中留下难忘的回忆。

创意 04

# "尺"观世界,"量"出精彩

　　"小树成长我来测"是小学数学学科一年级主题式学习活动,基于第一学段综合与实践领域中"身体上的尺"这一内容来设计的。将"长度比较与度量"这部分知识融入"小树成长我来测"活动中,通过"我和小树比一比——发现'身体尺'""我给小树测一测——度量'身体尺'"两个活动,将对"发展量感"这一核心素养的培养要求融入其中,引导学生在操作和应用活动中,与同伴合作,积累测量经验,感悟测量本质。

## 一、活动目标

### (一)学科核心知识目标

　　1. 能用身上的"拃""庹"等作为标准去度量其他物体的长度,并能用量数来表达物体的长度。

　　2. 通过测量活动,理解建立统一长度单位的必要性,认识长度单位米、厘米和毫米,建立1米、1厘米、1毫米的长度观念。

　　3. 经历测量、比较和交流等实践活动,了解自己的"身体尺",会测量并知道各"身体尺"的长度,能灵活选用合适的"身体尺"估测生活中常见物体的长度。

### (二)学科核心素养和能力

　　1. 知道度量的意义,能够理解统一长度单位的必要性,认识常见的长度单位;体验物体长度的测量过程,会针对真实情境选择合适的度量工具和单位进行度量，形成初步的量感和空间观念。

2. 在主题活动中，尝试用数学方法解决问题，积累数学活动经验，形成初步的量感和应用意识。

### （三）一般素养目标

1. 培养学生主动思考、分析问题、提出合理观点的能力。

2. 通过小组合作和团队活动，培养学生的合作能力和沟通技巧，使他们能够有效地与他人合作、分享想法和共同解决问题。

3. 激发学生的学习兴趣和动力，使他们对学习保持积极的态度，并培养主动学习的习惯。

主题式学习可以引导学生巩固知识、提升技能，形成可迁移的能力，这就要求教师从学科的角度全面了解课程标准，从单元的视角整体把握教学目标，从学情出发有针对性地设计探究活动。《义务教育课程方案和课程标准（2022 年版）》把"量感"作为数学核心素养之一独立提出，其重要性不言而喻。量感主要是指对事物的可测量属性及大小关系的直观感知。量感素养的形成，需要不同年级教学的迭代和连续，初始年级的孩子对"量感"的培养，是建立在观察和操作的基础上的。

主题活动目标从学科素养目标和一般素养目标两个维度进行设计，原因如下。

1. 促进学科知识与实际生活的联系：通过将数学知识与身体尺的应用相结合，学生能够更好地理解数学在实际生活中的作用，提高学习兴趣和动力。同时，学生也能够将所学知识应用到实际生活中，培养解决实际问题的能力。

2. 促进个性化学习：考虑到学生的个体差异，设计分层教学活动和个别辅导，有助于满足不同学生的学习需求。学生可以根据自己的兴趣和能力选择适合自己的学习方式和任务，实现个性化学习。

3. 培养团队合作精神：通过小组合作学习，学生可以在团队中扮演不同的角色，共同完成任务。这有助于培养学生的团队合作精神，提高沟通、协作和合作能力。

4. 培养终身学习意识：让学生掌握使用身体尺进行测量的方法，有助于培养学生的自主学习和自我管理的能力，以及学习意识。学生将初步体验如何学习、如何管理自己的学习过程，为后续的学习打下基础。

## 二、 活动设计

### （一） 推动性问题

小树长高了，你能帮它做一份成长记录吗？

### （二） 问题拆解与活动划分

1. 活动一：我和小树比一比——发现"身体尺"

活动简述：通过学生与小树比"身高"的活动，引导学生发现长度比较的基本方法；启动生活经验，让学生在用"身体尺"测量树枝的长度、树叶的长宽等过程中，感受"身体尺"的方便快捷；同时发现"不同的人，用'身体尺'度量同一物体的长度，得到不同的结果"这一矛盾，发现"身体尺"不够准确、不够统一的局限性。

子问题：你能用"身体尺"给小树做成长记录吗？

目标关联：能用身上的"拃""庹"等作为标准去度量其他物体的长度，并能用量数来表达物体的长度；感受"身体尺"方便、快捷的特点；经历运用不同"身体尺"测量同一物体长度的过程，并对得到的不同数据进行分析比较，理解建立统一的长度单位的必要性。

活动呈现：小树成长报告（估测版）。

2. 活动二：我给小树测一测——测量"身体尺"

活动简述：在直接比较的基础上，引出统一的度量工具的学习需求。通过方格纸上的测量这一间接比较，引出测量工具——尺；借助卷尺，认识长度单位"米"和"厘米"，并掌握"1米＝100厘米"；借助直尺，认识长度单位"毫米"，并掌握"1厘米＝10毫米"；准确测量"身体尺"的长度，在定量比较的过程中，形成长度单位的概念，掌握正确用尺测量的方法。

子问题：你能用尺准确测量小树的成长数据吗？

目标关联：认识统一度量长度的必要性。通过测量活动，认识长度单位米、厘米和毫米，建立1米、 1厘米、 1毫米的长度观念；知道自身各"身体尺"的长度。

活动呈现：小树成长报告（测量版）。

活动设计结构图如图1-14所示。

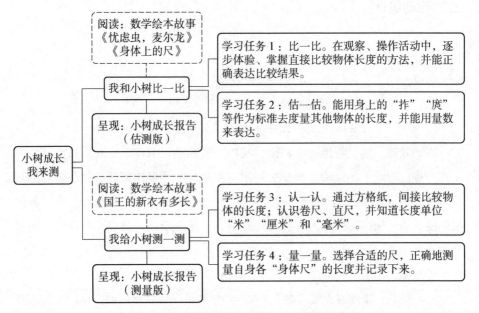

图1-14 "小树成长我来测"活动设计结构图

**活动评价设计**

本主题式学习，从实践结果和实践过程两个方面进行评价。

（1）实践结果评价

实践结果：了解并掌握常见长度单位和度量方法，能分别用"身体尺"估测、用尺测量，完成小树成长报告。

评价标准：如表1-5。

表1-5 学生表现及评价量规——实践结果

| 项目 | 水平一（优秀）描述 | 水平二（合格）描述 | 水平三（加油）描述 |
| --- | --- | --- | --- |
| 知识技能 | 能用3种以上的"身体尺"作为标准，度量物体的长度；<br>能准确使用尺和长度单位度量物体的长度。 | 能用1—2种"身体尺"作为标准度量物体的长度；<br>能使用尺和长度单位度量物体的长度。 | 能在老师或同学的帮助下，用"身体尺"作为标准度量物体的长度；<br>能在老师或同学的帮助下，使用尺和长度单位量物体的长度。 |

| 项目 | 水平一（优秀）描述 | 水平二（合格）描述 | 水平三（加油）描述 |
|------|------------------|------------------|------------------|
| 数学表达 | 在度量、估测的过程中，能熟练地独立操作、使用工具和准确表达。 | 在度量、估测的过程中，能独立操作、使用工具和表达，但不太熟练或偶有错误。 | 能在老师或同学的帮助下，度量、估测、使用工具和表达。 |
| 问题解决 | 能根据物体的大小，准确选用合适的长度单位度量或估测方法。 | 能根据物体的大小，用长度单位度量或估测。 | 能在老师或同学的帮助下，根据物体的大小，用长度单位度量或估测。 |

为了完成任务，要学习学科新识新知和技能。除了完成任务单，还要通过课后练习巩固所学。这里呈现的是针对新知部分的巩固练习目标（表1-6）。

表1-6 "小树成长我来测"活动巩固练习目标

| 目标描述 | 学习水平 | 对应作业 |
|---------|---------|---------|
| 会直接比较出一端对齐的物体的长短，初步感知长度概念。 | A（知道） | 作业1 |
| 能用身体尺比较物体的长短。 | A（知道） | 作业2 |
| 会在直条纸上比较物体的长短。 | A（知道） | 作业3 |
| 认识长度单位米（m）、厘米（cm）和毫米（mm），能用尺度量。 | A（知道） | 作业4 |
| 能根据需要，选择适当的长度单位表示物体的长度。 | B（理解） | 作业5 |
| 能灵活选用"身体尺"，估测物体的长度。 | C（应用） | 作业6 |

（2）实践过程评价

实践过程：围绕参与度、自信、交流与学习习惯四个维度进行评价。

评价标准：如表1-7。

表1-7 学生表现及评价量规——实践过程

| 项目 | 指标 | 观察记录 | 评价等级 |
|------|------|---------|---------|
| 积极参与数学活动 | 能全程参加学习活动 | | A：积极<br>B：一般<br>C：不积极 |
| | 能发表自己的意见 | | |
| | 能发现、提出问题 | | |
| 自信并有毅力 | 敢于提出和别人不一样的问题 | | A：经常<br>B：一般<br>C：很少 |
| | 大胆尝试并表达自己的想法 | | |
| | 坚持自己的观点，并能寻求解决方法 | | |
| 乐意与同伴交流 | 愿意参加小组内活动 | | A：能<br>B：很少<br>C：不能 |
| | 认真倾听别人的意见 | | |
| | 积极参与讨论与交流 | | |
| 学习习惯 | 能听懂教师指令，紧跟活动节奏 | | A：能<br>B：很少<br>C：不能 |
| | 能按要求摆放学具，做到快静有序 | | |
| | 能规范操作、认真读写 | | |

在以"小树成长我来测"为主题的小学数学主题式活动任务序列中，每个环节相互呼应，共同构成了一个完整的学习体验。以小树成长为主题的活动能够激发学生的学习兴趣，让他们在轻松愉快的氛围中学习数学知识，提高学习的积极性和主动性。通过关注小树的成长，学生可以了解植物的生长过程和环境对植物的影响，从而增强他们的环保意识和对自然的尊重意识。

学生个体在活动、操作中的矛盾触发新知的学习需求；在直接比较中感悟长度单位统一的必要；在工具测量中积累测量技能，体验测量技巧。活动以小组形式进行，学生之间需要合作测量、记录数据，并进行交流和分享，这有助于培养团队合作精神和沟通能力。

除了数学能力，该活动还可以培养学生的观察能力、动手能力、思维能力和解决问题的能力，促进他们综合能力的发展。

## 三、 活动实施

情境介绍：我校一年级教室走廊紧邻小花园，年级组号召学生开展"班班认养小树"活动，旨在通过带领学生养护树木，培养学生的责任感和环保意识。

结合一年级第二学期第五单元《几何小实践》的"度量"部分内容，设计实施了"小树成长我来测"的主题式学习。

活动小组的划分采用学生自主选择和教师适当调剂的方式，3—4人为一组。

### （一）第1学时：我和小树比一比

#### 1. 教学内容分析

长度是可以用感官和工具来测定的，测定方法有两种：一种是定性分析，一种是定量分析。定性分析就是回答"谁长谁短"，而定量分析是回答"它们各有多长"。学生在测量的时候常常会经历直接比较和间接比较两个阶段。从思维上讲，这两个阶段是有区分的，但又不是完全割裂的。

本节活动课从学生日常生活中积累的关于比较物体长短的感性经验出发，帮助学生建立对长度的初步感知，并掌握长度直接比较的方法。定性分析后，引导学生用最便捷的量具——"身体尺"，来间接比较物体的长度。[①]

#### 2. 学情分析

数学知识是高度概括且严谨的，而小学生由于感性认识还不够丰富，抽象思维能力还未形成，所以学习起来会感到抽象困难。在呈现一年级数学的教学内容时，我们按照儿童学习数学的特点，还原数学生动活泼的过程，让学生亲历类似的创造过程，用自己的活动建立对数学知识的理解。

首先要帮助学生形成对长度的初步感知。实际上小学生在生活中很早就有了"长"与"短"的认知经验。小学生能够通过视觉来比较物体的长短，这也

---

① 上海市教育委员会教学研究室编. 上海市小学数学学科教学基本要求（试验本）[M]. 北京：人民教育出版社，2021：89—90.

就是定性分析。其次我们要创造条件，帮助学生初步形成长度的概念，并引导学生进行长度的直接比较。

3. **学习目标**

(1) 在观察、操作活动中，初步感知长度概念，逐步体验、掌握比较物体长度的方法，并能正确表述比较结果。

(2) 能用身上的"拃""庹"等作为标准估量其他物体的长度。

(3) 在长度比较的活动中，发现比较策略的多样性，感受数学的乐趣。

4. **学习重点、难点**

(1) 学习重点：物体长短的直接比较（将物体的一端对齐，比较其长短）。

(2) 学习难点：由认知冲突，体会到统一度量单位的重要意义。

5. **学习评价设计**

表1-8 "我和小树比一比"学生表现及评价量规——实践结果

| 项目 | 水平一（优秀）描述 | 水平二（合格）描述 | 水平三（加油）描述 |
|---|---|---|---|
| 知识技能 | 能完成物体长度的直接比较（将物体的一端对齐，比较其长短）。能用3种"身体尺"完成物体长度的间接比较。 | 能完成一端对齐的物体的长度比较。能用1—2种"身体尺"完成物体长度的间接比较。 | 能在老师或同学的帮助下完成物体长度的直接比较。能在老师或同学的帮助下，用"身体尺"完成物体长度的间接比较。 |

学生的实践过程评价，参见表1-7。

6. **学习活动流程**

**课前阅读：数学绘本故事《忧虑虫，麦尔龙》《身体上的尺》。**

**任务1：比一比。**

　　任务描述：小花园里的果树生机勃勃，教室里的你们也在茁壮成长。我们班认领了小橘树，经过两个月的养护，它长大了吗？来给小树做一份成长报告吧！

独立思考：想知道小树的成长情况，我们需要了解哪些信息呢？在活动过程中，可能遇到哪些问题呢？

全班交流：教师重点组织学生讨论如下问题。

交流问题 1：想知道小树的成长情况，我们需要了解哪些信息呢？

学生反馈：主要了解我们方便观察并能够得到准确信息的部分，比如小树的高度、宽度，树枝的长度等等。

交流问题 2：小橘子树比我高吗？如何比一比？

学生反馈：我和小树并排"站在"一起，小树超过我的头顶了，小树高。

学生反馈：我站在台阶上，和小树一样高，看来是小树比较高。

交流问题 3：一年级认领的这三棵果树，哪一棵是最高的？

学生反馈：三棵小树并排种在花园里，我站得远一点看，发现 2 班领养的这棵小橘子树是最高的。

在交流过程中，提炼能体现小树成长的测量角度，初步感知制订活动计划的方法；重点了解小橘子树的长高、变宽、树叶长大的相关信息；在"我和小树比身高"的活动中，体会直接比较的基本方法。

### 任务 2：估一估

任务描述：小树的树冠有多宽？树枝有多长？树叶又有多长了呢？没有工具，你能想办法找到这些信息吗？我想记录下小树最长的一根树枝有多长，怎么解决呢？

独立思考：数学绘本《身体上的尺》中提及，我们身体上就有长短不同的"尺"，比如"一拃""一庹""一步""一脚"等等，这些"身体尺"分别适合测量小树的哪部分长度呢？

全班交流：教师重点组织讨论如下问题。

交流问题 1：小树的树冠有多宽？树枝有多长？树叶又有多长了呢？如何选用"身体尺"来比一比呢？

学生反馈：我张开双臂和小树比宽度，小树最宽的两端都没有超出我的指尖，我的"一庹"比较长。

学生反馈：我用半臂长和一根树枝比长短，手肘对齐树枝根部，树枝的尖尖没有到我的手腕，这根树枝比我的半臂长短。

学生反馈：我用食指和树叶比长短，指根对齐叶柄，树叶尖超出我的指尖，树叶比我的食指长。

交流问题2：最长的一根树枝有多长？为什么有的同学记录的是4拃，有的同学记录的是5拃？

学生反馈：这根树枝的长度是不会发生改变的，我和小伙伴虽然都用的"一拃"，但记录结果不同，可能是因为我们的手不一样大，"一拃"有长有短吧。

学生反馈：看来测量长度，我们需要用同样长的"一拃"。这怎么实现呢？

每个人身上都有一些相对不变的器官伸展，随时可作为估测的工具。如一拃、一庹、一步等都可以充当计量单位，使用都很简单。大家都测量同一根最长的树枝，最后量出的结果却是不一样的，学生就产生了疑问，为什么不一样？这样教师就可以很自然地引导学生去找统一的度量工具。

7. 板书设计

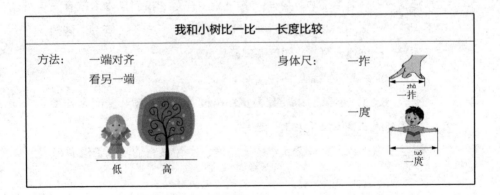

8. 作业设计

完成小树成长报告（估测版）

表 1-9　小树成长报告（估测版）

| 小树成长报告 | | | | |
|---|---|---|---|---|
| 度量工具及<br>结果度量项目 | 高度 | 宽度 | 树枝长度 | 树叶宽度 |
| 身体尺 | 身高（一度） | 臂展（一度） | 一拃 | 食指宽 |
| 度量结果 | 大约 1 度 | 大约 1 度 | 大约 4 拃 | 大约 2 指 |

## （二）第 2 学时：我给小树测一测

1. 教学内容分析

小学生对于长度单位的认识应该经历统一长度单位的过程。通过操作活动，学生发现对于同一物体，所用的量具（"身体尺"）不同，测出的结果也不一致。由此引起认知冲突，从而使学生体会到统一度量单位的重要意义，知道长度单位的作用。认识长度单位"米"和"厘米"，认识米尺和厘米尺，并能对物体的长度进行测量，并能正确记录测量的结果。继而运用度量的知识，测量自己"身体尺"的长度，能用这些"身体尺"估测身边常见物体的长度，能与他人交流、分享测量的经验，发展量感。①

2. 学情分析

通过上节课的学习，学生产生了疑问：大家测量同一根最长的树枝，最后量出的结果却是不一样的，为什么不一样？基于这个问题，教师就可以很自然地引导学生去寻找统一的度量工具，也就是厘米尺、卷尺，用厘米尺和卷尺来测量物体。

学生认识"尺"，要对尺上的刻度进行分析和理解。这里学生首次形成了长度单位的概念，随着学生学习的发展，逐步建立长度单位的概念体系。其实学生生活中的经验早已为认识"长度"提供了认知基础，也就是长度的经验。学生每学期都量身高，有的学生身高还超过了 100 厘米。这些生活经验都是"长度认知"的基础。

3. 学习目标

(1) 在测量活动中，体会建立统一的长度单位的必要性。

(2) 认识长度单位毫米（mm）、厘米（cm）和米（m），初步建立 1 毫米、1 厘米和 1 米的长度观念，知道 1 米＝100 厘米，1 厘米＝10 毫米。

(3) 会以厘米为单位，正确测量物体的长度。

4. 学习重点、难点

(1) 学习重点：认识长度单位米、厘米和毫米，能用尺度量实物的长度。

(2) 学习难点：从直接比较过渡到间接比较，并通过间接比较经历统一长度单位的过程，进而认识统一度量单位的必要性。

5. 学习评价设计

表 1－10 "我和小树测一测"学生表现及评价量规——实践结果

| 项目 | 水平一（优秀）描述 | 水平二（合格）描述 | 水平三（加油）描述 |
|---|---|---|---|
| 知识技能 | 能在方格中比较多个物体的长短。<br>熟练掌握正确用尺度量的方法，并能选择合适的长度单位。 | 能在方格中比较 2—3 个物体的长短。<br>掌握正确用尺度量的方法，并能选择合适的长度单位。 | 在老师和同学的帮助下，能在方格中比较 2—3 个物体的长短。<br>在老师和同学的帮助下，能正确用尺度量并能选择合适的长度单位。 |

① 上海市教育委员会教学研究室编. 上海市小学数学学科教学基本要求（试验本）［M］. 北京：人民教育出版社，2021：88—89.

学生的实践过程评价，参见表1-7。

6. 学习活动设计

---

**课前阅读：** 数学绘本故事《国王的新衣有多长》。

**任务1：认一认。**

任务描述：方格纸上画着大大小小摆放不齐的一些树叶，它们没有对齐叶柄，哪片树叶最长呢？它到底有多长呢？

独立思考：方格纸有什么特点？画在方格纸上的树叶不能移动，如何比较长短？数方格和用直尺有什么相同之处？卷尺、直尺上的 m、 cm、 mm 表示什么？

全班交流：教师重点组织学生讨论如下问题。

交流问题1：方格纸上的树叶，哪个最长？

学生反馈：方格纸上每个格子的大小相同，虽然树叶摆放不齐，但是我们可以数一数它们各占的格子数，就可以比较了。

交流问题2：直尺和卷尺上有什么？它们有什么相同和不同？

学生反馈：直尺和卷尺上都有长长短短的刻度线，和方格纸上的格子线相似；还有从0开始的数，也都有 cm 的标记。

学生反馈：直尺是笔直的、短短的，卷尺是软软的、长长的。如果测量我的身高，直尺就不够用，要用卷尺。如果测量树叶的长度，直尺就够了，卷尺还要拉直，不方便。

交流问题3：卷尺、直尺上的 m、 cm、 mm 表示什么？你能在尺上找到3厘米、 5厘米吗？

学生反馈：直尺上的 m、 cm、 mm 分别表示长度单位米、厘米、毫米。

学生反馈：我在直尺上找到了3厘米， 1大格是1厘米， 3大格就是3厘米。从0到3是3厘米，从2到5也是3厘米。

学生反馈：直尺上连续的3大格表示的长度都是3厘米，连续的5

---

大格表示的长度就是 5 厘米。

学生反馈：我还从卷尺上看到 1 米＝100 厘米，直尺上最小的一格是 1 毫米，我数了数发现 1 厘米＝10 毫米。

**任务 2：量一量。**

任务描述：我们的"身体尺"分别有多长？用尺来量一量，并记录下来吧！

独立思考：用尺量和长度比较，操作上有什么相同之处？如何选择合适的尺，正确地测量自身各"身体尺"的长度？

全班交流：教师重点组织学生讨论如下问题。

交流问题 1： 1 米大概有多长？ 1 厘米呢？ 1 毫米呢？

学生反馈：我的成长报告上写着身高 1 米 23 厘米，那么 1 米就差不多到我的脖子，也就是和讲桌差不多高。

学生反馈：我用食指指尖和直尺上的 1 厘米比较，发现指尖宽和 1 厘米差不多。

学生反馈： 1 毫米的格子很窄很窄，我按照绘本上讲的，用尺量了数学书， 5 页书的厚度很接近 1 毫米。整本数学书大约 6 毫米。

交流问题 2：用尺量和长度比较，操作上有什么相同之处？

学生反馈：用尺量，就是用尺的 0 刻度与物体的一端对齐，然后看另一端指在哪个刻度上，就读出来，并加上长度单位。

学生反馈：用卷尺量的时候，要拉直卷尺，还要紧贴物体，不能歪斜。

交流问题 3：如何选择合适的尺，正确地测量自身各"身体尺"的长度？

学生反馈：一指、一拃，都没有直尺长，我用直尺去测量，选厘米做单位。

学生反馈：一脚、一步，比较长，我用米尺测量。一庹比一米还要长，我用卷尺来测量。

学生反馈：测量一指、一拃，可以独立完成。测量一脚、一步和一庹的时候，我和伙伴互相测量。

通过方格纸上物体长度的比较，自然过渡到统一量具的学习。在观察认识直尺、卷尺的过程中，建立 1 毫米、1 厘米和 1 米的具象感知，知道毫米、厘米、米相邻单位之间的换算关系。在测量"身体尺"的活动中，感受长度单位之间的联系，发展量感。

7. 板书设计

| 我和小树测一测——长度度量 |
|---|
| 度量：统一的工具　统一的长度单位<br>物体的一端与尺的 0 刻度对齐，读另一端 |

| 工具 | 长度单位 | 度量方法 | | |
|---|---|---|---|---|
| 方格纸 | 方格 | 数方格 | | |
| 直尺 | 毫米 mm　厘米 cm | 数刻度 | 1 大格＝1 厘米 | 1 小格＝1 毫米 |
| 卷尺 | 厘米 cm　米 m | 数刻度 | 1 大格＝10 厘米 | 1 小格＝1 厘米 |

8. 作业设计

完成小树成长报告（测量部分）

表 1-11　小树成长报告（测量版）

| 小树成长报告 | | | | |
|---|---|---|---|---|
| 度量工具及结果<br>度量项目 | 高度 | 宽度 | 树枝长度 | 树叶宽度 |
| 身体尺 | 身高（一庹） | 臂展（一庹） | 一拃 | 食指宽 |
| 度量结果 | 大约 1 庹 | 大约 1 庹 | 大约 4 拃 | 大约 2 指 |
| 尺 | 卷尺 | 卷尺 | 米尺 | 直尺 |
| 度量结果 | 145 厘米 | 132 厘米 | 53 厘米 | 4 厘米 5 毫米 |

创意 05

# 新版名著《简·爱》新书发布会

## 一、项目简介

主要学科：语文。

融合学科：英语、历史、艺术、信息科技。

实施年级：九年级。

项目时长：三周。

## 二、项目背景

随着时代的发展，人们的生活方式、审美习惯、阅读方式都在发生变化，纸质版书籍不再是唯一选择，阅读的内容也发生了变化，网络小说的崛起也使其成为初中生阅读书单里的一部分，因此大众对于传统经典名著也产生了一些距离。

而经典之所以成为经典，便是它经历了时代的洪流之后依然绽放着人类精神的熠熠星光，文字背后的思想和精神，在今天依然具有鲜活的生命力。21 世纪的学生读 19 世纪的外国小说，仍能感受到穿越时间与空间的人类的精神文明。

初中语文统编教材中的 14 本名著里有不少是与今天的时代生活有一定距离

的作品，当作者、译者、读者所生活的时代背景均存在差异时，名著在初中生的面前便有了一层"隔膜"。教师该如何带着学生以 21 世纪的方式走入 19 世纪的大门，揭开名著的面纱，去培养学生的批判性思维、审美能力，提升他们对经验多样性的认识、人文主义的关怀，去全方位地提升自身的核心素养？这是许多专家、老师都在思考的问题。

杜威说，教育即生活，而生活总是给我们很多灵感。在每年一次的上海书展上，读者能看到新老作家齐聚，新旧作品齐发，这是一次阅读的盛宴、思想的碰撞，也因为生活方式的变化催生了学习方式与教学模式的变革，让老师们重新去探索学习是如何真正发生的，如何让学习者持续地发现问题和解决问题。①

本项目基于教材中九年级第二学期的《简·爱》名著导读，以理解 19 世纪的简·爱这一女性形象为核心，以不少初中生喜闻乐见的上海书展活动"新版名著发布会"为情境，招募策展设计师，从选书到展台设计、活动设计，再到嘉宾采访等环节，让学生在读、品、析、创的过程中探索向大众推荐这本书的路径。

## 三、 教材和相关资料

人民教育出版社初中语文九年级第二学期《简·爱》名著导读，以及译林出版社、人民文学出版社等多个出版社不同版本的《简·爱》译作。

## 四、 学习目标

### （一） 学科素养目标

1. 把握小说主要内核，探究主要人物内在精神品质与小说传递的思想。

2. 关注小说语言特点，体会作者通过设置悬念、内心独白、叙事视角等写

---

① 夏雪梅. 项目化学习设计：学习素养视角下的国际与本土实践［M］. 北京：教育科学出版社，2021：143—146.

作手法对主题塑造的作用。

3. 理解小说文化内涵，关注小说叙事描写或人物对话中彰显的思想内涵和文化价值。

4. 分析小说创作背景，在阅读外国小说的过程中树立正确的世界观、人生观、价值观，涵养自身文化自信。①

**（二）学习能力目标**

1. 关注数字时代语言生活的新发展，提高筛选、整理、归纳信息的能力。

2. 在全方位地感受、理解、欣赏、评价经典作品的过程中，提升整本书阅读的思辨能力。

3. 通过完成新书发布会活动中的演讲、采访等一系列具有挑战性的学习任务群，提升运用语文解决典型问题的能力。

4. 在真实而富有意义的情境中提升自主、合作、探究学习的能力，并积累一定的审美经验。

**（三）PBL 目标体系**

| 目标类型 | 年级 | 学科 | 教材单元 |
|---|---|---|---|
| 课程目标 | 八年级 | 语文 | 新闻采访 |
| | 课标描述 | 阅读新闻报道、时事评论等作品，关注社会主义建设新成果，就感兴趣的话题与同学进行线上线下讨论，根据目的与对象选择合适的媒介进行交流沟通。 | |
| | 八年级 | 语文 | 演讲 |
| | 课标描述 | 阅读关于生活感悟、生活哲理方面的优秀作品，学习思考与表达的方法，结合生活经验和阅读材料，阐述自己的感悟和观点。 | |
| | 九年级 | 语文 | 名著导读 |
| | 课标描述 | 开展多样的读书活动，丰富、拓展名著阅读；借助多媒体讲述、推荐自己喜欢的名著，说明推荐理由。 | |

---

① 温儒敏. 九年教育教科书初中语文（九年级下册）［M］. 北京：人民教育出版社，2018：143—146。

| 目标类型 | 年级 | 学科 | 教材单元 |
|---|---|---|---|
| | 七年级 | 美术 | 策划校园文化活动 |
| | 课标描述 | | 能为学校或社区的学习与生活需求设计作品，形成设计意识。 |
| | 六年级 | 信息科技 | 信息的收集与管理 |
| | 课标描述 | | 能根据学习和人物的需要，通过搜索引擎、社交媒体、短视频和协同写作等互联网工具或平台，进行较为精准的信息搜索、沟通交流、协作，并贡献有价值的数据和资源。 |
| 核心目标 | 关键能力 | | 能力表现 |
| | 语言建构与应用 | | 能通过比较阅读来体会不同语言种类、不同翻译方式下的文学作品的内涵；能在吸收理解的基础上，以合适的方式表达对翻译小说的认识。 |
| | 思维发展与提升 | | 能够在阅读一部作品不同译作的过程中提升思辨能力，能够在阅读一部作品后提升对一类作品的阅读能力。 |
| | 审美鉴赏与创造 | | 能通过感受、理解、欣赏来获得审美经验；能够通过文字、艺术和设计等方式解决真实情境下的问题。 |
| | 文化传承与理解 | | 具有文化理解和传承素养，能够尊重人类优秀文化。 |

学习的旅途可以多姿多彩，但旅途必须要有一个可视化的终点，否则一切的旅途只是"漫游"。设置层次分明、维度分明的分解目标，让所有的驱动任务和子任务有了起始点，也让项目的评价有了切实的依据，教师才能根据各项指标的达成情况来衡量项目的质量和成效。

以终为始的项目化学习设计，就要先为学生画好一个目标模型——希望学生在这次学习后达成哪些素养目标。

## 五、 驱动性问题

1. 本质问题：如何阅读像《简·爱》这样在时间与空间上与中学生有一定距离的经典名著？

2. 关键问题：如何理解《简·爱》中的人物和主题？

3. 驱动性问题：如何策划一场《简·爱》新书发布会活动?

## 六、 成果与评价

1. 成果：

（1） 学生完成《简·爱》专项阅读练习过关检测。

（2） 学生作为新版名著《简·爱》发布会活动中的策划人员，能够理解本书所传递的思想精神，在团队中以自身的角色任务，完成新书发布的整个流程。

2. 评价

（1） 评价内容：调研报告评价表、成果汇报评价表。

（2） 评价方式：过程性评价、形成性评价。

（3） 评价维度：聚焦课标、项目管理、搭建支架、评估学习、复盘反思。

（4） 评价主体：自评、互评、师评。

## 七、 高阶认知

主要的高阶认知策略：

问题解决 （ √ ）　 决策 （ √ ）　 创见 （ √ ）

系统分析 （ 　 ）　 实验 （ 　 ）　 调研 （ √ ）

## 八、 实践与评价①

| 涉及的学习实践： | 评价的学习实践： |
|---|---|
| 探究性实践：基于对名著内容的阅读，探究对名著主题的现实意义思考。<br>社会性实践：讨论新书发布的主要流程；分成项目小组，形成小组分工和职责表。 | 探究性实践 （ √ ）<br><br>社会性实践 （ √ ） |

---

① 夏雪梅. 项目化学习的实施：学习素养视角下的中国建构 ［M］. 北京：教育科学出版社，
2020：135—136.

| | 调控性实践：制订新书发布活动的前期与后期的完整日程表。<br>审美性实践：设计新书发布的展台布置。<br>技术性实践：运用小程序签到、弹幕留言、自媒体文本、短视频剪辑等多种信息技术。 | 调控性实践（　　）<br>审美性实践（ ✓ ）<br>技术性实践（ ✓ ） |
|---|---|---|

<table>
<tr>
<td rowspan="13">项目过程</td>
<td colspan="3">入项活动：<br>1. 提前参加上海书展或其他新书发布会的活动，了解当今此类活动对市民文化的提升、对书籍的推广有怎样的意义和价值。<br>2. 同样一本《简·爱》，市面上有几十个不同出版社出版的版本，如果让你挑选一本作为新书发布会上推介的版本，你会如何挑选？<br>3. 你会如何设计这次新书发布会活动？</td>
</tr>
<tr>
<td colspan="3" align="center">任务一　新书发布前期准备（第一周）</td>
</tr>
<tr>
<td>子任务一</td>
<td>确定发布哪一个版本的《简·爱》新书<br>● 调研市面上出现的各个版本《简·爱》。<br>● 比较常见的几个出版社的不同之处，从关键段落的翻译和书籍封面设计入手（名著导读课）。</td>
<td>评价：</td>
</tr>
<tr>
<td>子任务二</td>
<td>招募令：招募新书发布展台设计师<br>● 展台设计要合理，便于开展新书发布的相关活动。<br>● 展台设计要能体现新版《简·爱》的主题特点。<br>● 展台设计兼具推介作用。</td>
<td></td>
</tr>
<tr>
<td>子任务三</td>
<td>确定新书发布会的主要流程</td>
<td></td>
</tr>
<tr>
<td colspan="3">设计说明：前期准备主要分为阅读准备和活动准备。学生在参阅不同版本译作的过程中，对比英文原作中传递的情感，从而体会优秀文学翻译的魅力，进而提升自身的语言素养和审美能力。</td>
</tr>
<tr>
<td colspan="3" align="center">任务二　新书发布会开展（第二周）</td>
</tr>
<tr>
<td>子任务一</td>
<td>倾听同学们的声音：<br>校内辩论，今天我们还需要阅读19世纪的英国小说吗？</td>
<td>评价：</td>
</tr>
<tr>
<td>子任务二</td>
<td>倾听智者的声音：<br>拟定邀请嘉宾老师，设计与嘉宾的采访互动。<br>预设嘉宾：研究英国文学的对外汉语教师、新版《简·爱》译者或者参与以往译版的老师以及出版商。</td>
<td></td>
</tr>
<tr>
<td colspan="3">设计说明：这个阶段里有学生自读的反馈，有经典译作诞生的过程，更让学生从唯物史观的角度看待英国文学的发展。辩论的内容、采访提纲的撰写非常关键，它决定着学生对这本书阅读的深度，是真正为解决真实问题而进行的语文活动。在这一过程中，学生要将阅读内容转化为辩论的依据，要设计合适的主问题链，以获取需要的研究答案；同时在辩论中，增加投票环节，在倾听采访后，增加答读者问环节，从而提升学生的参与度。</td>
</tr>
</table>

| | 任务三　活动复盘与进一步跟进。（第三周） | |
|---|---|---|
| 子任务一 | 设计能与新书发布现场观众互动的其他方式，吸引大家读经典、赏经典。<br>● 制作本次新书发布会的电子海报邀请函。<br>● 小程序签到，留言弹幕上墙。 | 评价： |
| 子任务二 | 通过开设自媒体，提升本次活动的线上影响力。<br>● 剪辑一段阅读体会，模仿百度"秒懂百科"，完成对《简·爱》的"秒懂名著"介绍。<br>● 根据本次活动，思考完成"今天我们该如何读经典？我们为什么要读经典？"问题的答案，完成总结小论文的撰写。 | |
| 设计说明：<br>　　学生在这一阶段借助信息技术水平，让自己的"输入"内容经消化吸收，换一种方式"输出"，通过综合探究的过程，予以数字赋能，是用 21 世纪的方式去阅读 19 世纪的外国小说。教师也从重视自己的"教"转向重视学生的"学"，让学生成为会思考、敢创新的学习者①，以 21 世纪的方式去"学"。 | | |

---

① 王雅红. 反思性学习：推动高质量项目化学习实施的关键——以名著《简·爱》项目化学习为例［J］. 教育文汇，2022（10）：33—36、40.

创意 06

## 妙手"偶"艺，匠心"遗"帜

### 一、项目背景

2020 学年，我校与上海市木偶剧团达成党建结对。为弘扬中华优秀传统文化，增强学生对非物质文化遗产的了解和热爱，学校在小学部三四年级开设了"儿童木偶剧社"，让优秀传统文化走进校园，丰富校园文化生活。

本学年，木偶剧团带着其宣传展板再次走进上理校园，从历史发展、艺术特点等角度，使学生零距离感受非遗文化的独特魅力。

在此契机下，学校组建策展团队，以校园文化推广为目的，由初中学生作为策展人，完成一场"非遗文化进校园"策展项目。在 PBL 项目化学习的指导下，了解什么是策展，感受非遗文化，丰富其团队协作及创新实践能力。这也是在"双减"背景下，丰富学生课后活动的一种尝试。

### 二、入项活动

#### （一）前期调研

本次项目的初始学生团队由 2 名八年级学生、4 名七年级学生、2 名六年级学生组成，成员们接到项目要求时，立即对本项目所涉及的内容展开资料的搜集。

活动一：围绕"展览"，查阅资料，了解什么是校园文化展览。团队同伴讨论及校内调研：你看过哪些展览？一场展览中最吸引你的地方是？

活动二：围绕"木偶戏"，观看影像资料，了解海派木偶文化。团队同伴讨论及校内调研："木偶戏"的哪些方面能够吸引到你？

活动三：对策展项目展开预设，包括梳理需要完成的阶段任务、希望得到的指导等，根据项目时长预估每个阶段大致花费的时间。

### （二）驱动问题

根据团队前期活动及后续调研，确立了驱动本次项目的相关问题。

核心问题：以木偶戏为例，如何通过校园文化展览的形式推广非物质文化遗产？

本质问题：展览策划与呈现。

项目意义：再现与传承。

### （三）团队组建

学生团队成员的集中与前期活动之后，通过对项目实施过程的设想，罗列了可能会涉及的不同学科能力，包括数学（初步测量、经费预算、展板固定、现场布局），美术（设计、绘画、新媒体运用），信息科技（图像处理、数据压缩、音视频处理），语文（结构逻辑、信息筛选、文稿撰写、润色定稿）。

由此，项目组邀请了数学、美术、信息科技、语文四个学科的专业老师予以指导和帮助，学生自发地根据自己所长进行分工，与学科老师配合形成了各学科组。至此，整个项目团队集结组合完毕。

### （四）目标预设

| 知识与技能学习目标 | | |
|---|---|---|
| 学生可以知道……<br>1. 木偶戏的起源、特点、发展等。<br>2. 策划一场展览的主要环节，包括选题策划、素材搜集、筛选过滤、信息升华、内容汇聚等。<br>3. 如何鉴赏一场展览。 | 学生可以理解……<br>1. 木偶戏作为经国务院批准列入的第一批国家级非物质文化遗产的传承意义。<br>2. 展览等文化创意活动的价值和作用。 | 学生可以做到……<br>1. 合理使用提供的素材，规划并呈现一场完整的校园文化展览。<br>2. 感受中华文化之美，增强爱国主义情怀。 |

成功素养学习目标：

1. 团队协作能力：能够合理发挥团队中不同年龄、各有所长的成员们的优势，合理分工，协调完成项目的策划与实施。
2. 解决问题能力：通过迁移生活中的实际经验，查找相应的资料，提出项目学习过程中可能存在的问题，并对预估问题设计解决方案。
3. 创造创新能力：畅想多样化的展览呈现形式，丰富展览可观性。

## 三、项目进行时

### （一）分组活动

| 学科组 | 探究过程 | 阶段成果 | 学习目标 | 活动实录 |
| --- | --- | --- | --- | --- |
| 语文组 | 1. 梳理并排序展板<br>2. 商讨展览名称<br>3. 收集并精简文字导览所需的相关材料，初步撰写讲解词 | 讲解词 | 梳理木偶文化的发展历程，通过文字的形式，再现木偶文化 | |
| 数学组 | 1. 实地考察<br>2. 规划区域展板布置的数量、摆放形式等 | 区域规划图 | 通过数学测量与计算，对空间进行合理布局 | |
| 美术组 | 1. 搜集素材<br>2. 设计海报<br>3. 美工制作 | 项目海报 | 通过搜集资料，了解新媒体的使用 | |

| 学科组 | 探究过程 | 阶段成果 | 学习目标 | 活动实录 |
|---|---|---|---|---|
| 信息组 | 1. 短片剪辑<br>2. 录制讲解词 | 宣传片 | 基本掌握音视频软件的使用 | |

### （二） 合作布展

通过近两周的分组活动，项目有条不紊地进行着，但仍有一大难题摆在团队眼前："使用何种工具可以稳定展板的摆放？"由于木偶剧团提供的展板有其特殊性，存在版面有折痕、大小不一等情况，到底该借助哪些工具，如何进行固定呢？通过对校园地毯式搜索，多次尝试与调整，团队最终确定了使用板凳、柱形架、席卡组合的展示方式解决了问题。

在活动中，成员们发挥其想象，利用校园内有限的可利用材料，在最大限度上让展板保持稳定不掉落，呈现了精彩的文化长廊景象。

为了更好地向学生群体提供展览服务，语文组的同学们撰写了针对不同年段的讲解词，录下来配合画面做成视频，投放在平板中供参观者配合参观，让本次展览更具现代化特点。

### （三） 成果展示

为期一月的文化展览有序开幕，团队成员化身导览员，引导学生参观、提供讲解服务，将自己在项目中的所知所学毫无保留地展现出来。本次展览吸引了许多老师驻足，广受好评。成员们也虚心接受建议，不断反思。

## 四、项目反馈

### （一） 体会感悟

在这之前，成员们大都没有细致地了解过木偶戏，连木偶戏是什么都不知

图1-15 最终成果

图1-16 师生观展

道，甚至以为木偶仅仅是一种玩具，是玩好了就可以随地一丢的玩具；更不知道上海木偶剧团在哪儿，对它的历史、节目也都一无所知。在这次活动中，无论是团队成员还是观展的同学们都了解到，原来木偶戏是我们国家那么重要的文化遗产，它是承载了几代人的梦想与努力的宝贵精神寄托，象征着我国劳动人民的勤劳与智慧。而上海木偶剧团，拥有那么悠久的历史，他们的创造令人心生敬仰。

七年级的团队成员小李表示："很高兴能有机会参与举办本次木偶展，通过这次的展览，我有幸了解到了木偶戏的历史、上海木偶剧团的由来、不同时代木偶戏的发展情况，还了解了上海木偶剧团与外国的交流以及木偶戏与高科技的结合运用。"

面向未来，成员们也纷纷发出呼吁："让我们祝愿上海木偶剧团和海派木偶戏发展得越来越好，让我们的木偶戏早日走出国门，面向世界，展现我们中华民族的伟大创造!"

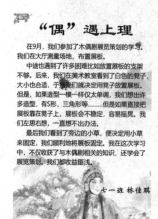

图 1-17　学生活动感悟

（二）总结反思

在这样的项目化学习中，学生的积极性比预想的要强，队伍也在这一过程中不断扩大，吸引了各个年级的同学参与。虽然只是一次短期项目，但对学生来说，对他们的团队协作、问题解决、创造创新这些能力都是考验，最终效果也说明他们接受住了这次挑战。尽管活动过程中难题不断，但当成果展现时，成员们也都十分激动，纷纷表示，期待下一次不同主题的策展活动。

在本次活动中，指导教师们都尽可能以学生为主体，引导学生自发地发现问题、解决问题。而在实际操作的过程中，尽管学生能够发现问题，但是推进他们解决问题的动力不足，缺乏经验积累，显得没有自信，不敢尝试。这一特征在不同年级的学生中表现突出，虽然都是初中生，但高年级段学生明显思维更大胆，对自我的要求更高，在团队协作中更具引领作用。

## 五、经验收获

我校是一所开办不久的九年一贯制学校，作为一所新办学校，班级规模并不大，具有学校校本特色的活动并不少。活动的开展必然存在许多问题，有的问题对老师而言并不难解决，但对学生来说却十分有挑战性。是不是能把这些问题抛给学生，通过项目化学习的模式来试着解决呢？在这样的条件下，策展项目应运而生。这一次，同学们也交出了一份令人满意的答卷。

对于学生而言，本次学习活动，初始参与人数是 8 人，而在项目进行过程中，额外有近 10 位同学为项目的顺利完成提供过帮助。他们在参与活动的过程中同样也是积极投入，乐于思考，在思维的碰撞中迸发出新的火花，并把这种尝试运用到其他学习活动中去。可见，项目化学习对于学生的吸引力及影响力十足。

对于教师来说，项目化学习的开展对于教师的个人素养也有一定的考验，对能力的提升也有相应的助力。在本次活动中，指导团队内的教师们发挥了自己的特长，为成员们的问题解决带去了新的思考角度。例如在宣传版面制作时，信息老师运用了激光雕刻技术，用布做的花字呈现在展区内，十分吸引人的眼球。美术老师在指导学生设计海报的过程中重拾 Photoshop 制作，软件使用愈发熟练。

对于学校活动而言，需要解决的实际问题很多，项目化学习的开展正是将问题解决摆在首位，与学生学习融为一体。在现有的活动中，衍生出更具创新意味的教育点。这一次尝试无论从哪个层面上看都是一次成功的体验。面向未来，作为教师，仍将不断挖掘实际问题，开展项目化学习活动，在尝试与累积中，丰富学生的学习体验，创造更多彩的校园文化。

# 第二章　有发现地做

发现是人的存在方式，发现学习是以发现为目标和引领的一种学习方式，项目学习离不开发现学习的支撑与辅助。只有符合学习者的需求才能得到学习者的关注，教师在进行学习设计或者活动设计时，应充分挖掘学科目标要求，并据此细化学习内容，丰富活动资源。只有这样，学习者才能有理"发现"、有据"发现"、有所"发现"。

美国著名的教育心理学家杰罗姆·布鲁纳认为，教学过程的本质在于"发现"，过程中更应注重学习者的内部学习动机和知识结构，关注直觉思维的价值以及对信息的加工提取。①

在我们看来，发现是人的存在方式，发现学习是以发现为目标和引领的一种学习方式，有利于发展儿童的主观能动性，有效促进核心素养的形成与内化。项目学习离不开发现学习的支撑与辅助。在项目学习中，教师首先要引导学生发现问题，进而将问题进行归类、整合并转化为活动主题。② 教师要引导学生发现真实情境中的现象并将其归纳为关键性问题，进而挖掘出项目的本质。③ 在项目学习过程中，与预期不同的情况也经常发生，此时需要儿童通过"发现"去拆解、去探究、去突破，从而不断重组、完善自己的研究思路。

那么，什么样的内容值得被"发现"？从根本上来说，它必须符合学习者的需求才能得到学习者的关注，激发学习者的兴趣，最终为学习者所理解、接受和内化，满足学习者的成长需求。因此，有人指出，基于学习者需求的教学内容重构是当前教育教学改革的重要任务。④ 学习者的需求包括个人需求、学习需求、未来的发展需求等，要使学习者的需求在教学内容中得到全面体现，实质上就是把与学习者需求相关的兴趣、爱好、学习目标、技能水平等方面的资源整合在一起，满足学习者的全方位需求，而这一观点与新课标中提出的学生核心素养培育观念保持高度一致。这也告诉我们，教师在设计活动内容时，可打破单一学科的知识壁垒，进行学科资源和内容的重构与整合，实现教学活动

① 余文森. 布鲁纳结构主义教学理论评析 [J]. 外国教育研究，1992 (3)：13—16.
② 郭元祥. 综合实践活动课程设计与实施 [M]. 北京：首都师范大学出版社，2001：87.
③ 夏雪梅. 项目化学习中"教师如何支持学生"的指标建构研究 [J]. 华东师范大学学报（教育科学版），2023，41 (8)：90—102.
④ 黄秀玲. 资源整合：基于学习者需求的教学内容重构 [J]. 教育理论与实践，2018，38 (22)：61—64.

的综合性与完整性。诚然，内容重构、资源整合并不是一件容易的事，无论是项目学习还是综合实践活动，都提到了学科与学科之间融合的重要性，但这并不代表我们可以模糊任何一门学科的知识归属与特征。教师若要进行学科整合，在进行学习设计或者活动设计时，仍应充分挖掘各门学科的知识、技能与态度的目标要求，并以此为引领，细化学习内容，丰富活动资源。也只有这样，学生才能有理"发现"、有据"发现"、有所"发现"。

我校的 I-DO 学习模式提出了"有发现地做"这一理念，其中的"D"亦包含了"discover"（发现）的含义。发现什么？发现探究的内容、关键的问题、解决的方法。 I-DO 倡导学生用发现的眼睛关注真实生活中的现象，提出自己的疑惑，并在教师的引领下进行自主探究；用发现的大脑找出研究过程中遇到的关键问题，突破并克服它们，在这样的学习方式中重构知识体系，锻炼思维品质，形成态度责任，最终落实学生核心素养的培育与发展。

我校教师在 I-DO 学习理念的指导下，引领学生"有发现地做"，开展了各类学习活动。他们鼓励学生细心观察自己的生活学习环境，带领学生不断发现真实情境中的探究对象。他们在学习活动的设计中有所预见，在学习活动的过程中适时启发，引导学生及时发现学习过程中的根本问题。他们在学生面对探究过程的诸多变量时，勉励学生不惧经历多次试错，准确发现解决困难的关键点。在 I-DO 理念的引领下，教师是学生的引领者，引领学生充分发挥自己的主观能动性；学生则是主动的"发现者"，通过发现，挖掘探究内容，找到关键问题，寻求解决方法，从而更积极、更投入地参与学习过程，体验活动乐趣。

创意 07

# DIY 运动手环的创意设计与实现

从培养学生计算思维和动手实践的角度出发，结合"科创引领，文理相融"的办学特色，我校开设了"未来创客"拓展型课程，广受学生欢迎。本课程将物联网知识与人工智能等相关内容相结合，以建构主义学习理论、多元智力理论及 STEAM 教学理论为基础指导，构建了基础指导与自主设计相辅相成的教学模式。通过运用任务驱动法等教学方法，培养学生的科技创新能力，提升学生的信息素养，并促进学生的全面发展。这一综合性的课程设计，不仅注重理论知识的传授，更强调实践能力的培养，为学生综合素质的提升奠定了坚实基础。

"DIY 运动手环"综合实践活动是"未来创客"中的一个子活动，以日常运动为主题，引导学生进行图形化编程学习，不仅启动了他们的编程思维，而且也增强了他们的健康意识。通过借助开源硬件和图形化编程软件等学习工具，开展了各种学习活动，使学生能够理解"计步小程序""健身应用""运动手环"等日常软件技术和硬件设备的工作机制和原理。在本活动中，学生通过信息化工具收集、分析与处理、输出数据的同时，也能够在观察思考和合作探究的活动过程中体验到体育运动的乐趣。

## 一、活动目标

1. 通过科学实验、情景体验，初步了解运动频率、运动强度等生活常识，学会将生活科学常识和学习内容相联系。

2. 通过独立学习、小组合作交流、自主学习等学习方法，学会让开源硬件通过账号云广播的方式与计算机进行远程通信，掌握基本的编程语句编写手环程序，并将程序输入开源硬件中。

3. 通过设计、动手制作，将创意物化制作出一款智能可穿戴设备，并不断改进优化，发展实践创新意识和审美意识，提高数字化产品的设计与制作能力。

4. 通过课后分享交流和实物展示，体验被同伴认可的成就感和快乐。

## 二、 活动过程

### （一） 观察现象，发现问题

随着人们健康意识的不断提高，越来越多的人开始关注身体健康。本次综合实践活动以如何记录运动强度为问题，融入了信息科技、劳动技术、体育等学科知识，采用小组合作的形式，在探究、思考、讨论的基础上，利用开源硬件、绳结、手表带等物品动手制作创意手环。通过正确使用循环、判断等编程语句，编写能记录运动频率、运动强度的程序，从而掌握基本的编程语句；学生将创意通过动手实践的方式制作出一款运动手环，帮助学生建立科技创造美好生活的观念。在整个活动过程中，学生不仅在技术和知识方面得到了提升，还培养了团队协作、沟通交流和解决问题的能力，从而更好地适应未来的社会。

从健康生活的角度出发，学生通过观察现象，发现了如何记录运动强度的问题。这是学生发现探究的内容，也是本次综合实践活动的主题：培养学生的观察力和思考能力，让他们关注生活中的实际问题，并激发他们对解决问题的兴趣。

### （二） 思考方案，制订计划

根据项目目标和实施步骤，制订详细的项目计划。计划中应包括每个阶段的任务分配、时间安排、预期成果以及评估标准等，并引导学生进行讨论，确保计划的合理性和可行性。"DIY 运动手环"内容安排表如下表 2-1 所示。

表 2-1 "DIY 运动手环"内容安排表

| 内容<br>名称 | 主要任务与学习目标 | 课<br>时 |
|---|---|---|
| 摇钟<br>摆受<br>启发 | 1. 摇钟摆，受启发：通过观察自制钟摆，让学生初步感知钟摆运动及其影响因素。<br>2. 换姿态，走一走：组织学生进行行走摆臂测试，为引出运动强度的因素作铺垫。<br>3. 看图片，说想法：观看各种运动项目图片，互相交流对该运动项目强度的认识。<br>4. 勤分析，善归纳：引导学生归纳出影响运动强度的各种因素，揭示"运动手环"的原理。 | 1 |
| 编写<br>手环<br>程序 | 1. 看视频，知原理：通过视频演示和实物展示，介绍编程硬件载体的结构和功能。<br>2. 先模仿，再尝试：以旧引新，启发学生运用已掌握的编程知识，编写计数程序。<br>3. 编程序，导数据：增加编程语句做出随动亮灯的效果，传输至硬件中检测程序。 | 1 |
| 个性<br>实物<br>创作 | 1. 秀创意，做手环：对手环的佩戴方式和外观造型进行个性设计，拓展多种玩法。<br>2. 出作品，互评鉴：以小组汇报的形式表达想法，相互借鉴经验，巩固编程技能。 | 1 |
| 优化<br>实物<br>细节 | 1. 增功能，加难度：增加判断语句，提升可玩性；新增广播模块电脑端互动反馈。<br>2. 集数据，再验证：使用手环尝试各类强度的运动，采集数据，完成活动数据表。<br>3. 携同伴，共运动：将运动手环介绍给同伴使用，提升学生的成就感。 | 1 |

### （三）合作探究，收集证据

1. 体验科学实验，激发学习兴趣

此活动分为两个环节，通过观察钟摆和行走摆臂的小实验开场，引出运动幅度、强度，把学生快速带入学习情境，为之后的学习活动作铺垫。

首先，教师引导学生通过橡皮、细线和支架等实验工具进行钟摆实验，在规定时间内观察并记录橡皮的摆动次数。学生在实验过程中得出结论：相同质量的橡皮，摆动频率与线长有关，同一个摆幅，摆长越长摆动频率越高，摆长越短摆动频率越低。

接下来教师邀请学生上讲台演示三种不同的行走姿态。学生 1：手臂不摆动走路。走起路来摇摇晃晃，重心不稳定。学生 2：手臂自然摆动走路。很舒服，很自然，就和日常散步一样，走起来很稳。学生 3：手臂自然摆动跑步。跑步会让手臂摆动的频率加快，有手臂的辅助，跑步会比较稳定协调，若是手臂不动则重心不稳定、不协调。通过行走摆臂的实验，引发学生对摆动幅度的思考，为引出利用计算思维对摆动幅度进行测量作铺垫。

教师以科学的实验作为切入点，引导学生了解运动和身体协调性之间的关联，激发学生的兴趣，同时为接下来的活动作铺垫。在实验探究的过程中，教师可以引导学生经历提出问题、做出猜想和假设、制订方案、实验探究等过程，让他们掌握实验研究的基本科学方法，养成探究习惯，形成科学态度，初步培养创新精神。这样的教学方法不仅能够提高学生的学习兴趣和主动性，还能够培养他们的实验探究能力和科学素养。

2. 拓宽思维边界，引导生成主题

延续实验得出的结论，结合生活中常见的运动，比如跑步、游泳、跳绳、网球、羽毛球、乒乓球、举重等，引导学生进行相关问题的讨论：这些运动会用到身体的哪些部位？肢体的运动轨迹是怎样的？帮助学生进一步厘清动作幅度和运动能量之间的关系。在不同的运动中，运动的幅度、锻炼的部位、动作的规律等，都会影响我们的运动量，除了可以通过人工计时和计数的方式测算运动量之外，教师引导学生联想到生活中常见的智能穿戴设备也可以帮助人们测算运动量。

通过让学生主动去探索不同运动的特征，例如姿态、手臂力度和幅度等方面，激发了学生的探究欲望，同时也拓宽了学生的思维边界，帮助他们更深入地理解运动的本质和规律。此外，教师还尝试引导学生选择恰当的同伴，组建活动团队，均衡分配小组成员能力，可从某一项运动的能力、动手实践能力、创意发散思维、表述能力等方面择人选。根据喜好和兴趣，不同的团队可以生成不同运动的主题活动。

学生在探究、思考和讨论的基础上发现了关键的问题，即如何利用编程语句记录运动频率和运动强度。目的是培养学生分析和解决问题的能力，让他们通过自主学习和合作学习的方式，掌握解决问题的关键技能。

### 3. 软件硬件结合，培养计算思维

通过将视频演示和实物展示相结合的手段，教师介绍本活动将要用到的开源硬件。内容包括硬件载体的物理结构、电路结构、各传感模块的原理、组成，以及能实现的各种应用功能等。针对学生易掌握的学习内容，采用小组讨论、学习资源包的学习方式，启发学生旧知迁移，利用已经掌握的编程知识解决问题。而较难解决的部分，教师通过实例演示和案例分析等方式，帮助学生深入掌握知识点，逐渐提高解决问题的能力。同时，为了培养学生的创新思维和实践能力，教师引导学生进行实践项目，通过实际操作来提升编程技能。

学生尝试利用运动传感器，通过在图形化编程软件中测试 x、y、z 三个轴的加速度值，感知不同运动状态下的加速度值及方向，便于理解加速度这个概念。在实际的操作中，随着人体的运动，三个轴都会产生加速度。不同的佩戴方式也会导致加速度值的差异。在使用中，可根据多个轴的加速度值进行综合判断，以确定运动强度。

程序的编写总共分四步走：硬件程序的编写、计算机接收端程序的编写、校正测试、完善程序。首先，要完成的是在上传模式下，对硬件进行指令的搭建。学生需建立变量，将加速度综合值通过账号云广播的形式发送出信号，并将程序上传到硬件中。其次，在接收端，学生需要处理收到的云广播数据，也就是发送端程序中的加速度综合值，并进行计步运算。在这个环节中，学生需要反复测试以确定能反映出正常运动时的参考值。再次，进行测试环节，学生将开源硬件连接电源，以正常的运动姿态和手臂摆动的幅度进行运动，记录下数据，然后与计算机的数据进行对比。经过反复调整得到较为精准的程序。最后，以小组汇报的形式进行想法交流、互评互鉴，改进完善程序。

在此活动中，通过图形化编程和开源硬件软硬件结合的方式，学生收集并分析各种数据。在记录和分析数据的过程中，学生锻炼了计算思维和数据分析能力，同时也了解了数据采集和处理的基本原理。

### （四）形成修订，成果展示

将创意进行物化是激活创造潜能的重要途径之一。编写好程序之后，学生可对运动手环的佩戴方式和外观造型进行个性化设计，制作一款可穿戴的智能产品。

在佩戴方式方面，学生根据自己的喜好和需求，设计不同的佩戴方式。例如，可以设计成手腕式、手臂式、脚踝式等不同的佩戴方式，以满足不同场合和运动项目的需求。

在外观造型方面，学生将劳动课程中所学到的绳结技巧与手环的制作相结合，设计出独特的手环款式和风格。例如，学生可以使用绳结技巧制作手环的主体部分，然后将手环的连接部分和手环屏幕部分用金属环或其他材料连接起来。同时，学生还可以在手环上挂上小绳结、小珠子等装饰物，从而让手环更加时尚和个性化。有的小组选择不同材料和颜色的绳结，搭配出各种不同的效果和风格；有的小组结合生活中常见的材料，比如彩色的不织布、珠子、贴纸等，将手环制作成各种不同的形状和图案。

除了手环制作，美化过程也是学生发挥个性创意的重要机会。学生可以通过涂鸦、绘画等方式，将手环美化得更加独特和个性化。

通过个性创意物化的方法，学生可以在产品制作和美化过程中，发挥自己的创造潜能，并培养自己的动手实践能力和想象力，同时也让学生体验到创造的乐趣和成就感。

学生发现了解决问题的方法，即利用开源硬件、绳结、手表带等物品制作创意手环，并通过编程语句编写程序，实现记录运动频率和强度的功能。学生的实践创新意识和审美意识得到了锻炼，并且数字化产品设计与制作能力得到了提高，同时也体验到科技创造美好生活的乐趣。

## 三、 活动评价

评价量表是一种经常被教师使用的评估工具，旨在帮助教师对学生的学习表现进行评估和反馈。使用好评价量表可以使评估更有据可依、更公正、更客观。

好的评价量表能够精准捕捉到学生在综合实践活动中的真实行为表现，进而指导教师调整和完善教学策略，助力学生取得更佳的学习成效。在构建这样的评价量表时，首要之务是确保评价内容紧密围绕学生的实际行动，准确映射他们在活动中所展现的核心素养水平。为此，我们可以通过设计详尽的活动任务清单来追踪和记录学生的每一步过程性表现。这种清单不仅具有考核的功能，即检验学生是否完成了指定的任务，而且还能作为学生学习轨迹的宝贵资料。同时，照片和资料的收集也是评价过程中不可或缺的一环，它们更侧重于捕捉学生在学习过程中的瞬间和阶段性成果，为全面评价提供有力支撑。然而，不同的评价工具各有其独特的功用。为了确保评价效果的最大化，我们需要根据具体任务的特点和需求，选择最为匹配的评价工具。只有这样，我们才能避免重复劳动，提高评价的效率和准确性，从而真正发挥出评价在促进学生发展中的重要作用。

好的评价量表通常包括多个方面，例如学生的学习态度、参与度、完成度等等。同时，为了使用好评价量表，教师也需要注意一些问题。例如，评估指标应该尽量客观、公正，不应该带有主观色彩。教师应注重评估结果的反馈和应用，及时与学生进行沟通和交流，帮助学生找到自己的优点和不足，制订有效的学习计划和目标，从而更好地促进学生的学习和发展。

表 2-2　作品评价表

| 实物作品名称： | | 制作小组名称： | | |
|---|---|---|---|---|
| 评估项目 | 自评等第 | 互评 | 师评 | 建议 |
| 程序是否优化 | | | | |
| 作品具有实用性 | | | | |
| 作品富有创意 | | | | |
| | 自评： | 互评： | 师评： | |
| 作品介绍： | | 总评： | | |

表 2-3　综合能力评价表

| 姓名： | | 所属小组名称： | | |
|---|---|---|---|---|
| 评估项目 | 自评等第 | 互评 | 师评 | 建议 |
| 编程熟练 | | | | |

| 评估项目 | 自评等第 | 互评 | 师评 | 建议 |
|---|---|---|---|---|
| 有序分工合作 | | | | |
| 及时反思调整 | | | | |
| | 自评： | 互评： | 师评： | |
| 我的收获： | | 总评： | | |

## 四、 活动反思

"DIY 运动手环"综合实践活动的设计与实施收获了实效，同时也让我有了些许感悟：

### （一） 引领学生把知识方法运用到实际生活中

在此次综合实践活动的开展中，教师不但重视教授学生相关学科的知识内容，而且更注重引导学生努力地把所学的知识应用到实践项目中，让学生在实际操作的过程中不仅巩固知识和技能，而且培养学生将知识转化成解决真实问题的能力。例如在产品开发的过程中，学生运用新授模块的使用方法，针对不同的运动项目，不断测试调整代码指令参数，最终开发出适合的可穿戴设备。

### （二） 改变教学活动方式，鼓励和培养学生创新能力

在以往的教学活动中，学生在设计和制作活动中存在懒惰、敷衍了事的情况，往往依赖和模仿书上的样例，缺乏积极的创新精神。在新课标提高学生核心素养的理念下，教师改变教学活动方式，进行变革。教师不断鼓励学生从多角度、多方位进行大胆思考和分析，促进师生、生生交流，激发学生的技术思维，培养学生的创新能力。在产品的设计活动中，引导学生对美化产品进行头脑风暴："还可以利用哪些材料？可以使用哪些颜色进行搭配？可以有什么样式的装饰品？"通过问题激发学生思维火花的碰撞，培养学生的创新能力。对于活动过程中学生的闪光点，教师也及时肯定和鼓励，激发学生的创造热情。

创意 08

# 探寻蜗牛身上的 N 个秘密

《义务教育艺术课程标准（2022 年版）》强调要坚持以美育人，重视艺术与其他学科的联系，在审美感知中充分发挥协同育人功能。本文以项目化学习的形式，引导学生发现问题，进而将问题进行归类、整合，并转化为活动主题。指引学生围绕真实问题进行探究，并通过团队合作、自主建构知识等途径解决问题。以"探寻蜗牛身上的 N 个秘密"活动为例，在边做边学的过程中，充分发挥学生的自主学习、团队合作和实践探究等能力。

## 一、活动目标

结合学校"尚理印记"主题，以"探寻蜗牛身上的 N 个秘密"活动，设计黏土定格动画跨学科项目，让学生通过项目开展，强化学科实践，推进学生综合学习。

（一）了解定格动画知识；欣赏定格动画，拓宽视野；掌握定格动画拍摄方法。

（二）形成研究、探讨的习惯；提高团队合作能力、语言表达能力、分享能力以及独立解决问题的能力。

（三）激发学生对动物的喜爱，爱护动物，提升对生命的理解。

## 二、 活动过程

### (一) 观察现象，发现问题

发现问题是指围绕项目主题设计的、契合课程标准的、具有凝练意义的问题。基于学生的真实生活提出的"发现问题"，具备开放性、挑战性、实践性与实用性，更容易引发学生自主探究，推动学生解决问题，实现学生深度学习。因此，在"探寻蜗牛身上 N 个秘密"的活动中，教师引导学生，引发学生思考：

1. 蜗牛身上有什么秘密呢？

2. 如何运用艺术创作材料以达到预期效果？

3. 如何运用设备达到预期效果？

### (二) 思考方案，制订计划

根据"蜗牛身上有什么秘密呢？""如何运用艺术创作材料以达到预期效果？""如何运用设备达到预期效果？"三个层层递进的问题，设计出具体、可操作的项目步骤；同时，给学生搭建好学习支架。根据学生需求，在适当时机为学生提供学习支架，在学生解决当下问题后，将学习主动权还给学生（见表2-4）。

表2-4 "探寻蜗牛身上 N 个秘密"跨学科主题学习

| 发现问题 | 项目步骤 | 教师支架 | 设计意图 | 用时 |
|---|---|---|---|---|
| 蜗牛身上有什么秘密呢？ | 1. 分组调查，通过书本翻阅、网络调查和实物观察的方式，了解蜗牛身上的秘密。 | 提供多种调查方法，供学生自由选择。 | 通过书本翻阅、网络调查和实物观察的方式，了解蜗牛的秘密。 | 1 周 |
| | 2. 各组汇总资料，梳理并讨论出视频中要表现的点。 | 对需要帮助的小组进行指导和协助。 | 结合书本翻阅、网络调查和实物观察结果，确定视频表现蜗牛特点。 | |
| 如何运用艺术创作材料以达到预期效果？ | 1. 搜集黏土创意表达形式。 | 提供相关视频、案例资料供学生分析。 | 设计黏土表现形式，学会运用材料特性进行创意表达。 | 2 周 |

| 发现问题 | 项目步骤 | 教师支架 | 设计意图 | 用时 |
|---|---|---|---|---|
| 如何运用设备达到预期效果? | 1. 欣赏、了解定格动画。 | 提供相关视频。 | 学生了解分类定格动画。 | 2周 |
| | 2. 学习如何拍摄定格动画。 | 教师示范摆和拍。 | 学生学会如何使用拍摄定格动画工具。 | |

为了推动每个小组的进度以及及时指出错误和不足,学生在项目的不同阶段进行阶段性项目成果汇报,小组间相互提出有效建议,发现优点和反思不足,保证项目的顺利进行。基于"探寻蜗牛身上的 N 个秘密"跨学科黏土定格动画项目设计,活动分为 4 个阶段实施,分别是项目准备(学习定格动画)、项目启动(明确脚本和人物场景制作)、项目实施(动画拍摄)、成果展示(动画视频)。

### (三) 合作探究,收集证据

项目准备:学习黏土定格动画

第一阶段:围绕什么是定格动画和如何拍摄定格动画进行项目式探究学习。

通过欣赏各类定格动画,了解定格动画的分类,有偶动画、真人动画、黏土动画、实物动画、剪纸动画等等。

第二阶段:重点了解黏土动画。

动画拍摄主题是黏土制作,黏土可以被任意地改变形态,从造型上来讲可以有无限大的空间。

第三阶段:选择拍摄定格动画的工具。

在拍摄的软件上,安卓系统可以用逐格光影,苹果系统可以用定格动画工作室(stop Motion studio)。

项目启动:脚本和人物场景制作

第一阶段:脚本设计(收集与尝试)。

小组调查收集"探寻蜗牛身上的 N 个秘密",设计制作脚本(表 2-5)。

表 2-5 "探寻蜗牛身上的 N 个秘密"定格动画脚本

| 故事 | 场景 | 角色 | | 画外音 | 时长 |
|------|------|------|------|--------|------|
| | | 动作 | 语言 | 心理活动 | |
| | | | | | |

在脚本设计上，也是小组分工合作。脚本完成后交由语文老师进行修改。

第二阶段：人物场景制作。

根据黏土定格动画故事，同学们分工合作，准备制作拍摄时所需要的背景道具。结合实际情况，主要人物、蜗牛、表演的道具用黏土制作；背景部分则由同学们采用绘画剪贴、综合材料组合。

项目实施：动画拍摄

小组人物职责安排：总导演、灯光师、道具人员、后期配音。

成果展示：动画视频

黏土定格动画拍摄概述：

两团黑色与灰色的黏土滚动出现在人们的视线中，叠加后旋转成黑灰相间的一条黏土。然后黏土盘旋变成一个壳，接着视线中出现一条肉色的黏土，靠近黑灰相间的壳并置于壳下。接着出现触角和眼睛，一只可爱的蜗牛呈现在我们镜头里。然后是老师给学生分发蜗牛，小朋友脸上满是期待与开心。看到蜗牛内心想着，蜗牛好小好可爱。转眼升入初中，科学老师给学生们发蜗牛，此时视频呈现蜗牛和人物一样高的画面（剧情冲突）。通过小与大的对比和学生们认知的提升，大家逐渐理解到生命是平等的。

**(四) 成果展示**

成果展示：黏土定格动画视频。

## 三、 活动评价

表 2-6　毕业季黏土定格动画评价表

| 评价项目 | | 评价内容 | 自我评价 | | | 同学评价 | | |
|---|---|---|---|---|---|---|---|---|
| | | | 优秀 | 良好 | 加油 | 优秀 | 良好 | 加油 |
| 学习态度 | | 认真参加课堂活动，在活动中积极动脑、动手 | | | | | | |
| 组织合作 | | 在小组中能够积极发挥自己的作用 | | | | | | |
| 活动方式 | | 能按时完成任务 | | | | | | |
| 活动能力 | 搜集信息能力 | 能收集资料，资料内容丰富、准确 | | | | | | |
| | 动手能力 | 能够利用材料制作作品，创建的动作流畅 | | | | | | |
| | 创新能力 | 善于利用多种方式表达自己的观点 | | | | | | |
| 活动成效 | | 对定格动画有了初步认识，能利用各种材料的黏土进行制作并拍摄定格动画 | | | | | | |

## 四、 活动反思

有效的项目化学习往往指向具有概念性质的核心知识，能够促进学生对知识的迁移和深度理解。指向学生美术核心素养的项目化课程开发，从课程的选择、编写、设计、实施，引导学生当从传统的学习模式转为不同以往的学习模式时，能够综合运用特定的学习方式，发现问题、解决问题，实现美术学科核心素养的形成。在整个项目中，同学们从不知道，到初次了解如何拍摄定格动画，再深入了解如何设计制作黏土定格动画，同学们在探索和实践中不断地成长。

由于跨学科主题学习活动的学习时间较长、学习内容涉及多个学科、学习地点不固定，仅仅课堂的教学时间以及在教室内学习，难以完成复杂综合的驱动性问题，这是之后完成项目化学习时所要调整的。

创意 09

# 畅游南京路

——以牛津上海版 4A M3U2P4 Nanjing Road 语篇教学为例

牛津 Project 综合板块展现了教材编写的显著特色。该板块设计了一系列语言实践活动，环环相扣、紧密联系。在这些活动中，学生通过思考、调查、讨论、交流和合作等环节，综合运用大单元（模块）所掌握的语言知识和技能，完成学习任务，展示学习成果，这无疑能极大地促进学生综合语言能力的提升。但从任务设计来看还存在一定局限性，例如大多数任务仅要求学生运用低阶、中阶的认知策略，诸如信息的收集、组织、比较、分类等，较少要求学生运用高阶认知策略，诸如问题解决、创见、决策、实验、调研、系统分析等。而项目化学习恰好可以弥补这一缺憾，学生通过参与真实场景的任务从而发现问题、串联知识、运用语言、感知文化，最终发现并解决生活中的实际问题。在实施项目化学习的过程中，运用英语学习活动观这种全新的教学理念，让学生通过学习理解、实践应用、迁移创新等一系列英语学习活动，实现语言知识的学习、语言技能的发展、文化内涵的理解、学习策略的运用[①]，无疑能更好地发展学生的核心素养。

---

① 许丽萍. 基于英语学习活动观的小学英语阅读教学策略探究［J］. 成才之路，2023（23）：101—104.

# 一、 活动目标

1. 语言能力目标：学生在短文、短片、网站等情境中学习、理解并会运用 Nanjing Road；in the centre of Shanghai；shop；restaurant；hotel 等与地点相关的单词词组，以及 visit；buy many things；eat；stay 等活动类单词词组；可用上述语言交流并介绍南京路上的地点以及在该地点适宜进行的活动。

2. 文化意识目标：学生能够了解到上海这座城市繁华的一面，从而建立对家乡的自豪与热爱，并尝试在实际生活中主动向国际友人介绍上海。

3. 思维品质目标：学生能通过实地探访、查阅资料等方式，对生活的城市进行观察、调查和评价，而后设计一条南京路步行街旅游线路图进行展示和介绍。

4. 学习能力目标：学生能够在独立探究、团队协作等参与项目化学习的过程中，提升学习兴趣和组织规划能力；在小组合作撰写旅游线路图的过程中，提高信息加工、归纳整理和逻辑思维能力；在展示介绍旅游线路图的过程中，提高表达能力。

# 二、 活动过程

## （一） 观察现象，发现问题

教师先了解同学们逛街购物的首选商圈，并询问各自理由。随后教师展示上海曾经最繁华的大马路南京路各个时期的照片，并询问同学们对去南京路购物的看法。之后教师向同学们展示上海某一国际旅行社最近的一项市场调查结果：五年前广受国外游客欢迎的著名景点南京路步行街如今已不再吸引国外游客。许多国外游客在制订上海旅游计划时不再选择去南京路步行街，原因如下：

最后教师组织小组开展讨论活动，请同学们谈谈旅行社是否仍应向国际游客推介南京路步行街，理由是什么。

教师充当引领者的角色，基于实际调查，引导学生在结合自身认知的前提

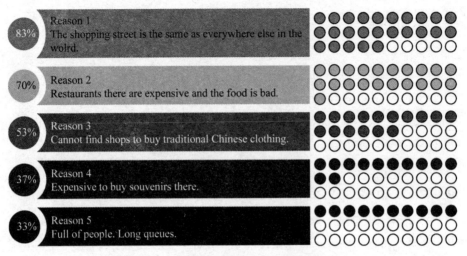

**图 2-1 上海某国际旅行社市场调查结果**

下，主动观察、总结，成为问题的"发现者"；主动讨论、思考，成为发现问题的"探索者"。

**（二）思考方案，制订计划**

表 2-7 任务计划表

| 任务名称 | 活动目标 | 活动内容 | 实施要求 | 时间安排 | 预期成果 |
|---|---|---|---|---|---|
| Task 1 | Do a research | 搜集南京路上的店铺。 | 通过阅读、上网、请教父母等途径收集、了解南京路上特色商店、餐厅、酒店等的名称及种类；<br>可个人独立或小组合作完成。 | 第 9 周 | 成果形式可以是纸质或电子版的表格、草图、思维导图、演讲稿等 |
| Task 2 | Sorting | 分类整理店铺信息。 | 将上周搜集到的特色店铺按照商店、餐厅、酒店等进行分类；<br>了解各特色商店的特色产品；<br>可个人独立或小组合作完成。 | 第 10 周 | |

| 任务名称 | 活动目标 | 活动内容 | 实施要求 | 时间安排 | 预期成果 |
|---|---|---|---|---|---|
| Task 3 | Translating | 查询店铺英文名称。 | 通过上网、查字典、请教老师等途径查询店铺的英文名称；<br>将分类类别翻译成英文；<br>将英文标注在之前成形的表格或思维导图上。 | 第11周 | |
| Task 4 | Planning | 制订一份南京路旅游路线。 | 选择国外游客提出的问题中的一条，制订一份南京路旅游路线。 | 第12周 | |
| Task 5 | Share the plan | 用英语分享设计好的南京路旅游路线。 | 用上课所学句型形成初步的分享演讲稿；<br>通过阅读、上网、请教老师等途径进一步充实汇报演讲稿；<br>小组全体成员或选派一位代表上台进行汇报。 | 第13周 | |
| Task 6 | Assessment | 评价及完善。 | 评价其他小组的旅游计划；<br>自评自己小组的旅游计划；<br>师评各小组的旅游计划；<br>结合多方评价，将自己小组的成果进一步完善。 | 第13周至第14周 | |

教师充当引领者的角色，引导学生通过亲身经历和实践，形成对单元主题的整体感知和深刻思考，同时在此过程中培养语言能力、学习能力、思维品质和文化意识，而学生则成为发现问题的"拆解者"。

（三）合作探究，收集证据

在探究阶段，教师逐步引导学生设计、规划、修改、执行、总结小组项目式学习成果，如下表所示：

## 表2-8 项目计划表

| 阶段 | 说明 | 具体操作 | 注意事项 |
|---|---|---|---|
| 项目引入 | 通过真实或模拟的情境，让学生对主题产生浓厚的学习兴趣或认知冲突，提出驱动性问题。 | 向同学们展示一段上海著名景点的英语视频；<br>请同学们用英语或中文说一说视频中出现了哪些景点；<br>向同学们介绍上海某家旅行社遇到的问题。 | |
| 发现问题 | 让学生建立与所学知识或已有经验的关联，发现问题，在已有知识和将要学习的核心知识之间建立关联。 | 搜集南京路上的店铺；<br>分类整理店铺信息；<br>查询店铺的英文名称。 | 1. 团队合作；<br>2. 以学生在主题学习中学到的知识、技能为核心范围，分享反思，提供反馈和改进建议等；<br>3. 课堂主题探究的关键来自对教材的分析；<br>4. 用虚拟的任务带来真实的认知挑战。 |
| 初步形成成果 | 小组合作，形成问题解决的路径和初步成果。 | 考虑到学生的语言基础及心智水平，教师通过 4AM3U2 Nanjing Road 这篇课文中的具体案例及相关文本再构，向同学们展示如何设计、介绍旅游线路；<br>各小组内分工，明确组员任务；<br>分头查阅资料，或通过其他形式的咨询请教等方式完成个人任务；<br>小组集中讨论，集中完成任务；<br>交流修正。 | |
| 评论与修订 | 小组接受教师、同伴或外部专家的建议与评价，并对他人的成果进行评价，修订成果。 | 以小组为单位，展示交流各小组的主题旅游方案；<br>自评及评价其他小组，要求在支持并肯定其他小组努力的基础上进一步修订和完善方案。 | |
| 公开成果 | 举办主题学习成果展，邀请相关人员参与。让学生有仪式感和获得感。 | 展示交流。 | |
| 反思与迁移 | 反思活动过程中的各类实践和目标达成情况，分享在类似情境中迁移的实例。 | 分享心得，反馈经验，提出改进意见。 | |

教师充当引领者的角色，引导学生围绕主题意义展开一系列具有层次性、联系性、整合性特点的学习理解、应用实践和迁移创新等活动，而学生则成为发现问题后的"解决者"。

（四）形成修订，成果展示

学生通过项目学习取得了丰硕的成果，主要包括以下几种形式：

1. 思维导图：学生通过绘制的个性化思维导图，呈现了清晰的结构和严密的逻辑。

2. 旅游宣传手册：学生在个性化或小组合作的过程中创作了富有创意的旅游宣传手册，充分了解了目的地文化，并进行了科学而合理的规划，运用了丰富的学科知识，具有很高的参考价值。

3. 作文：学生自主完成的作文内容充实且行文流畅。

4. 剧本：学生小组合作创作的剧本富有创意，幽默风趣。

5. PPT 及视频等多媒体报告：学生用于陈述和汇报的 PPT 和视频表现出色，引人入胜。

## 三、 活动评价

学生完成项目式学习后，教师应及时进行综合评价。在评价过程中，须采用多元化的方式，结合过程性评价和终结性评价，以全面了解学生的学习表现。对学生的评估将全面考查其知识和技能的掌握情况、学习过程中方法和策略的应用，以及情感态度、价值观和思维等目标的达成。评价过程中既重视学生在学习过程中的产出，也关注最终的学习成果展示。

## 四、 活动反思

1. 教师的任务是引导学生发现问题，将问题整合为活动主题，并在项目学习中引导学生通过"发现"去探索问题、拆解问题、解决问题。

2. 教师需关注项目式学习任务的真实性，任务的内容是否与学生的实际生活相关联，任务的完成是否能帮助学生构筑围绕主题的结构化认知。

3. 知识的产生来源于丰富多彩的生活，而项目化学习只是将课本知识回归到生活场景的手段。在教学过程中，教师要培养学生有能力从生活场景中发现问题，并寻找解决问题的方法，通过观察形成内化、迁移知识的良好习惯。这样学生才能逐渐体会到英语学习的价值和意义。

4. 项目式学习对教师提出了较高的要求，需要教师了解并掌握多学科知识及相关学科要求。教师需能够全面统筹和规划设计，逐步引导并激励学生进行项目式学习。在具备条件的情况下，教师应搭建多学科团队，全程跟进项目并及时予以指导。如果条件不允许，教师应在必要时积极向专科教师寻求帮助。

5. 教师需同时激励学生追求个性化学习，又要鼓励和引导他们在协作学习中寻找共同点并保留差异，以实现深度学习。

6. 教师应该怀着信任和尊重的态度对待学生，以开放的心态为他们的成长提供更多可能性。在挖掘课程资源方面，教师需要采用"微观视角、深入探究"的方法，以解决实际的教育教学问题，真正实现"立德树人"和"五育并举"的目标。

**创意 10**

## 普陀区消防站设置合理性的几何探究

模型观念是核心素养"会用数学的语言表达现实世界"的主要表现之一，开展数学项目化学习有助于培养模型观念，增强对数学的应用意识，是形成数学建模能力的基础。《义务教育数学课程标准（2022 年版）》中指出，要关注数学知识与实际的结合，能从具体的生活与科技情境中抽象出数学问题，用数学的思维探索、分析和解决具体情境中的现实生活问题，运用数学的语言与思想方法，综合运用多个领域的知识，提出设计思路，制定解决方案。[①] 由此可知，模型观念的形成离不开真实问题的解决，核心素养导向下数学建模思想的培养是数学教学中的重要一环，其不仅是一种教学手段，更是提升学生核心素养的重要途径。

## 一、 项目内容分析

### （一） 项目内容的选定

《普陀区消防站设置合理性的几何探究》的学习内容是将普陀区行政图网格化建立在直角坐标系的基础上，利用初中几何知识以及 GeoGebra 软件几何作图分析，给出消防站的合理化布局建议。本项目化学习内容上指向直角坐标系

① 中华人民共和国教育部. 义务教育数学课程标准（2022 年版）［S］. 北京：北京师范大学出版社，2022：83.

的应用，直角坐标系是沟通代数与几何的桥梁，只有让学生作为项目学习的主体，亲身经历将实际问题分析拆解的建模过程，才能进一步理解数形结合的思想，强化模型观念。

**（二）项目目标的制定**

1. 通过经历数学建模以及分析转化问题的过程，积累基本的数学活动经验，进一步增强学习数学的兴趣。

2. 在解决问题的过程中，养成独立思考、合作探究的学习习惯，形成批判质疑、克服困难、勇于担当的科学精神，增强创新意识。

**（三）项目任务的确定**

本项目以"普陀区消防站设置的合理性"为主要内容，通过建立直角坐标系简化问题，再结合普陀区已有消防站点以及消防车在市区内出警的平均车速和规定出警时间，作圆找到未被覆盖的空白区域，在已有消防站的基础上，再设立新的消防站，将实际问题转化为最优选址问题。

**（四）项目任务的推进**

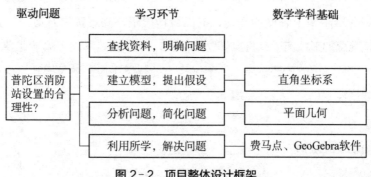

图 2-2　项目整体设计框架

## 二、项目实施过程及学习结果

**（一）入项活动**

**1. 确定驱动问题**

我校临近苏州河，江宁路段至武宁路段不到 3 公里的距离设立了 2 座消防站，而与普陀区其他消防站点的位置却相隔甚远，这样的规划是否合理呢？

2. 拆解问题

（1）提出问题

学生通过查询普陀区消防站点的数量和分布情况，发现普陀区现有消防站点的设置并非均匀覆盖整个行政区域，而是专设于各个人口密集中心区域，于是在普陀区行政图上标注了当前已有的消防站点布局。

考虑到现有消防站点的设置可能无法满足若干年发展后普陀区的消防安全保障需求，因此学生提出假设问题：如果市政预算有限，能够支持新增1处消防站点，应建在哪里？

学生通过查阅大量的文献资料，从中筛选和获取对自己有用的信息，可以提高文本阅读能力和从文本中获取信息的效率。

（2）模型建立

学生将普陀区行政图网格化处理，并以左下角的点（西南角）为原点（0，0），东西向为 $x$ 轴，南北向为 $y$ 轴，单位长度为每格0.5公里建立直角坐标系，如图2-3。

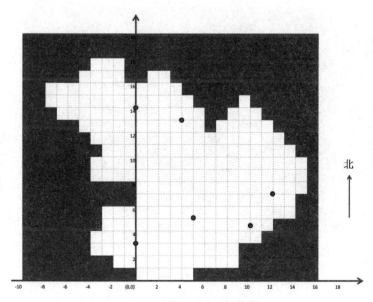

图2-3 普陀区政区网格图

（3）基本假设

① 根据《城市消防站建设标准》第十三条，消防站布局应以接到出动指令后5分钟到达辖区边缘[①]为原则，确定每个消防站的有效保护半径小于2.5公里。

② 假设消防车一直做匀速运动，考虑到城市路况、街道的转弯、消防车行车困难等因素，消防车到任一位置的行车速度为5个单位长度/5分钟（即保护半径为5个单位长度）。

③ 为了简化问题，文中非整数的点位坐标精确到一位小数。

（二）**数学探究**

1. 问题分析

在已有消防站的基础上，再设立新的消防站，这是最优选址问题。学生想到：在未被当前消防站有效覆盖的空白区域，若发生火灾，取响应时间最少的位置点，即为新增消防站的选址点。

学生以当前消防站为圆点，以消防车5分钟车程距离为半径作圆（半径为5个单位长度），得知目前消防站的覆盖范围，如图2-4。

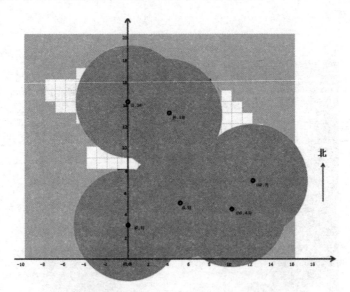

**图2-4 普陀区已有消防站点有效覆盖区域**

---

① 城市消防站建设标准［S］. 建标152—2022.

学生通过观察发现，图 2-3 西北空白区域为最大空白区域（＞9 个单元格），另 2 个空白区域为东北区域（＞7.5 个单元格）、中西部空白区域（＞7 个单元格）。如果新增一处消防站，首先应该解决最大空白区域（西北）的消防问题。

学生经过讨论，具体选址方法如下：选取最大空白区域边界上距离当前最近消防站的最远点，再选取被此消防站覆盖区域的两个交点，以这三点作三角形。那么问题可简化为到这个三角形三个顶点距离和最短的点，即为新增一座消防站选址点。

学生以项目实施者身份主动参与分析拆解的过程，并将其转化为数学问题，在经历数学建模的基本过程中强化模型观念，在思考分析转化问题的过程中，积累基本的数学活动经验，感受数学思维的严谨性，进一步激发学生解决问题的好奇心。

2. 问题解决

学生取距离当前消防站最远点 $A$（－8，16），再取消防站现有覆盖区域和边界的交点 $B$（－3，18）和 $C$（－4.5，12）作三角形，如图 2-5。

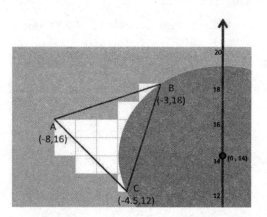

**图 2-5　普陀区未被已有消防站点有效覆盖的最大空白区域**

学生发现，已知三角形三个顶点坐标，求到这个三角形三个顶点距离和最短的点，即为求这个三角形的费马点。[①] 借助 GeoGebra 软件，分别以边 $AB$、

————————

① 何乐. "费马点"模型及其应用［J］. 初中数学教与学，2020（18）：22—23.

$BC$、$CA$ 为边作等边三角形 $ABE$、$BCD$、$CAF$，可以得到 $E$（$-7.23$，21.33）、$D$（1.45，13.7）、$F$（$-9.71$，10.97），如图 2-6。

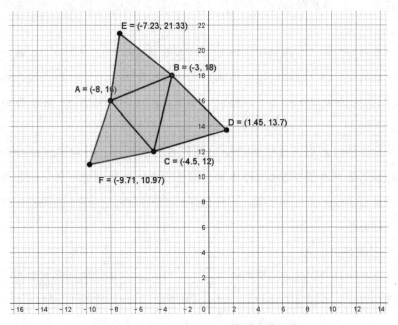

图 2-6　利用 GeoGebra 软件求费马点

学生通过联结 $AD$、$BF$、$CE$ 发现三条线段交于点 $G$（$-5.49$，15.39），$G$ 点即为费马点。因此新增一座消防站的位置坐标即可求得为（$-5.5$，15.4），如图 2-7。

学生在解决问题的过程中，养成独立思考、合作探究的学习习惯，形成批判质疑、克服困难、勇于担当的科学精神，增强创新意识。


## 三、项目复盘

学生对照项目学习环节回顾整个项目化学习过程，教师引导学生就困惑与好奇作进一步阐述。本项目利用初中数学知识对普陀区消防站点选址问题进行了分析求解，为新增消防站点选址提供了理论依据，对于另外两块未被现有消防站点覆盖的空白区域也可以将上述方法应用迁移，但分析问题的过程中多次

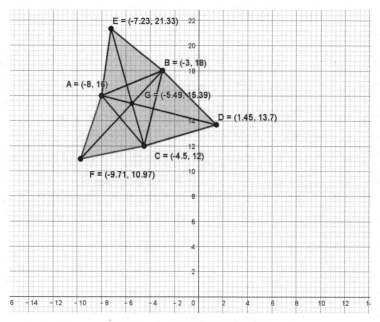

**图 2-7 三角形 ABC 的费马点**

简化问题，且并未将实际情况下的诸多因素考虑在内，如中心城区的交通问题、新增消防站点的选址具体放到实际情况中是否成立、人为因素过多等，在后一阶段的学习中，学生可以继续深化研究此问题。

义务教育数学课程强调要逐步形成和发展学生的核心素养，而核心素养是具有阶段性的，不同阶段应该有不同的表现。教师在此肯定了学生在现阶段分析解决问题过程中的努力与成果，也指出了项目目前存在的不足，给出了下阶段可以进一步深入研究的方向，易于帮助学生形成实事求是的科学态度，以生为本，注重学生的全面发展和可持续发展。

## 四、 项目化学习实施反思

### （一）更新理念，提高素养

建模对师生的综合能力要求很高，作为教师，要树立终身学习的理念，通过积累、整理和研究资料不断更新知识，提高自身的科研能力和数学素养。

## （二） 循序渐进，精选素材

建模对于初中阶段的师生来说是一次全新的尝试，需要一个逐步学习和适应的过程。在建模时，教师要考虑到学生的实践能力和知识水平，不需要刻意去追求建模过程的复杂性和完美性，做好前期引导工作，把问题选择、条件设定等权力逐步交给学生。

如何选好建模素材，关系到整个建模的质量。教师不仅要从课本中发掘应用素材，还要关注社会实际的热点问题，范围不能局限于学生现在能解决的素材，还可以是学生暂且不能解决，但将来能尝试解决的素材。

**创意 11**

## 圆形车轮的奥秘

### 一、 活动背景

"圆"是沪教版小学数学四年级第一学期第五单元的知识，本单元的学习内容与实际生活联系密切，立足于学生已有的知识和学习能力，开展项目式学习促进单元教学，从学生自身的学习需求出发，真正让学生了解为什么学、怎样有效地学、学到的知识可以用于解决生活中的什么问题。

### 二、 活动目标

1. 通过观察日常生活中的圆形物体，学生能感知它们所具有的共同特征，了解我国古代对圆的特征的描述。通过学习数学史的相关内容，学生能解决生活中的数学问题，加深对数学知识的认识和理解。同时，学生也在这一过程中感受到数学家的伟大，感悟到中国古代数学的先进，从而形成强烈的民族自豪感，建立文化自信。

2. 通过探究"为什么车轮是圆形的？"这些与圆的特征密切相关的问题，学生积极思考，回顾课堂所学，自主分析、归纳圆的特征并作答，促使学生加深理解，使学生在不同问题的驱动下，进行多样探究，了解人类使用圆的特征的具体情况，深化对圆的特征的认识，从而建构数学认知体系。此外，学生还能切实感受到圆在现实生活中的应用价值，并进一步感受到数学的应用之美。

3. 通过学习数学文化内容，学生能了解圆的不同特征，利用圆的特征，设计出美丽的图案，并介绍设计思路和画法，利用圆的对称性进行设计等。通过完成活动，学生可以真正做到学以致用，加深对所学知识的理解，还可以深刻感悟到数学之美，创造出具备数学之美的作品，有利于提升学生对数学文化的学习效果。

4. 通过实验、探索、分析、反思等过程，学生积累数学活动的经验，提高解决与圆相关的数学问题的能力，并不断地与数学文化进行互动，掌握数学知识，感受数学之美，获取数学思想的方法，进而提高数学学习的效果。

## 三、 活动过程

### （一） 观察现象，发现问题

在古代，人们早已发现了圆的特征，并利用圆的特征做事情。如在搬运重物时，人们会在重物下摆放圆木，让重物以"滚"的方式前进；美索不达米亚人创造出圆形的木轮；等等。这些创造都运用了"圆"的哪些特征？结合生活经验与认知，观察生活中的实际现象，提出问题："为什么车轮是圆形的？"

在四年级第一学期，学生们学习了圆的知识，了解了圆的定义、性质和特点，如圆心、半径、直径等。教师引导学生观察生活中的圆，发现圆在生活中的实际应用。首先，教师带领学生们观察日常生活中的各种圆形物品，如钟表、硬币、轮胎等，让学生们意识到圆在生活中的重要性。接着，教师让学生们分组讨论，思考生活中圆的实际应用与圆的哪些特点有关系。这些问题引发了学生们的思考和探究欲望，从而引导学生将所学与所见相结合，思考生活中圆的实际应用与圆的哪些特点有关系，是否可以用其他图形代替，从而引发学生进一步探究。

### (二) 思考方案，制定计划

早在两千多年前，伟大的墨子给圆下了一个定义："圆，一中同长也。"车轮平面轮廓采用圆形，这是基于同一个圆的半径相等的特性，将车轴安装在车轮的圆心上。当车轮在地面上滚动时，车轴离地面的距离始终等于车轮的半径。因此，只要道路平坦，车辆就能平稳地行驶。然而，如果车轮是正方形的，为了保持车辆的平稳行驶，道路应该具备何种特征呢?

1. 多种形状实验探究，实践形成科学观念

尝试利用学习过的图形，绘制出为了保持车辆的平稳，不同形状的车轮在地面滚动时的实际情况。

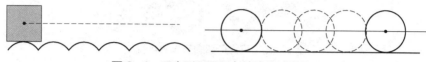

**图2-8　正方形和圆形车轮滚动时的情况**

根据实验探究结果进行猜测，正多边形的边数越多，滚动时图形中心的路径越平稳，逐渐趋于一条直线，并进行验证。

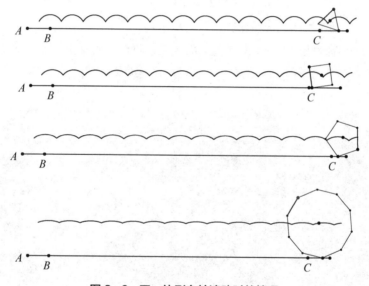

**图2-9　正n边形车轮滚动时的情况**

2. 多元材料设计制作，培养综合素质能力

利用生活中的工具制作不同形状的车轮的自行车，并用其进行实验，充分感知车轮与车轴之间的距离是相同的，因此车轮呈圆形，既美观，又能使车辆在滚动时保持平稳，同时圆易于滚动，可以加速。

通过实践，学生们发现，虽然其他图形（如三角形、正方形、正五边形

图 2 - 10　正方形和圆形车轮自行车

等）在某些方面也有一定的优势，但它们很难完全替代圆形在生活中的应用。通过这次活动，学生们不仅加深了对圆的认识，还学会了将所学知识与实际生活相结合，培养了他们的观察能力和思考能力。同时，这也激发了学生们对数学的兴趣，为今后的学习打下了良好的基础。

（三）动手操作，迁移创造

根据学习过的圆的相关知识以及探究后的收获，通过画、绘、剪、折、拼等方法，绘制以圆为主体的作品，并尝试用弧来表现更多。

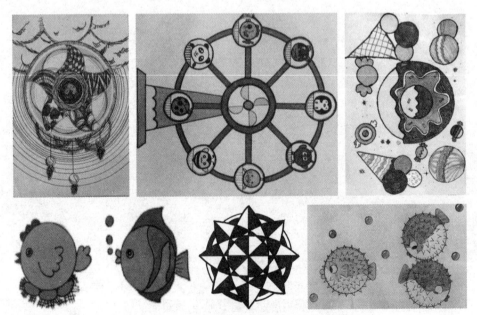

图 2 - 11　学生利用"圆或圆弧"创作作品展示

### （四）联系生活，深化理解

通过展示圆桌会议图片，引导学生解析这种会议方式的益处，即与会者到桌子中心的距离相等，没有主次之分，平等包容、民主协商，是一种很好的团队会谈形式。

每四年一次的奥运会是全球性的综合类运动会，它的标识是奥运五环，这五环也代表着五大洲，代表着一种团结、和谐的友谊，标志着公平、坦诚的竞赛精神。

圆桌会议和奥运五环标志是圆的平等、和谐美的很好的体现，可以培养学生审美能力和集体精神。

图 2-12　"圆桌会议和奥运五环标志"体现圆的平等、和谐美

## 四、活动评价

表 2-9　"为什么车轮是圆形的？"项目活动评价表

| 维度 | 要素 | 不达标 | 合格 | 优秀 | 自评 |
|---|---|---|---|---|---|
| 过程性评价 | 资源收集 | 收集很少 | 收集到有效资源 | 收集到较多有用资源，并整理 | |
| | 合作情况 | 较少发言 | 积极发言 | 积极发言并有建设性建议 | |
| | 设计情况 | 设计错误 | 基本正确 | 完全正确 | |
| 展示成果 | 自行车模型或小报设计 | 没有完成 | 基本完成 | 设计美观，内容丰富 | |

| 维度 | 要素 | 不达标 | 合格 | 优秀 | 自评 |
|------|------|--------|------|------|------|
| | 成果交流 | 基本没有交流 | 能讲述圆的特征 | 不仅掌握圆的特征，还能讲述它的广泛应用和价值等 | |
| | 学习感想 | 基本没有 | 有一些感受 | 能对本次活动进行完整记录，并能表达自己的感受 | |

## 五、 活动反思

本案例以圆为内容，结合学生生活中的实际困惑，探讨"为什么车轮是圆形的"，用 I‐DO 学习模式的方式，培养学生几何直观、空间观念、解决问题的能力。

遵循"基于教材、整合学科、发展思维、提升素养"的十六字原则去选择内容、设计课例，在开发过程中，我们根据教学的核心知识，结合教材的实际情况，选择单独的课时内容或整合多个课时内容。同时，我们兼顾不同学科的核心内容，旨在培养学生的高阶思维能力，提升他们的素养水平。我们力求选择的内容能够让学生经历数学学习的过程，实现对知识的真正理解。

在实施项目式学习的过程中，应将驱动性任务（或本质问题）融入学习情境中，引导学生以任务为导向进行探究性实践。对于能够体现数学核心概念的实践成果，应给予充分展示的机会；同时，对学生学习的过程和结果进行全面评价，主要采用"任务驱动、实践探究、成果展示、持续评价"等学习策略。

**创意 12**

## 手拉手交朋友，心连心同成长

小学低年级主题式综合活动课程是从儿童生活出发，选取主题，围绕主题设计活动，通过各类活动增加丰富、综合的学习经历，为儿童入学适应、后继学习和综合发展奠定基础，落实立德树人的根本任务。

小学低年级主题式综合活动课程是核心素养培育的重要载体。为了促进儿童从幼儿园到小学的科学有效衔接，优化小学课程建设，使课程更适合学生发展，教师以我校一年级学生为对象，围绕学校"我是尚理小学生"这一大主题，从儿童立场、素养导向和融合育人三个方面出发，精心设计"我们做朋友"主题式综合活动项目。

此次活动项目的设计基于学校 I－DO 学习模式的实践与探索，坚持"以学生发展为本"为教育理念，注重学生实践能力和创新精神的培养，利用问题驱动模式，引导学生发现生活中的真问题，并在此过程中着力培养学生创造性解决问题的能力，引导学生在主题式活动中，通过自主观察、合作交流、动手绘画等方式，培养发现问题、解决问题的能力。

## 一、 活动目标

1. 能在具体的问题情境中，借助"画一画""说一说""玩一玩"等方式，初步掌握各学科中具体的基础知识和能力。

2. 能在真实的学习情境中，通过自主观察、合作交流等过程，体验小学的学习方法和乐趣。

3. 能在生活化的学习情境中，学会和新同学交往，顺利适应小学的新环境，并能够自信大方地将自己的好朋友介绍给家人，进一步产生愉悦的情感体验。

## 二、 活动过程

### （一） 观察现象，发现问题

在充满憧憬的九月，上理星宝贝们绽开灿烂的笑颜，满怀期待地开启了他们的小学生活。面对周围的新同学，小朋友们十分乐意结交新朋友。班会课上，许多小朋友说出了自己的心声：我怎样才能交到更多好朋友呢？核心问题因此产生——怎样才能交到更多好朋友呢？

围绕这个问题，孩子们在老师的组织与引导下，展开了热烈的讨论，主要围绕"自我探索"和"人际交往"两个方面进行，最终一起汇总出以下几个子问题：

1. 自我介绍主要有哪些内容和方式？
2. 通过哪些活动可以加快相互了解？
3. 哪些活动更容易交到新朋友？
4. 如何让新朋友变成好朋友？

### （二） 思考方案，制订计划

针对这一系列问题，学校组织一年级的老师们展开了头脑风暴，大家不约而同地想到了"学科融合"。老师们结合语文、道法、美术、体育等学科的相关内容，在年级组内积极讨论，设计学科核心知识与能力，进行深入研讨，完善方案设计。最终将活动实施分为三大板块，即"我上学了""我的好朋友""游戏真好玩"，通过多学科、多方式的实践体验，减缓幼小衔接坡度，促进儿童身心适应、生活适应和学习适应，让孩子们在日常的学习生活和游戏活动中逐步融入学校的大家庭中，顺利开启崭新的小学生活（图2-13）。

课堂上，老师们不仅关注内容，更注重学生的表现与能力的养成。让学生能认真听他人讲话，努力了解讲话的主要内容；与他人交谈时态度自然大方、

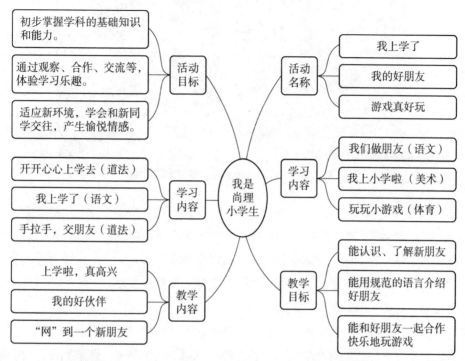

**图 2‑13　"我们做朋友"主题式综合活动项目的整体设计框架**

有礼貌；全员积极参加讨论，敢于发表自己的意见；与同伴友好相处，融入集体生活。

**（三）合作探究，收集证据**

学习准备期的课堂上，学生在老师的鼓励下，拉起了小手，成为好朋友，快乐地开展活动。

**1. 学习实践活动一：彩笔绘朋友**

每个孩子都是天生的艺术家，一年级的美术初期课程以"我上小学啦"为主题。从认识并会辨别几种基本的颜色，到认识一些美术工具，再运用这些色彩和工具描绘出孩子们上学后的校园生活，表现出孩子们上小学后的喜悦心情（图 2‑14）。

图 2-14 "彩笔绘朋友"学习实践活动

2. 学习实践活动二：童言话朋友

在道德与法治课上，孩子们在老师的引导下进行着自我介绍。小朋友们介绍时，自信大方，他们还精心设计了自己的个性名片呢！一个个稚嫩可爱的小脸庞，还有那甜甜的声音，一下子让整个教室充盈着幸福感，小朋友们感觉上学能结识这么多的新朋友，真是太开心了。

在"我们做朋友"的语文口语交际课上，孩子们通过交流沟通，了解了彼此的兴趣爱好，还和朋友聊了自己感兴趣的话题。一个月来，孩子们在美丽的校园里结交新朋友，学习与人相处，学习尊重同伴的意见，学习倾听和理解，学习分享和合作。这些经历让他们更加自信和开朗，他们迫不及待地把自己的好朋友介绍给爸爸妈妈（图 2-15）。

图 2-15 "童言话朋友"学习实践活动

3. 学习实践活动三：游戏"找朋友"

在体育课上，老师根据一年级学生的年龄特点组织开展了各种有趣的小组游戏、团队合作活动。孩子们在活动的参与中感受到集体生活的快乐，增进了同学之间的情谊，也增强了孩子们的归属感（图2-16）。

图2-16 "游戏'找朋友'"学习实践活动

（四）形成修订，成果展示

1. 精心绘制小名片

图2-17 精心绘制小名片

## 2. 热情介绍好朋友

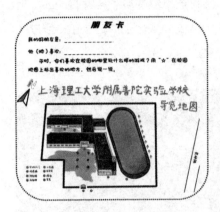

亲爱的小朋友：

进入小学，你一定交到了好朋友，你了解好朋友吗？这儿有两个小任务需要你完成哦！

**任务一：** 请完成左侧的朋友卡，不会写的字，可以用刚学会的拼音来代替。

**任务二：** 尝试用连贯的话向爸爸妈妈介绍自己的好朋友。

---

**小提示：** 今年9月，我成为了一名快乐的尚理小学生。在学校里，我认识了一个好朋友，他（她）的名字叫_____，他（她）喜欢_____。平时，我们喜欢在 __（哪里）__ 玩 __（什么样）__ 的小游戏。

---

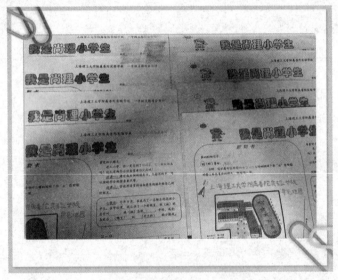

图2-18　热情介绍好朋友

# 三、活动评价

## 1. 快乐分享，丰厚成长积淀

一个多月的项目主题活动充分融合了身边可利用的资源，比如家长资源、学科资源，为学生创设了活动体验环境，极大地锻炼了学生的口头表达能力。学生通过观察探究，增进了同伴间的沟通与了解，提升了主动交友的意识，学会运用所学知识解决生活中的实际问题。

2. 多元评价，激发成长活力

本次活动的开展是以学生在活动过程中的情感体验、参与程度等作为评价标准，采取过程性评价和终结性评价相结合以及学生自评、互评与教师、家长评价相结合的多元评价，力求让每个学生在参与活动的过程中都有收获和提升。一个多月的活动，学生全情参与，乐在其中（附评价表）。

表2-10　"我们做朋友"主题式综合活动项目评价表1

评一评：

| 评价标准 | 自评 | 家长评 |
|---|---|---|
| 仪态大方。 | ☆ ☆ ☆ | ☆ ☆ ☆ |
| 语句连贯，内容完整。 | ☆ ☆ ☆ | ☆ ☆ ☆ |
| 声音响亮，语速适中。 | ☆ ☆ ☆ | ☆ ☆ ☆ |

表2-11　"我们做朋友"主题式综合活动项目评价表2

| 评价项目 | 评价标准 | | | 自评 | 师评 |
|---|---|---|---|---|---|
| 参与意识 | ★ ★ ★ | ★ ★ | ★ | | |
| 个性展示 | 积极参与，主动性强。 | 积极参与。 | 能够参与。 | | |
| 实践能力 | 特长突出。 | 展示充分。 | 能够展示。 | | |
| 合作意识 | 有较强交际能力，合作能力强。 | 能顾全大局，会与人合作。 | 有合作。 | | |
| 创新能力 | 创新意识明显，思维活跃。 | 思维活跃。 | 有思维。 | | |
| 综合表现 | 积极主动，思维活跃，表现突出。 | 积极参与，展示自我。 | 有展示。 | | |

## 四、 活动反思

　　以 I-DO 学习模式开展交友主题活动,是本学期主题综合活动关于"幼小衔接"的一次有意义的尝试。教师基于一年级学生的交友需求与实际困惑,有效融合道德与法治、语文、体育、美术等多门学科资源,引导学生对"如何交朋友"的话题进行深入的思考与讨论。孩子们通过自我介绍、游戏、绘画等方式亲身体验交朋友的快乐,他们从入学时的陌生,到彼此悦纳,携手成长。

　　在活动推进过程中,学生参与活动的内驱力被激发,他们在老师的引导下以小组为单位展开合作活动,懂得了朋友之间相互尊重、友好相处的道理,并在向家人介绍自己的好朋友的过程中,将前期学到的知识进行迁移运用,有效地提升了对交友的认知与践行,发展了学科核心素养。

　　本次活动因为学生的年龄尚小,有些合作活动实施得不够完整。后续,我们将继续以 I-DO 学习模式为载体,坚持活动育人,不断优化评价方式,让学生在实践中丰富自己的情感体验,从而使自己的高阶思维能力和解决问题的能力不断得到提升与发展。

# 第三章　有设计地做

I-DO学习模式表征为经过精心设计的序列活动，目前比较常见的有从问题出发到成果展示的正向设计思路，也有"以终为始"的逆向设计思路。两种设计方式各有所长，适用于不同的情境。结合项目学习活动的关键要素分析，教师在进行项目设计时要关注三个层面：教师与学生的参与、指向素养达成的情境搭建、评价反思与反馈改进。

项目学习常常是经过精心设计的。精心设计的活动，有利于引导儿童在真实的情境中，解决复杂的问题，应对现实的挑战，可以破解学科活动浅表化倾向，促进学习者形成可迁移的关键能力。

　　一般来说，完整的项目学习设计需要从六个维度入手设计：（1）核心知识：项目学习所指向的核心知识是什么？（2）驱动性问题：项目化学习用怎样的问题驱动学生主动投入？（3）高阶认知：驱动性问题将引发学生经历怎样的高阶认知历程。（4）学习实践：学生将在项目化学习中经历怎样的持续和多样的实践？（5）公开成果：项目将期待学生产生怎样的成果？（6）学习评价：如何评价学生的学习过程和项目化学习成果？① 为了打破活动与课程的"两层皮"现象，也有学者提供了另一种思路：用逆向设计思维来设计项目学习。逆向设计的基本做法如下：确定大目标，厘定评价证据，进行活动设计。② 逆向设计的优点是：评价先于活动设计，突出评价对活动的引导作用。

　　结合我校研究和实践，我们认为无论采用正向还是逆向设计思路，项目学习设计都要关注三个层面：教师与学生的参与、指向素养达成的情境搭建、评价反思与反馈改进。

　　**教师与学生是项目学习的设计者与学习者，他们积极主动地参与是项目学习的基础。**

　　好的项目学习能引导学生巩固知识、提升技能、形成可迁移的能力，这就要求教师从学科的角度全面了解课程标准，从单元的视角整体把握教学目标，从学生的学情出发有针对性地设计探究活动。项目学习不同于传统的课时学习，它需要持续性的研究，更需要持续性的研究兴趣和动力，在这一过程中，

---

① 夏雪梅. 项目化学习设计：学习素养视角下的国际与本土实践 ［M］. 北京：教育科学出版社，2018：133—135.
② 唐骏. 项目化主题活动的逆向设计——以"中秋节日文化"为例 ［J］. 教育视界，2020（19）：11—15.

学生应该有机会持续、主动地提出与探究问题，但学生难免受限于经验遇到瓶颈，这就需要教师合理运用工具、设计学习支架，帮助学生建立研究逻辑，让其在正确的"轨道"上开展项目学习。

项目学习的效果和学生的情感投入有直接关系，在学习中拥有发言权和选择权能让学生产生主人翁意识，他们会更积极投入项目，学习也会事半功倍。教师应鼓励学生对项目学习提出自己的观点并给学生部分选择权，比如问题的细化、探究的方式和工具、组建团队和本身的角色定位等。

同时也建议教师在推进项目学习的全过程，注意对学生学习数据的收集和学习情绪的观察，积累经验，为调整和改进项目设计做实证积累。

一个好的项目学习设计要考虑"人"的因素，期冀"以生为本"——激发学生的内驱力，"教学相长"——拓宽教师的视野与思路。

**项目学习是学科知识巩固和能力形成之间的桥梁，促进素养达成的情境搭建是项目学习的核心。**

《义务教育课程方案和课程标准（2022年版）》指出，学生不仅要理解知识，更重要的是应用知识解决现实世界中的问题。项目学习设计的核心是为学生学习学科知识和实践提供真实的应用情境和展示空间。具体来说，项目学习设计应依据标准，与教学内容紧密结合，着眼于核心素养，引导学生围绕一个核心问题或挑战寻找解决方案，致力于为学生创设完整的、连贯的学习体验，促进知识的建构和素养的达成。[①]

一个好的项目学习既服务于教学主旨，又不失真实性和现实意义。来源于真实情景中的问题，更能体现知识的实用性；最终学习"产品"能否落地解决问题，也使得素养培养是否达成更直观可测。

学科知识的巩固重视系统性，而项目学习强调学生在解决问题的过程中发展出来的能力和素养，也就是说它具有开放性，如何解决开放和系统之间的矛盾呢？建议设计者从新课标理念出发，采用主题统领式，主题先行，任务驱

---

① 校长会. 四个经典教学案例，讲透高质量的项目式学习如何设计［EB/OL］.（2021-06-07）［2023-09-20］. https://mp.weixin.qq.com/s/r5Ptfza6sxY5Ubd_CJAolA.

动，可能就可以解决知识和技能不够系列化的问题。① 一个项目学习的设计，建议聚焦一到两项核心素养，同时可以依据学情，尊重学生的特长和个性，培养其多元的思维品质及发展倾向。

项目学习的任务往往有一定的难度，如果能将课程素材、探究工具等资源系统整合进学习经历中，引导学生保持主线明确、条理清晰，就能更大程度保证项目学习的效果。

**评价与反思贯穿整个项目学习过程，迭代式的反馈与改进是高质量项目学习的保障。**

评价离不开量规，学习评价量规是学习目标的具体化，是学生有序开展探究活动的"导航仪"，是学生素养发展的"航标"。在提出问题和设想最终的成果后，教师和学生就要根据学习目标与任务，从学习过程和学习成果两个维度协商设计学习评价量规。学习过程评价量规主要是针对学生在学习过程中的问题探究、沟通合作、技术应用等方面设计评价标准；学习成果评价量规主要涉及学习成果的科学性、功能性、创新性和审美性等多个方面。评价内容应与学习目标、学习内容、学习行为保持一致。

细化到每个阶段的、以评价量规对照的反思，能帮助学生更好地巩固知识和技能，并通过迭代式的反思实现元认知，找到适合自己的学习方法；每个学生都有机会对其他成员或其他小组的学习进行评价，自己也可以在他人反馈的基础上作出调整与修改；同时鼓励学生对项目的整体架构和实施进行思考，对教师的项目设计和推进给出反馈。②

总之，从学情和教学目标出发，合理选择设计思路，灵活选用辅助工具，有方法地设计项目学习活动，对参与其中的师生来讲，都将是一种有意义的学习。

---

① 卜庆振. 新课标指引下的语文项目式学习设计与实施 [EB/OL]. (2023 - 02 - 20) [2023 - 09 - 20]. https：//mp. weixin. qq. com/s/tgTgg _ y4PgIak _ VyEbT2YA.
② 肖莹. 如何理解项目学习的核心要素 [EB/OL]. (2021 - 03 - 14) [2023 - 09 - 20]. https：// mp. weixin. qq. com/s/CMa _ ss9WNFgbGxFhwU1upA.

创意 13

# 乐游迪士尼

　　《义务教育英语课程标准（2022年版）》明确指出英语课程要培养的学生核心素养包括语言能力、文化意识、思维品质和学习能力四个方面。[①] 在课堂中，学生学会运用知识和策略进行输出表达；在沟通交流中发展思维，学会倾听、合作互助；更在过程中发展出健康向上的价值观和良好品格，成为走向未来、创造未来的人。而这对我们当前日常课堂教学是一个任重而道远的挑战，因为在很多情况下，我们的教学模式仍是"以教师为中心"的传统班级授课制，大量琐碎知识和机械重复的学习让学生养成了被动的学习心态和不良的学习习惯。当外部压力被移除后，学生往往不愿意学习，失去了学习动力和创造性思考与解决问题的能力，而这恰恰是素养的指向。那如何在现有的结构化、制度化的学校教育中培养学生成为走向未来的人？我认为，可以在大单元背景下的小学英语课堂中，以主题引领，基于情境开展项目化学习活动，培养学生指向核心素养的关键能力和必备品格。

## 一、 活动目标

### （一） 融合知识与技能，指向核心素养培养

　　义务教育英语课程从"综合特征"和"分项特征"两个方面分学段描述核

---

[①] 中华人民共和国教育部. 义务教育英语课程标准（2022年版）[S]. 北京：北京师范大学出版社，2011：4.

心素养。其中五年级学生在"综合特征"上表现为能围绕主题，用所学语言交流，表达自己的想法，实现基本的沟通和交流，同时能初步独立思考，在学习活动中主动探究，与他人合作，共同完成学习任务。以"人与社会"为主题引领，在大单元主题 Places and activities 背景下，活动核心知识将分别融合4AM4U2 郊游所需物品、5AM1U1 所学的日期表达方式、5AM1U2 所学的各类出行交通，以及 5AM3U1 所掌握的说清前往某个目标地的路线，要求学生制订一份出行"攻略"，并向全班同学进行展示。

（二）结合生活场景，创设项目活动情境

项目活动情境设定为在梦幻迪士尼度过的一天。届时，每位同学就是自己的项目负责人，可口头汇报配以图片文稿或演示文稿进行说明，介绍自己的"攻略"。展示说明后，师生将开展"Pick 令我心动的出行计划书"活动。项目中，学生需要考虑出行日期、天气情况、同行伙伴、出行交通、所携带物品、游园指南和顺序和一天花费预算等。在海量资源中选择所需，借助智能软件，如百度，确定适合前往的天气和日期，以及适合的交通工具；或借助导航地图，然后清晰地传达给对方或指导自己前往游玩参观点，合理地安排好自己在迪士尼美好的一天。

## 二、活动过程

### （一）观察现象，提出问题

一个好的问题不仅能激发学习者的注意力和兴趣，还能够提供给学习者一个广阔的、多维度的探索空间。"分项特征"核心素养中的"思维品质"对于五年级学生的能力指向便是具有问题意识，能获取信息并提出自己的想法。在生活中，迪士尼乐园不仅是游乐园，更是一个让童话照进现实的梦幻世界。走入迪士尼，它的每个角落都会告诉你"Have a magic day——请你在这拥有精彩纷呈的一天！"，所以每年的游客络绎不绝。针对这一现象，老师引出了一个问题"What is your magic day?"一问激起千层浪，同学们纷纷展开讨论。接着，老师引导同学，提出第二个问题"How to plan my magic day in Disney?"在日常生活中，同学们不乏和家人外出旅行的经验，将问题与学生经验建立起联系，能立刻引起同学们的共鸣。果然问题一出，同学们提出很多想法，跃跃欲试。在这一阶段，教师通过背景知识的铺垫、问题的引领，激发学生与日常生活经验的联系，引导学生在情境中提出相关的子问题，内驱寻找信息、制订计划、解决问题。

## （二）思考方案，制订计划

"凡事预则立，不预则废"，制订计划是人们在生活中应对变化的必备技能。"分项特征"核心素养中的"学习能力"对于五年级学生的能力指向便是能制订合理的学习计划并完成，利用多种资源开展学习。这一阶段活动中，学生将以问题驱动计划制订、以计划再驱动资源运用，发展英语学习能力。

### 1. 以问题驱动计划制订

在问题的引领下，同学们纷纷提出想法，但计划杂乱不成体系。经老师提醒，同学们利用思维导图开展头脑风暴，讨论后分别提出了以下几个关键的子问题。第一，"When do we have a day in Disney? "何时出行前往？这个问题引起了二级子问题，"How is the weather on that day? "出行日期的天气是否适合？第二，"How do we get there? "以何种出行方式抵达目的地？第三，"What do we bring for an outing? "这次出行携带什么？通过思维导图逐级理清问题的过程，既培养了学生提出关键问题的能力，也给予了学生找到答案的"拐杖"和路径。

### 2. 以计划驱动资源运用

在这些问题的驱动下，同学们借助信息设备和智能软件等资源，查询天气情况和各种交通方式。通过将收集到的天气和温度信息进行对比，同学们选择出合适的日子，并结合 5AM1U1 所学的日期表达方式进行填写。在交通选择方面，同学们罗列了各种交通的优劣势，在计划书上进行简单理由推荐。在携带物品这一栏，同学们根据自己所需进行罗列，比如 favourite snacks，my camera，a cap or a hat，甚至还有写上 raincoat，因为这是要玩雷鸣山漂流的必备物品。这个过程中，学生以原有知识为基础（4AM4U2 和 5AM1U2 的核心内容），遵循自身所需和兴趣，利用身边资源、收集信息、比较分析，学习能力逐渐形成。

### （三）合作探究，收集内容

在上一个阶段，指向的核心素养中的"学习能力"是学生能利用资源和制订计划。这一阶段活动的核心素养中的"学习能力"则指向尝试努力完成，并在过程中发现同伴的学习优点并主动请教，能积极参与合作学习。

#### 1. 主动请教、合作探究

回到最初的问题："How to plan my magic day in Disney?"有的同学认为是见到所有在迪士尼电影中才能看见的卡通人物，有的学生认为是玩遍游乐园中的游戏项目等。带着想要寻求到的答案，同学们展开了自己的游览设计。但是巧妇难为无米之炊，同学们需要通过登录上海迪士尼官网，或是下载官方智能APP，或利用身边资源向亲友借用实景地图以获得信息，所以同学们相互请教、相互合作。或分享已有资源；善于信息检索的同学负责收集信息并分享于其他同学；绘画基础薄弱的同学会寻求伙伴的支援，在他人的协助下完成插图。

#### 2. 收集内容、成果初成

在实践中，同学们将自己对快乐的向往淋漓尽致地展现在自己的"攻略"设计中。过程中，同学们融合所学知识与技能，比如有的设计以时间轴方式展现；有的方案以地图式游览，它将5AM3U1核心知识融会贯通，例如以实线箭头标出前往路径，在前往路径中用英语标注关键信息或路线温馨提示，如 Walk along Mickey Alley, Turn left at the first crossing 等。所以，在同学们的合作探索之下，一份份独特且承载着思维品质的方案设计应运而生。

### （四）形成成果，成果展示

成果展示的本质是学生展现对核心知识的深度理解和灵活运用，并以积极的体验促进下一次的探索和尝试。在展示的过程中，学生通过有条理地表达设计思路和观点，逐渐树立学习的自信心和积极的学习观。本活动的成果是在班级教室中进行呈现，同学们将自己的导览方案张贴于教室后墙，班级学生作为主持人，正式宣布"Pick令我心动的出行计划书"活动拉开了帷幕。在课间或午休时，同学们可以观赏讨论；在课上，项目团队的学生选出一位同学作为汇报者，以PPT展示或直接站在实物旁，凭借全英语口语阐释项目计划 A visit to Disney。以问题"How to plan a magic day in Disney?"为引领，向同伴和老师直观地展示成果内容要点。每位负责人完成成果介绍之后，同学们可将老师提供的贴纸贴在心仪的出行计划书上。这样有仪式感、有积极回馈的成果展示，不仅本身是一种语言思维的真实学习过程，而且会给学生留下难忘的印象。

## 三、 活动评价

成果本身是否符合大人的要求不是最重要的，也不能作为主要的评判标准。所以，在这一阶段，项目小组需要同时接受教师和同伴的建议与评价，从而修订和优化成果。但建议与评价不是"拍脑袋"凭空而出的，它需要有依据。发展成果量化为大家创造了一个统一的话语平台。每位同学向老师和同伴进行了口头汇报与内容展示，基于学习成果的评价量规（表3-1）进行自我评估与接受他评，这不仅极大地提升了学生的反思能力，也为所有参与评价的学生自我修正提供了方向。例如，有的学生在回答评价表的第一个问题时便遇上了困难，在谈论如何规划导览设计时思路清晰，但在表达本质问题"你的梦幻一天到底是什么样"时却逻辑混乱。因为没有深入思考，学生的回答浮于表面。老师通过谈话法，不断追问，引导学生找到问题的关键。以下是师生谈话的一个片段。

老师问：你的梦幻一天是什么带来的？

学生答：迪士尼带来的。

老师问：迪士尼只是个游乐场而已。为什么它能给你带来这么强烈的体验感？

学生答：因为我可以和好朋友们无拘无束地游玩很多项目。

老师问：那如果没有朋友陪伴，你还会觉得这是梦幻的一天吗？

学生答：应该不会了。

老师问：那如果只能玩规定游玩项目呢？

学生答：那我会觉得很扫兴。

老师问：那回到最初，你的梦幻一天到底是什么带来的？

学生答：我觉得应该是有朋友的陪伴和选择的自由。

通过和老师的谈话，学生了解到在梦幻的迪士尼感受到的快乐体验的根本原因是友谊和自由。这样的评价所带来的反思和深思更指向了核心素养中培养正确的价值观和良好的品格。这样的师生对话也为其他同学在自评时做了范例，引导同学们去深度思考问题背后的本质。项目负责人在收到来自老师和伙伴们的评价量表后，结合评分和意见反馈，进行综合调整和优化。

表 3-1 项目学习化成果的评价

| 内　　　容 | 评分（0—5） | 意见与反馈 |
| --- | --- | --- |
| 1. 成果展示说清了如何安排在迪士尼的一天吗? | | |
| 2. 成果展示有说出美好一天的实质吗? | | |
| 3. 成果展示有自己或团队的特色或创意吗? | | |
| 4. 成果展示的语言表现性是否流畅、准确? | | |

## 四、活动反思

### （一）学生成长

经过本项目的学习，学生学会了制订计划：学会利用身边各种资源，辅助自己或他人完成计划。能通过自己的实践与探索，在已有的知识上迁移、构建、创新，完成计划，并在最后能以全英语的汇报方式展示自己的成果。在这一过程中，遇到自己的薄弱处，能够向同伴请教或合作；对自己的项目进度进行时间管理，有效地利用好各种碎片时间；成果展示后，对自己更有自信，对学习更有热情。这样丰富多样的学习实践形态，不仅拓展了学生对英语知识的有意义运用，更让学生收获了好习惯和积极的态度，为心智的自由敞开了一扇大门。

### （二）教师成长

古话说，教学相长。对教师而言，项目化学习何尝不是一种新的挑战? 它不仅要求教师从知识点教学转化为对概念和能力这些大概念的关注，还需要将其转化为具有新奇感的问题，重构知识与情境的关系。教师从教学的主动者转变为学习的设计者和支持者，对项目的思考和设计更需要老师深度的理解、探索与反思，是挑战更是成长。同时，作为"在旁指导"的支持者和旁观者，和学生一起探索未知的过程也会避免重复教学带来的琐碎、平庸感。老师不再只是"知识的搬运工"，更是这场探索旅程的亲临者和护航者。

学思结合、用创为本，依托语篇却又超越语篇，引导学生在迁移创新活动中联系个人实际，运用所学解决现实生活中的问题，形成正确的态度和价值判断。这是项目化学习活动为教育实践与探索带来的新路径。党的二十大报告指出人才是第一资源，如何让我们的学生能更好发展走向世界，培养学生面向未来的必备品格和关键能力，我们仍然在道路上。

创意 14

## 红色地标研学行

## 一、 活动背景

　　"学党史、知党情、跟党走"是近期研学活动的主题，每年寒暑假或小长假期间，学校都会组织少先队员们开展研学活动。以往的活动方案往往是学校统一安排的，各个小队的行走路线、活动安排往往大同小异；各小队成员对研学经费方面的考虑很少，几乎都是家长志愿者一手包办；最后研学成果的呈现，也往往需要家长帮忙制作。整个研学活动，少先队员的主体性不足，研学效果也不尽如人意。

　　鉴于此，在五年级第一学期的数学学科活动上，我们提出主题为"雏鹰小队'红色地标研学行'方案设计"的项目。请学生来设计雏鹰小队"红色地标研学行"方案，通过数据分析、调查策划，合理分配活动经费（预算 300 元），制订研学路线，拟订研学成果呈现方式等。作为方案设计者，学生需要与合作伙伴确定并收集必需的数据，通过推算，用数据来支撑自己的方案设计，最终形成可行性较高的活动方案。

　　本项目旨在培养学生的数据整理分析、整体规划的能力和经费分配意识，该项目给学生提供了活动决策的机会，真实问题的情境有较强的代入感，能激发学生的主动性。

## 二、 主题式学习活动目标

### （一） 学科核心知识目标

1. 能读懂图表等非连续性文本，能进行简单的信息提炼与处理，结合具体情境，综合运用整数、小数的四则混合运算解决实际问题。

2. 认识复式折线统计图，能从图上获取数据变化信息，并能依据数据变化的特点进行合理地估测。

3. 能够有目的地调查、搜集资料，掌握结合生活实际运用统计知识的能力。

4. 能用数据说明自己的观点，并对问题进行整体思考，合理解决与表述。

### （二） 学科核心素养

本项目相关的学科核心素养是数据意识和应用意识。

1. 经历收集、整理和表达数据的过程，会用条形统计图、折线统计图表达数据，并作出简单的判断；能在简单的真实情境中进行合理估算，作出合理判断。

2. 有意识地利用数学的计算、原理和方法解释现实世界中的现象与规律，解决现实世界中的问题；用学过的知识和方法解决简单的实际问题，养成理论联系实际的习惯，发展实战能力。

### （三） 高阶认知策略

本项目主要培养和考查学生问题解决的高阶认知策略。

1. 问题解决策略：表现为明确结构不良问题的目标，在限定条件下解决问题的过程。引导学生学会分析问题、制订解决方案、实施解决方案和评估解决方案的效果。

2. 自我反思策略：鼓励学生通过评价量表等工具对自己的学习过程进行反思，发现自己的优点和不足，以便进行自我调整和改进。

3. 合作学习策略：组织学生进行小组合作，共同解决问题，培养学生的团队合作能力和沟通能力。

《义务教育数学课程标准（2022 年版）》指出，学生不仅要理解知识，更重要的是应用知识解决现实世界中的问题。项目学习设计的核心是为学生学习学科知识和实践提供真实的应用情境和展示空间，引导学生巩固知识、提升技能，形成可迁移的能力。

本项目中，教师从学科的角度全面了解课程标准，从单元的视角整体把握教学目标，项目活动与教学内容紧密结合，着眼于能力的达成，指向核心素养，引导学生围绕驱动问题逐步寻找解决方案，提高数学计算能力、数据分析和应用意识，致力于为学生创设完整的、连贯的学习体验，促进知识的建构和素养的达成。

## 三、主题式学习活动设计

### （一）推动性问题

**1. 本质问题**

如何用数据来辅证自己的观点？如何将数据运算能力应用化？

**2. 推动性问题**

我校五年级将开展"红色地标研学行"活动，每 6 位同学和 2 位随行家长一起组成雏鹰小队，利用国庆长假走访 2—3 处红色地标。你能设计一份雏鹰小队"红色地标研学行"方案吗？特别说明：

① 本次活动预算 300 元。

② 活动要体现雏鹰小队的团体性和组织性。

### （二）成果与评价

**1. 个人成果与评价的知识和能力**

个人成果预设如下：数据的收集与分析，非连续文本的信息提取，各项花销的合理估算与选择。

对应评价的知识和能力为能读懂图表等非连续性文本，能进行简单的信息提炼与处理，结合具体情境，综合运用整数、小数的四则混合运算解决实际问题；会看复式折线统计图，能够从折线统计图上获取数据变化情况的信息，能够依据数据变化的特点进行合理的估测。

**2. 团队成果与评价的知识和能力**

团队分工合作，在不超预算的情况下，完成一份有组织性和团体性的研学方案。

对应评价的知识和能力侧重于数学表达与交流；有目的地调查、搜集资料的能力，结合生活实际运用统计知识的能力；能运用数据计算和分析来解决实际问题，选择最优方案；倾听他人对数据或结论的建议，进行辩护或修正。

3. 成果公开方式

搭建成果展示台，以文本和答疑的形式呈现。邀请其他学科老师、其他班级同学对方案进行评审。

## 四、 主题式学习活动实践与评价

### （一） 入项活动

1. 抛出推动性问题

你能设计一份雏鹰小队"红色地标研学行"方案吗？

特别说明：①本次活动预算 300 元。②活动要体现团体性和组织性。

2. 相关案例学习

视频资料：以往雏鹰小队活动的记录和文字资料。

学生根据以往的活动经验，初步讨论需要从以下几方面考虑：出行前必须购买的物品有哪些？如何制订出行路线（更高效且节约交通费用）？出行准备事宜有哪些？如何呈现研学活动成果？

3. 人员划分

学生自愿组队，每队 5—6 人。

### （二） 知识与能力建构

分析推动性问题——设计一份雏鹰小队"红色地标研学行"方案，学生将其拆分为三个子问题：子问题①设计出发前的采购方案，子问题②制订出行路线及准备事宜列表，子问题③如何呈现研学活动成果。在实践阶段，学生围绕上述问题展开探索（如无特别说明，本文以飞翔小组的主题式学习开展为例呈现介绍）。

1. 子问题①的细化：出发前必须购买的物品有哪些？

结合以往小队活动的案例学习，学生们发现，为了在活动过程中体现组织性和突出活动主题，需设计制作雏鹰小队队旗和购置队帽（服装统一为校服，可节约费用）。

（1）队旗的选购

考虑到拍照等因素，首先确定队旗为长方形。同学们查找到长方形队旗的标准规格，然后在购物平台查找队旗的设计和制作相关信息，选择综合评定分值最高的店铺，报价信息如下：

❖ 表3-2 店铺A报价单（江浙沪包邮）

| 编号 | 大小（cm） | 单面印刷费 | 双面印刷费 | 设计时长及费用 |
|------|-----------|-----------|-----------|----------------|
| ① | 288×192 | 80 | 90 | 2天<br>免费设计 |
| ② | 240×160 | 50 | 68 | |
| ③ | 192×128 | 35 | 45 | 1.5天<br>15元 |
| ④ | 144×96 | 25 | 35 | |
| ⑤ | 96×64 | 20 | 25 | |
| ⑥ | 60×40 | 15 | 20 | 1天<br>10元 |
| ⑦ | 30×20 | 10 | 15 | |
| ⑧ | 21×14 | 8 | 10 | 当天5元 |

❖ 表3-3 店铺B报价单（江浙沪包邮）

| 编号 | 大小（cm） | 单面印刷费 | 双面印刷费 | 设计时长及费用 |
|------|-----------|-----------|-----------|----------------|
| ① | 288×192 | 85 | 100 | 1天<br>免费设计 |
| ② | 240×160 | 55 | 70 | |
| ③ | 192×128 | 40 | 55 | |
| ④ | 144×96 | 30 | 45 | |
| ⑤ | 96×64 | 25 | 30 | |
| ⑥ | 60×40 | 20 | 25 | 当天<br>5元 |
| ⑦ | 30×20 | 15 | 20 | |
| ⑧ | 21×14 | 12 | 15 | |

学生们在调查信息的过程中发现，队旗的大小、单面或双面印刷、设计时

长是决定最终队旗费用的关键因素。考虑到制作方案的时候，距离国庆出游还有两周的时间，对队旗制作的时效性要求并不紧迫，有较充裕的时间可以用来设计制作和快递队旗。

结合店家给出的不同队旗的尺寸表，学生们以 8K 美术铅画纸为参照物，结合雏鹰小队的人数和队员身高，最终选择 3 号旗。参考往年队旗的成品和拍照效果，选择双面印刷。

队旗的设计要体现活动主题，字少而精，配色醒目大方，避免使用藏青色（与校服撞色）。飞翔小组制作出队旗样例如图 3-1。店家会依据提供的小样进行再设计与印刷。

**图 3-1 飞翔小队队旗设计**

对比两家报价表，学生从非连续性文本中提取关键信息并计算后，拟定从店铺 B 购买，此项花费 55 元。

（2）队帽的选购

接下来选购队帽，学生们同样从两大平台中选择综合评分最高的店铺进行信息收集，整理如下：

❖ 表 3-4 雏鹰小队队帽报价单（江浙沪包邮）

| 帽型 | 设计 | 店铺 C 报价 | 店铺 D 报价 |
| --- | --- | --- | --- |
| 渔夫帽 | 免费设计 logo 或绣字 | 18 元/顶<br>买五赠一 | 15 元/顶<br>满 50 减 5 |

| 帽型 | 设计 | 店铺 C 报价 | 店铺 D 报价 |
|---|---|---|---|
| 棒球帽（大小可调） | 免费设计 logo 或绣字 | 15 元/顶<br>买五赠一 | 12 元/顶<br>满 50 减 5 |
| 空顶帽（大小可调） | 免费设计 logo 或绣字 | 12 元/顶<br>买五赠一 | 10 元/顶<br>满 50 减 5 |

在选择队帽的款式时，飞翔小队的小 A 同学提出，每个队员的头围不同，建议选择大小可调节的款式。小 B 同学提出，选择队帽的款式还要考虑国庆长假期间的气温，于是飞翔小队从上海天气网上查到国庆期间气温预报统计（如图 3-2）和天气预报统计（如图 3-3）。从图表中可以看出，国庆期间上海的

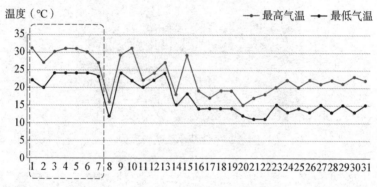

图 3-2　2021 年 10 月上海气温预测统计

| 日期 | 最高气温 | 最低气温 | 天气 | 风向 |
|---|---|---|---|---|
| 2021-10-01 星期五 | 31℃ | 22℃ | 晴 | 北风 0 级 |
| 2021-10-02 星期六 | 27℃ | 20℃ | 阴 | 东北风 3 级 |
| 2021-10-03 星期日 | 30℃ | 24℃ | 晴 | 南风 1 级 |
| 2021-10-04 星期一 | 31℃ | 24℃ | 晴 | 北风 1 级 |
| 2021-10-05 星期二 | 31℃ | 24℃ | 晴 | 东北风 1 级 |
| 2021-10-06 星期三 | 30℃ | 24℃ | 多云 | 东北风 1 级 |
| 2021-10-07 星期四 | 27℃ | 23℃ | 多云 | 西北风 0 级 |

图 3-3　2021 年 10 月 1 日—7 日上海天气预测统计

日平均气温在 26℃左右，天气以晴天为主，比较适宜户外活动，也需要注意一定的防晒。由此选择兼顾遮阳和透气功能，同时可以调节大小的空顶帽。接下来对比两家店铺的报价和优惠措施，通过计算发现，每个小队 6 名队员（随行家长无需统一服装），购买 6 顶队帽的费用分别为：在店铺 C（买五送一）采买，付款 $12×5＝60$ 元；在店铺 D（满 50 减 5）采买，付款 $10×6－5＝55$ 元。最后拟定在店铺 D 采买，此项花费 55 元。

（3）口罩的选购

从文明出行的角度出发，建议公共场合佩戴口罩。雏鹰小队原计划购买口罩，后了解到学校有一批儿童口罩备用，于是与学校后勤联系，从现有口罩中选择红色系口罩，申请配发给即将出行红色地标的五年级学生，得到学校的批准，此项花费 0 元。

至此，雏鹰小队研学行需购买的物品已备齐。飞翔小队有队员提出购买矿泉水，也有队员从环保角度提出自带水杯。通过查询了解到，任何一个红色地标建筑内，都有提供免费直饮水的装置，大家投票决定，自备水杯。

2. 子问题②的细化：制订出行路线（更高效且节约交通费用）及准备事宜有列表

（1）制订研学线路

飞翔小队查阅"百度地图""上海市民终身人文行走"和"萌动上海"APP，查到两条热门游览线路。

线路 A 是"红色观光巴士"：专线车全程 20 公里，共设立五个站点，分别为五卅运动纪念碑站、中共一大纪念馆站、二大会址纪念馆站、四大纪念馆站以及南京东路站。一张车票，一票畅游、随意上下，成人票价为 20 元，可免费携带 1.4 m 以下儿童一名（不占座位）。[①]

专线车沿途会配备导游进行讲解，车辆沿线经过或者站点附近的红色纪念地，均被纳入了讲解词中，包括中国社会主义青年团机关旧址纪念馆、《新青年》编辑部旧址（中国共产党发起组成立地）、上海工人第三次武装起义发布命

---

① 沐阳. 感知城市荣光　安凯双层巴士带您打卡上海"红色地标"[EB/OL]. (2021-06-03) [2023-12-16]. https://www.cinn.cn/p/242851.html.

令地点、永安百货（南京东路第一面红旗升起的地方）、中共中央宣传部旧址（四川北路）等多个红色景点。

线路B为"红色小径"红色旅游步行道：这条名为"红色小径"的红色旅游步行道，利用市政步行道将散落各处的景点串珠成链、编织成网，以6.5公里步行道网络，串联起13处红色景点：中国共产党第一次全国代表大会纪念馆、中国共产党第一次全国代表大会会址、《星期评论》编辑部遗址碑、上海机器工会纪念雕塑、又新印刷所旧址、韬奋纪念馆、周公馆、上海孙中山故居纪念馆、复兴公园马恩雕像广场、第一次国共合作时期国民党上海执行部旧址、中国共产党发起组成立地（《新青年》编辑部）旧址、团中央机关旧址、外国语学社旧址，涵盖了14条市政道路。以中共一大纪念馆为起点，可以轻松漫步至上述任何一个红色景点参观游览，在这条线路上还能满足"食住行、游购娱"的多元需求。①

两条线路均可从中共一大会址出发，从我校到一大会址有三种不同的出行选择，如下表3-5所示。

表3-5　出行交通可选一览

| | 地铁 | 公交 | 打车 |
|---|---|---|---|
| 单程　费用 | 5元/人 | 3元/人 | 35元/车（4人） |
| 单程　耗时 | 约40分钟 | 约60分钟 | 约20分钟 |
| 雏鹰小队（8人）合计 | 40元 | 24元 | 70元 |

飞翔小队对比两条线路，选择线路B，原因有二：一是很多同学在假期都观看了热播电视剧《觉醒年代》，近期又观看建党百年影片《1921》，对建党前这段历史比较熟悉，红色小径这条线路有中共一大代表宿舍旧址、中共一大代表大会纪念馆和旧址、《新青年》杂志社、又新印刷所旧址，还有孙中山故居和周公馆，是现实中的历史，也和同学们从影视中看到的历史事件有很高的契合

---

① 顾一琼. 一大会址周边有了"红色露天博物馆"［EB/OL］.（2021-04-07）［2023-12-16］. https://www.whb.cn/zhuzhan/cs/20210407/399176.html.

度；而线路 A 是中共一大、二大、四大纪念馆，历史事件的时间跨度较大，很多同学的知识储备不够，尚不能形成较深刻的研学成果；二是从费用上考虑，如选择线路 A 的红色巴士，还需支付 160 元的车费，整个活动的费用就会超出预算。

讨论计算后，飞翔小队决定选择路线 B 红色小径，地铁出行到达中共一大后，徒步走访中共一大代表宿舍旧址、中共一大代表大会纪念馆和旧址、又新印刷所旧址，然后乘地铁返回。此项交通累计花费 80 元。

（2）出行时间确定

目前各红色地标均需预约方可进入参观，所以国庆期间日均客流量差异不大，但行走上海公众号提醒本市居民尽量在小长假尾声出行，和外地游客错峰出行。结合国庆的天气预报，拟定 10 月 6 日出行，预留有制作研学成果的时间。

（3）红色地标门票与讲解预约

查询场馆参观须知发现，红色地标室内展馆需要至少提前一天在线实名预约，且每周一闭馆。中共一大纪念馆每天中午 12 点到下午 1 点 30 分闭馆，全天有四场免费讲解，无需预约。其他几处场馆均有免费扫码解说。鉴于国庆出行，可能游人较多，建议雏鹰小队提前三天在线预约，并保存预约凭证。此项安排无需费用。

3. 子问题③的细化：如何呈现研学活动成果？

以往的雏鹰小队的结果呈现多是照片或小报，而随着同学们在网课期间信息技术的提升，他们决定采用视频来记录研学的过程与收获。为了便于开学后的交流展示，同时制作一份 4—6 页的记录册。搜索了一下网上的相关店铺信息，印刷与装订费用如下表：

表 3-6 印刷可选信息一览

| 铜版纸彩印 A4 彩色数码 | 128 克 | 0.4 元/面 | 装订方式及价格 | 覆膜 | 1 元/页 |
|---|---|---|---|---|---|
| | 157 克 | 0.5 元/面 | | 骑马钉 | 1 元/本 |
| | 200 克 | 0.6 元/面 | | 胶装 | 5 元/本 |
| | 250 克 | 0.8 元/面 | | 铁环装订 | 5 元/本 |

飞翔小队请教了文印室的老师，同时考虑方便展示交流，拟定选择 200 克铜版纸彩印的胶装记录册。此项花费 10—12 元。

队员们通力合作，拟定出雏鹰小队"红色地标研学行"预案及经费分配。

项目学习设计要考虑"人"的因素，期冀"以生为本"——激发学生的内驱力，也就是说项目学习的效果和学生的情感投入有直接关系。在本项目实施过程中，教师不断鼓励学生对项目学习提出自己的观点并给学生部分选择权，比如问题的细化、探究的方式和工具、组建团队和本身的角色定位等。在学习中拥有发言权和选择权能让学生产生主人翁意识，他们会更积极投入项目，学习效果也事半功倍。

**（三）探索与形成成果**

**1. 形成活动预案**

活动方案所需考虑的关键点，队员们已拟定，但一份完整的方案还需要考虑哪些方面呢？队员们请教了老师，从以往的活动方案中获得思路，包含时间节点的任务列表和具体的费用支出需要完整罗列。

**2. 实践完善预案**

飞翔小队按照自拟的活动方案开展了雏鹰小队"红色地标研学行"活动，在随行家长的帮助下，顺利完成了三处展馆（旧址）的参观学习。经费花销也和预估的差不多。国庆期间，展馆内的免费解说增加了频次，但游客较平日有所增加，跟听不是特别清晰。跟听后，又租用了随身讲解机对重点展品开展二次研学。这说明制订计划时，预留费用和出发前的咨询确实有用。

在研学后的视频制作过程中，学生们发现，视频制作软件中的部分工具，需要购买会员才能使用。同时在制作研学小报的时候，队员们发现图片制作、文章撰写、图文混排等工作，实际需要花费的时间远比预计的三个小时要长。建议在后期的研学成果制作方面，请专业老师来指导以提高效率。

**3. 公开成果**

五（1）班各小队将本组的研学方案和研学记录在队会上逐一展示讲解，重点讲解方案设计的重点亮点、活动过程和最后的记录展示。结束后，同学们还将方案做成展板，给全年级的老师和同学看。年级里举办了一场方案展示会，以点赞的形式推选出"最优创意奖""最佳设计奖""最美展示奖"等。年级里同时将学生的设计过程和交流展示做了微信专题推送，邀请家长欣赏与点评。

年级组其他教师、其他班级的学生和家长对这次主题式学习给予了很大的关注与兴趣，也提出了很多不同的想法与思路。

学校也对这次尝试给予肯定，同时提出了几点建议：好的项目需要一个有质量的任务或问题，何为有质量，当具备以下两个特征：第一，真实且与学生生活相关联；第二，适合学生的学情且有挑战性。

建立学生对团队的归属感更有利于合作。每个项目的学生负责人在初次管理项目团队的时候都会涌现出各种情绪，问题在于学生没有做好充分的准备组成一个团队，让每个组员在项目学习中产生与"我"有关的体验。

### （四）涉及的学习实践与评价

#### 1. 涉及的学习实践

探究性实践：根据给定信息提出数学问题，澄清必要的数学条件和步骤。从对真实世界的观察中产生问题，经过和知识的联结、抽象，再次回到真实的世界，产生迁移。

社会性实践：形成项目小组，组内分工，沟通和交流，通过听说读写等方式交流与获取信息，与同组伙伴彼此相互理解和共同解决问题；设身处地理解他人，尊重自己和他人，包容他人的差异与多样性。

技术性实践：运用统计图表、PPT等技术促进交流与沟通、互动与反思，促进成果的多样化。

#### 2. 学习实践评价设计

评价表不仅是评价手段，更是一种学习手段。教师根据评价细则，引导学生在标准的内容执行上下功夫，并在知识、能力、思维上达到提升。学生明确自己在项目中的学习目标，使项目任务探究过程中的方向性更明确。

在本项目学习中，教师将评价量表放在项目实施前进行宣导，帮助学生明晰将要面临的学习挑战。教师在任务实施前放置评价量表可以引导探究方向，使学生更加关注相应的指标。在本项目中，有两个方面的评价：一是学科知识的掌握，二是学生项目实施过程中的表现评价。评价表如下：

表 3-7  学科知识表现评价量表（学生用）

| 学科知识表现评价 | | | | |
|---|---|---|---|---|
| 评估内容 | 评估标准 | 评价等第 | | |
| | | 自评 | 组内互评 | |
| 数据收集 | 能读懂图表等非连续性文本，能进行简单的信息提炼与处理。 | ☆ ☆ ☆ ☆ ☆ | ☆ ☆ ☆ ☆ ☆ | |
| 科学分析 | 能运用统计图表展示和分析数据，认识复式折线统计图，能从图上获取数据变化信息，并能依据数据变化的特点进行合理地估测。 | ☆ ☆ ☆ ☆ ☆ | ☆ ☆ ☆ ☆ ☆ | |
| 数学表达 | 能运用采集、计算得到的数据，从数学角度形象生动地展示出行方案的分析设计。 | ☆ ☆ ☆ ☆ ☆ | ☆ ☆ ☆ ☆ ☆ | |
| 合理展示 | 能运用表格、流程图、算式、文字的方式写一份出行方案，美观大方、行文流畅，有一定的创新性。 | ☆ ☆ ☆ ☆ ☆ | ☆ ☆ ☆ ☆ ☆ | |

表 3-8  自主学习评价量表（教师用）

| 自主学习评价量表 | | | | | |
|---|---|---|---|---|---|
| 评价维度 | 评价内容 | 被动学习 | 主动学习 | 建构学习 | 交互学习 |
| 知识 | 核心知识 | 能记住所学知识 | 能够迁移和应用所学 | 对所学内容产生新认知 | 能与伙伴交流探讨新认知 |
| 最符合的表述（√） | | | | | |
| 能力 | 调查分析 | 能根据调查计划收集数据 | 能根据调查计划收集、整理、描述和分析数据 | 能制订调查计划，并对数据进行推断、比较和分析 | 能与同伴分享自己的数据推断结果，比较他人成果，完善自己的认知 |
| | 最符合的表述（√） | | | | |
| | 观点表达 | 能复述他人的观点 | 能用自己的话表达他人的观点 | 能表达自己的想法 | 能与同伴交流自己的观点 |

| 自主学习评价量表 | | | | |
|---|---|---|---|---|
| 评价维度 | 评价内容 | 被动学习 | 主动学习 | 建构学习 | 交互学习 |
| | 最符合的表述（√） | | | | |
| | 记录反思 | 能记录听到和看到的内容，形成学习笔记 | 能有选择的摘抄和记录重点内容，形成学习笔记 | 能记录自己的理解，以反思笔记或者概念图形式记录 | 能记录与同伴合作时产生的认识 |
| | 最符合的表述（√） | | | | |
| | 策略运用 | 了解学习策略和方法 | 能使用策略尝试解决问题 | 能使用比较、推理、创造等高阶认知策略解决问题 | 能在合作中提出和使用策略，结合他人方法创造性地解决问题 |
| | 最符合的表述（√） | | | | |
| 态度 | 专注坚持 | 经常分心，消极退缩，依赖性强，坚持性差 | 能按要求保持专注，完成项目，遇到困难时尝试克服困难 | 保持专注投入，遇到困难能主动尝试解决，直到成功 | 能在团队合作中全程专注和投入，积极与同伴一起寻求解决问题的方法 |
| | 最符合的表述（√） | | | | |
| | 主动参与 | 不愿意参加或被动参加小组活动 | 能主动参加小组活动，只关注自己的任务 | 积极参加小组活动，形成团队意识，关心组员学习进展 | 主动积极参加小组活动，带动小组气氛，与同伴共同学习进步 |
| | 最符合的表述（√） | | | | |

| 自主学习评价量表 | | | | | |
|---|---|---|---|---|---|
| 评价维度 | 评价内容 | 被动学习 | 主动学习 | 建构学习 | 交互学习 |
| | 倾听表达 | 不愿分享自己的想法，不注意他人的发言，或急于反驳 | 能倾听他人发言，遇到不同意见的地方打断别人，表达自己的意见 | 能认真倾听他人发言，思考后作出适当的回应，在交流中构建自己的想法 | 仔细倾听他人发言，能在交流中反思，与同伴形成共同的理解 |
| | 最符合的表述（√） | | | | |

学习评价量表的设计意图主要是为了全面、客观地评估学生在数学主题式学习过程中的表现和成果，本项目的评价量表设计主要关注以下几个角度：评价量表的设计与主题式学习的目标相一致，明确学生在项目中需要掌握的知识、技能和态度等方面的要求；评价量表涵盖多个维度，如知识理解、问题解决、合作交流、创新思维等，以全面评估学生的学习表现；考虑到学生的个体差异，评价量表可以设置不同层次的评价标准，以适应不同能力水平的学生，评价量表不仅要关注项目的最终成果，还要重视学生在项目进行过程中的表现，如参与度、努力程度等。

在项目的实施过程中，评价量表还能帮助师生自查和反思。通过评价量表，学生可以对自己的学习过程和成果进行反思，发现自身的优势和不足，从而促进自我提高。评价量表也为教师提供了一个有效的反馈工具，帮助教师了解学生的学习情况，及时调整教学策略，提供有针对性的指导。评价量表的结果可以作为形成性评价的依据，为教师改进教学提供佐证。

## 五、 主题式学习活动小结及反思

### （一） 主题式学习活动总体得失

总体来说，这次主题式学习实现了预定的目标，每个小组都制订并实施了研学方案，也通过实践对方案进行了反思和改进。

但每个小组都有个别学生的主动思考度不够，存在盲目跟风的情况，也就是说对于这个个体而言，学习尚停留在浅表。

评价中还可以增加表现性评价，利用评价促进学生对整个项目实践进行反思，从而能够更加全面地锻炼学生的高阶思维。

通过这个项目的推进，老师有了项目设计的思路，学生也有了项目实施的体验，主题式学习给我们打开了一种新的学习方式，值得再探索。

**（二）主题式学习活动改进设想**

**1. 好的主题式学习活动要体现学生对如何推进项目的思考**

在项目推进中，学生们提出了三个子问题，让我看到了学生们对这个项目的理解；但孩子们仅仅明晰了研究的路径和结果，好像还没有充分认识到研究的难度。如果老师在最后提出几个在研究中需要思考和注意的问题，那么学生的思考深度可能会更强一点。

**2. 明确学习支架，引导学习过程**

在项目实施过程中，我给学生的指导大多是解答学生的求助，但给予的支架并不多，这就限制了学生自主学习的可能。学习支架需要指向核心目标，且能够帮助学生开展学习活动。

（1）组织和帮助学生开展调查和研究，防止学生在开展项目活动寻求"答案"时，偏离得太远。

（2）学习支架让学生经历更严谨或者更高阶的思维过程，有助于学生对于知识的体悟与理解。

（3）保证学生在难以独立完成任务时获得老师的帮助，提高学生解决问题的能力，挖掘他们潜在的发展空间，使他们在必要的时候，可以通过各种途径寻找或构建支架来支持自己的学习。

创意 15

## 节奏畅响

随着教育改革的不断深化，项目化学习作为一种创新的教育教学模式，日益受到广泛关注。它强调以真实问题为导向，通过跨学科的知识融合与实践，培养学生的问题解决能力、创新精神和综合素质。在这种模式下，学生的学习不再是单一学科知识的简单叠加，而是多学科知识的有机结合和应用。

《义务教育课程方案（2022 年版）》指出，要"加强课程内容与学生经验、社会生活的联系，强化学科内知识整合"，并要求各课程用不少于 10％课时统筹设计综合课程和跨学科主题学习。[①] 这一改革方向标志着教育领域对于跨学科融合的重视达到了前所未有的高度。跨学科项目化学习不仅顺应了这一趋势，更是对未来教育发展方向的积极探索。

"节奏畅响"项目学习活动正是在这样的背景下应运而生的。它旨在通过跨学科实践，引导学生运用已有知识解决实际问题，激发学生的创新意识，提升学生的综合能力。在这一过程中，学生不仅需要调动音乐、数学、物理等学科的知识，还需要学会如何将这些知识有效地融合起来，共同作用于问题的解决。

本文将以"节奏畅响"项目学习活动为例，探讨跨学科项目化学习的设计理念、实施过程及其对学生能力发展的影响。通过对这一案例的深入分析，我

---

① 中华人民共和国教育部. 义务教育课程方案（2022 年版）［S］. 北京：北京师范大学出版社，2022：1.

们期望能够为广大教育工作者提供有益的启示和借鉴，共同推动项目化学习在基础教育领域的广泛应用和深入发展。

## 一、 活动目标

本项目活动旨在引导学生通过实践操作，深入探索光环板上触摸传感器的应用，并结合编程技能制作一款可发声的数字打击乐器。在此过程中，学生不仅能学习技术知识，还将体验项目设计的完整流程，并基于反馈进行持续的改进优化。具体目标如下：

1. 通过探索光环板触摸传感器的特性及其在交互设计中的应用，学生能实现灯光效果，为数字打击乐增添独特的视觉吸引力。同时，通过编程和调试，学生将精确控制触摸传感器以实现乐器的发声，最终完成这款充满创意与实用性的数字打击乐器的制作。

2. 在项目设计与实践体验中，学生将从设计的角度出发，全面探索数字打击乐器的整体结构优化和程序完善。通过亲手制作这款乐器，学生将亲身体验从最初的构思到最终实现的完整流程，从而加深对产品制作流程的理解。同时，鼓励学生在项目实践中积极收集反馈，敏锐地发现问题，并有效地改进方案，以不断优化乐器的演奏效果和用户体验，实现作品的持续进步与完善。

3. 通过制作与演奏数字打击乐器，学生可以深刻感受到技术与艺术的完美融合，并在持续地改进与优化中，助力他们将个人创意转化为现实，从而收获满满的成就感和自信心。

## 二、 活动过程

### （一） 观察现象，发现问题

实用主义课程理论指出，"教育即生活、教育即生长、教育即经验的改造"，好的驱动问题要与学生生活所需密切相关。近几年，受生活节奏变快的影响，人们生产生活发生了较大变化，部分学生出现紧张、焦虑等负面情绪。为了解决这一问题，学生及各科老师展开头脑风暴。音乐老师建议可通过音乐的律动带给学生身心上的放松，由于我校设有打击乐社团，有学生联想到可以在音乐和劳动课程老师的帮助下手工制作和演奏打击乐器，享受音乐和手工带来的趣味，缓解负面情绪。信息科技老师提出，还可以结合学习过的图形化编程软件，制作数字化打击乐器，提升学生制作过程的趣味性。据此，师生开展"节奏畅响"项目化学习活动，并将驱动问题设为："如何动手制作一款数字化打击乐器，帮助人们缓解压力，排解负面情绪"，旨在调动学生的生活体验，激发学生的学习兴趣，将学习主动权交于学生手中，实现项目源于学生，解决于学生。

项目化学习之父 John Larmer 将情境分为不真实性、部分真实和完全真实三类，并倡导在更为真实的情境下开展项目化学习，激发学生的学习兴趣，发挥学生的主观能动性。①"节奏畅响"项目活动在完全真实的情境下进行，学生以来源于生活的问题为驱动，运用信息科技、劳动和音乐学科知识，制作一个小型舞台作为可视化实物作品。不仅如此，学生还可以根据喜好体验不同的打击乐器，尽情发挥想象力，创编属于自己的音乐节奏，享受音乐带来的快乐。音乐可以使人身心舒畅，心情得到放松。学生通过演奏数字化打击乐，身上的压力得到释放，负面情绪得到排解。

真实情境下的跨学科融合项目化学习引导学生将知识跨情境迁移，培养学生解决实际问题的能力。本项目活动通过真实驱动问题的引领，推进学生从问题中思考，应用学科知识，发展综合素养；还通过创设贴合学生学习生活的真实情境，将知识与社会生活相结合，激发学生的学习兴趣，激活学生的内在驱动力，从"要我做"转变为"我想做"，让学生在参与较为复杂的项目中通过自主探究、合作学习获取相关的知识与技能。

真实性问题不仅与学生的实际生活紧密相连，更是社会生活的缩影。只有当学生面对的是真实的驱动性问题时，他们的学习兴趣才能被真正地点燃，内在驱动力也才能得到最大限度的激发。这样的设计旨在激发学生的学习兴趣和创造力，学生能够感受到学习的意义和价值，让他们在享受音乐带来的快乐的

---

① John Larmer. What Does It Take for a Project to be "Authentic"? [EB/OL]. [2012-5-24]. https://www.pblworks.org/blog/what-does-it-take-project-be-authentic.

同时，也能够提升自己的综合素养。

（二）**思考方案，制定计划**

跨学科融合教学是一种突破传统单一学科教学，以两种或两种以上学科统整、组合与优化的知识点为教学内容，体现各学科核心素养，通过"自主、探究、合作"的方式解决复杂问题的新型教学模式。

"节奏畅响"项目活动先安排 1 课时音乐课，使学生了解打击乐的基本结构和原理，掌握节奏、节拍的概念和重要性，并能够依据歌曲旋律创编节奏型；再安排 2 课时的劳动课程，分别用于草图设计与作品制作；最后安排 2 课时信息科技课程，其中 1 课时用于指令搭建，另 1 课时用于整体优化调整与分享交流，总共 5 课时。在活动初始，教师引导学生针对具体实际问题进行分析，逐层拆解任务活动，并根据可能遇到的困难将项目分为设计、制作和演奏三个环节，培养学生利用信息科技、劳动和音乐学科知识解决问题，提高融合性学习能力。

（三）**合作探究，收集证据**

《义务教育艺术课程标准（2022 年版）》要求初中学生"能用自制的打击乐器或简易音高乐器演奏简单的节奏与旋律"，教师"可以指导学生借助打击乐器开展即兴表演、编创与展示活动"。① 因此，音乐教师会先在音乐课上向学生介绍打击乐器的概念、内部结构、演奏方式和声音变化等基础知识，提升艺术文化素养，也为之后的音乐创编和展示活动作好铺垫。但是，要制作一个打击乐器依然是很困难的。教师随即引导学生思考：我们可以利用什么代替实物发声？此时学生很容易就能想到，可以利用信息科技课上所学的图形化编程软件中的声音模块，调用其指令来发声。

在解决了发声问题之后，学生们面临第二个挑战：如何为数字化打击乐设计独特的造型。他们最初尝试使用硬卡纸、铜箔片、鳄鱼夹和双面胶等材料，创作出了一款简易的打击乐装置。尽管这款作品在功能上基本满足了要求，但在美观和实用性方面仍有待提升。

---

① 中华人民共和国教育部. 义务教育艺术课程标准（2022 年版）[S]. 北京：北京师范大学出版社，2022：1.

针对这一问题，教师及时给予了反馈，并引导学生们结合打击乐器的相关知识，从可操作性和材料易得性两个角度出发，进行更深入的思考。在教师的启发下，学生们充分发挥想象力，开始设计第二款造型各异的发声装置，如小鼓、大鼓、打碟机等，这些设计不仅在外观上更加美观，而且实用性也得到了显著增强。在接下来的劳动课程中，学生以小组为单位，将设计好的作品以草图和展开图的形式绘制下来，标好尺寸大小，为之后的活动项目作好准备。通过设计数字打击乐的发声方式和外观造型，培养了学生的丰富想象力和自主创新的能力（图3-4）。

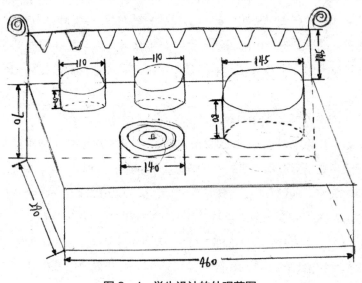

图3-4　学生设计的外观草图

通过引导学生自主设计、教师及时反馈指导以及小组合作完善的方式，学生的创造力、设计能力、审美能力、动手能力得到了提高，并树立了团队合作精神。

项目活动要实践操作。学生首先面对的问题是如何为打击乐器选材。教师鼓励学生遵循方便收集、经济实惠、材料安全的原则，尽可能选取和使用身边的废弃物品，养成合理利用材料、环保节约的劳动意识，继承和发扬中华民族勤俭节约的传统美德，这也是劳动课程中核心素养的体现。据此，有的学生遵循废物利用的原则收集快递包装盒、废弃玩具等用于舞台和乐器制作，有的学生遵循材料易得的原则收集家中常见的报纸、瓦楞纸和彩色卡纸等用于美化乐器外形。

学生遇到的第二个问题就是如何将各部分互相连接。教师学生利用先前拓展课程中学习到的光环板硬件作为"桥梁"，通过鳄鱼夹连接光环板的四个触摸传感器，这样一来，只需触碰导电胶带，手部发出的微电流便会沿着鳄鱼夹直到光环板的传感器，软件中的角色收到广播命令随即发出声音，包括鼓声、铙声、Rap 声和一段节奏，学生可以根据这段节奏进行敲击，这就是数字化打击乐器演奏的核心原理。接下来，学生将导电胶带和先前收集好用于制作乐器外形的材料相黏合，实现自己的设计方案。还有学生提出可以制作用于敲击的鼓棒、乐器放置的舞台、外加 LED 灯等建议，使装置更加个性化、有趣和美观（图 3 - 5）。

**图 3 - 5 学生制作的装置**

然后，学生利用图形化编程软件，进行脚本设计、角色形象绘制、指令搭建和调试程序等操作。首先，教师引导学生对动画进行脚本设计，明确角色、舞台和动作。随后，学生自行导入角色和舞台背景，既可以从角色库和背景库中选择相应素材，也可以利用笔刷、填充、线条、变形等工具绘制个性化的角色和舞台。接下来，学生学习如何使用事件模块中的触摸传感器指令和广播指令来实现光环板和角色的交互。当触碰到光环板其中一处触摸传感器时，光环板发出广播，角色接收到广播之后，便会发出声音。有的学生为了让呈现效果更加逼真，还使用了改变角色大小和 LED 显示颜色的指令进行了个性化调整。在此过程中，学生根据图纸要求，设计并动手搭建具有数据采集、实时传输和简单控制功能的简易物联系统，初步体会了物联网和人工智能之间的关系，信息化素养得到了提升，积极思考、动手实践的能力也得到了锻炼。

### （四）形成修订，成果展示

制作完成后，如何演奏出美妙的音乐是学生要着重思考的问题。图形化编程软件的声音模块可以发出声音，学生既可以选择声音库里自带的各种音效，也可以使用外部导入的声音，但光使用声音模块里的指令无法满足学生演奏个性化节奏的要求。因此，教师引导学生探究在拓展模块里是否还有和声音相关的内容可供使用。学生仔细寻找后发现，还可以利用拓展模块中的音乐模块，通过使用改变节拍、音调和演奏速度等指令，可以创造出更为个性化的音乐作品。接下来，学生以小组为单位合作演奏，不同学生控制不同的触摸传感器，根据音乐中的节奏变化，通过相互交流不断调整触摸时间点，使小组成员能共同配合，演奏出流畅且各具特色的音乐。在这一环节中，内容上，学生健康的审美情趣得到了提高；形式上，学生的合作意识和团队精神的品质也获得了加强。

## 三、活动评价

《义务教育课程方案（2022 年版）》要求"全面落实新时代教育评价改革要求，改进结果评价，强化过程评价"[①]。跨学科融合项目化学习的评价标准需改变原有传统教学模式下的评价方式，以过程性导向的评价为支撑，考查学生在具体实践中问题求解、学以致用、合作交流、实践创新等多方面能力。据此，各科老师在项目活动中建立课程评价体系，改进单一评价、健全综合评价，提高活动质量，以综合性评价取代单一量化评价，重视学生个性化发展，

---

① 中华人民共和国教育部. 义务教育课程方案（2022 年版）［S］. 北京：北京师范大学出版社，2022：1.

制订如下评价目标（表3-8）。

表3-8 "节奏畅响"项目活动各学科评价目标表

| 科目 | 评价目标 |
|------|---------|
| 信息科技 | 学会利用信息技术手段，借助电脑、手机等搜集整理资料 |
| | 学会使用图形化编程软件中的相关模块搭建程序 |
| | 能够使用线上网络工具与同伴交流 |
| 劳动 | 了解电路基础知识 |
| | 学会测量尺寸，设计作品结构，绘制草图与展开图 |
| | 学会合理使用工具连接电路，并能进行调试 |
| 音乐 | 了解打击乐器的基本结构和原理 |
| | 掌握节奏、节拍的概念和重要性 |
| | 能够依据歌曲旋律创编节奏型 |

就信息科技学科而言，设立三项评价目标以考查学生在具体实践中的综合能力。以评价目标二"学会使用图形化编程软件中的相关模块搭建程序"为例，依据SOLO系统中对人思维水平分级的一般式框架理论，结合项目活动中拆解下的分项任务，将图形化编程能力评价量表设计如下（表3-9）。

表3-9 图形化编程能力评价量规表

| 等第 | 水平描述 |
|------|---------|
| A | 综合应用所学的编程知识和技能，合理地选择数据结构和算法，设计和编写程序解决实际问题，完成复杂项目，具备良好的计算思维和设计思维。 |
| B | 掌握顺序、循环、选择三种基本的程序结构，能够根据实际问题的需求设计和编写程序，解决复杂问题，创作编程作品，具备一定的计算思维。 |
| C | 掌握图形化编程软件的使用，能够使用顺序、循环、选择三种基本的程序结构，编写结构良好的简单程序，解决简单问题。 |

在"节奏畅响"项目活动中，如果学生能使用事件模块和感知模块中的触摸传感器指令和广播指令使软硬件连接，就能获得等第C；在此基础上，如果能

使设备发出声音，且能使用灯光模块美化舞台效果，代码结构清晰，就能获得等第 B；如果学生还能使用拓展模块中的音乐模块合理设计程序，且编程规范，则可获得等第 A。从实际情况来看，除了个别学生未能成功让设备发出声音外，大部分学生都可以合理选择模块指令完成光环板和软件中的角色相互连接，且能够使用灯光模块点缀舞台的任务，获得 B 及以上等第。

强化过程性导向的评价内容更丰富，不再单纯是对知识技能的评价，而是鼓励学生学会面对问题时将知识学以致用；鼓励学生能够独立思考、分析问题，敢于提出不同的观点和见解；鼓励学生在小组内施展自己的才华，营造积极进取、不断突破创新的学习氛围。在活动过程中，教师还注意适时提出建议和评价，帮助学生获得满足感，提升学习兴趣。只有学习兴趣提高了，学生在将来才有可能成为终身学习者。

教师设计的评价环节旨在确保评价与反思贯穿整个过程，通过迭代式的反馈与改进来保障学习的高质量。学生在此过程中不仅完成作品，更在不断地修整调试中实现了作品的迭代和优化，从而深化了学习体验，培养了问题解决和实践创新能力。

## 四、 活动反思

在这次创意打击乐的教学过程中，我尝试将传统打击乐知识与现代音乐元素、创新理念相结合，以期为学生带来一次全新的学习体验。

在课程设计上，我注重内容的多样性与趣味性。通过引入多种不同风格的打击乐器和演奏方法，我试图激发学生对打击乐的兴趣和好奇心。同时，我还设置了一系列创意任务，鼓励学生在实践中探索和创新。这些设计在一定程度上达到了预期效果，学生们在课堂上表现出了较高的参与度和创造力。

然而，在跨学科融合的项目化学习过程中，我也发现了一些问题。首先，作为引导者，我在某些环节上的指导不够明确，导致部分学生在项目推进过程中感到迷茫。其次，在课程节奏的把控上还有待提高，尤其是在拆解大项目为小任务时，需要更加注重逻辑的连贯性和难度的递进性。

总体来说，跨学科融合的项目化学习旨在帮助学生在真实情境下，在驱动性问题的推动下融合所学知识解决现实问题。学生可以在项目完成过程中提高学习兴趣，获得多维发展，实现自我突破。跨学科融合的项目化学习对培养创新性和综合素质人才具有重要的现实意义。

创意 16

# 中国人口之问

## 一、活动背景

在六年级第二学期世界地理的学习中，学生对世界人口分布有了一定的认识，掌握了与人口相关的概念，如"人口密度""人口自然增长率"等。本项目以地理学科七年级教材中"祖国篇"——《疆域与人口》单元中"人口"一课为核心内容进行微项目设计。以"中国人口之问"为项目主题，遵照"观察人口现象——分析人口问题——提出人口举措"的思维过程，引导学生借助实验的方式，站在统计学者的视角，以研究者的身份，经历分析、解决人口问题的过程。基于中国地理，综合了解我国自然地理的基本概况，是学生学会运用综合的地理的眼光学习中国地理的起始。

## 二、活动目标

1. 了解媒体资讯中有关中国人口的多元认知冲突，培育学生运用地理视角探究中国人口基本状况与变化的科学意识与习惯。

2. 梳理地理实验设计与实施的基本步骤，收集中国人口数据资料，绘制中国人口增长曲线图，分析中国人口的发展变化与生育政策变化，初步树立人口均衡发展的意识，培养学生的数据分析能力与创新思维能力。

3. 从人口数量到人口年龄结构差异，经历发现问题、分析问题、解决问题的过程，理解中国人口红利优势到人才红利之间的转变，提升学生的辩证思维水平和地理实践能力。

4. 通过小组合作项目，增强学生的团队合作意识与沟通能力，培养学生勇于探索、刻苦钻研的科学精神和科学严谨的学习态度。

## 三、 活动过程

由于学生在预备年级已经学过"人口密度""人口自然增长率"等概念，如何深入理解其背后反映出的我国人口现状是本节课的重点。计划生育这项基本国策是学生普遍了解的，除了计划生育之外，学生也会想：为什么不用其他的方式来解决人口问题呢？本课深入挖掘人口问题背后的影响因素，增强学生均衡人口的观念，为下一节中华民族的团结学习作铺垫。

### （一） 基于真实情境，挖掘线性人口统计图的项目价值

学生原有知识的积累中已明确我国是世界上人口最多的国家，但现有的媒体资讯往往会将学生置于真假混乱之中。本课通过不严谨的资讯信息导入，比较认识我国人口多的基本国情，并辩证地分析人口发展不均衡对社会经济发展和资源、环境带来巨大压力的一面，为落实教学难点作铺垫。七年级阶段的学生通常已经可以简单地以辨证的眼光来看待一些地理问题了，从我们熟悉的人口问题出发，鼓励学生思考交流，提升综合思维能力。

在项目导入中，针对网络上有关世界第一人口大国的预测与现有信息的偏差，以难辨真伪的网络信息切入，激发学生的探究兴趣，树立学生以科学态度辨识信息的意识，培养学生观察验证信息正误的习惯。

在项目推进中，紧扣当前社会老龄化问题的现象及讨论，以及国家未来人口发展的人才红利政策与思考，将真实生活中的人口现状融入课堂，培育学生关注人口问题的意识，增强爱国主义情怀。

在项目实施中，设计三个运用线性人口统计图的任务，借助线性人口统计图预测人口变化，分析人口老龄化及劳动力短缺等问题，体会人口政策的变化及人才红利的优势，感受线性人口统计图的运用与价值，强化学生对我国人口

基本状况与变化的理解。

**（二）采用实验结构，实现地理学科项目化学习落地**

在以往的教学中，"人口"一课常以呈现教材中人口状况的时间变化及空间分布展开，忽略了学生在人口问题上的主观能动性。基于新课标中地理实践力的培育，以及项目实施的有效性，本项目以地理实验的方法展开。通过设计不同层级的实验环节，如图 3-6 所示，设置问题引导："中国人口未来会如何发展？"从问题出发，逐步推进学生对人口问题的思考和探究。

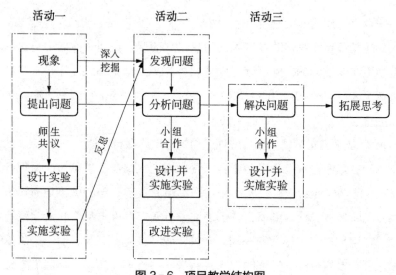

图 3-6　项目教学结构图

**活动 1：解惑——中国人口数量之疑**

问题情境：根据中国与印度人口数量的比较，预测中国人口数量未来会如何变化呢？

操作体验：基于实验方法，以教师引导为主，梳理实验的步骤。学生在框架下自主提出问题，作出假设，设计可行、可操作的试验方案。学生制作统计图表，对比分析图表类型、观察图表内容，一步步带领学生落实各项实验步骤，确保学生具备基本实验能力，并学会用人口曲线图推测中国未来人口数量变化。

**活动 2：寻源——中国人口红利之问**

问题情境：根据印度人口能否复制中国人口红利优势的疑问，探究中国人口红利还在吗?

独立实施：学生自主开展实验实施，从数据处理到分析都交由学生小组合作自主完成，在不断试错、改进的过程中提高实验能力，并学会用人口曲线图分析问题。

**活动3：献策——中国人才红利之翼**

问题情境：面对可能存在的劳动力短缺和老龄化程度严重的现状，可以如何解决呢?

项目拓展：针对中国目前面临的人口变化趋势，请学生推理实验结果带来的影响，为解决劳动力短缺、人口老龄化严重的情况出谋划策，在学生自主发现的现象中体验解决问题的成就感。在课后拓展中，引导学生关注地理视角的时空维度，启发学生以实验的方法从空间维度继续对中国人口之问的学习，提升学生科学实验的意识与能力的迁移运用。

**（三） 借助数字技术，实时反馈学生课堂活动的成果**

围绕线性统计图学习的本质，本项目借助现代信息技术，借助国家统计局官网、希沃品课等授课平台，在绘制、阅读线性图表的过程中，了解线性人口统计图的基本结构与作用，并尝试以人口线性统计图分析问题，培养学生图表数据收集、分析能力。通过数字化的课堂互动体验，及时反馈学生活动成果。将人口变化动态呈现，凸显人口均衡发展理念。通过结构化板书，将师生互动、生生活动，直现课堂。

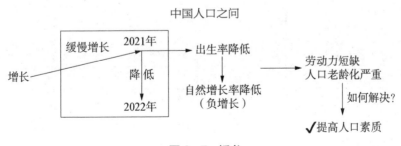

**图3-7 板书**

**（四） 成果展示，评价反馈**

通过围绕项目整体以及学习知识两个方面进行小组评价及自我评价，通过对过程的记录与反思，总结项目活动中的收获与不足，了解学生项目体验的成效，为更好地开展学科微项目服务。

这些任务你都完成了吗？

| 姓名 | | | 班级 | | 小组 | |
|---|---|---|---|---|---|---|
| 1 | 承担的具体任务 | | | 完成情况 | 主动完成<br>在催促下完成 | |
| 2 | 小组讨论发言 | 经常　有时　不太发言 | | | | |
| 3 | 同伴合作情况 | 很好　一般　须努力 | | | | |
| 4 | 提出了哪些建议？ | | | | | |
| 5 | 遇到了哪些困难？ | | | | | |
| 6 | 对自己最满意的收获是什么？还有什么做得不好的地方吗？ | | | | | |

这些知识你都掌握了吗？

| 具体内容 | 难易程度 | | | 自我评价 | | |
|---|---|---|---|---|---|---|
| | 易 | 中 | 难 | 完全掌握 | 基本掌握 | 尚未掌握 |
| 人口数量变化 | | | | | | |
| 人口基本状况 | | | | | | |
| 人口未来发展 | | | | | | |
| 设计并实施实验 | | | | | | |

## 四、活动反思

1. 具身认知视域下的学科微项目，培育学生的科学探究意识

本课以"中国人口之问"为主题，从项目结构来看，以问题形式引导学生

探究中国人口数量状况。选取资讯素材，直接比较现象差异并提出问题，亲身设计并体验项目过程。从师生共议到小组独立合作，难度层级不断提升，在对项目深入剖析的过程中，不断改进、完善项目，挖掘项目内核，为项目的完整度与可行性提供支撑。

就项目内容而言，通过中国与印度之间的比较，从学生感兴趣且学习过的话题出发，从中国人口数量出发到发现人口结构差异再到解决人口老龄化现状，从人口红利到人才红利的转变，链接本课的三个大问题。通过结构化的板书将人口数量变化与人口年龄结构联系起来，让各个项目环节有效过渡。学生活动的整体参与度较高、课堂讨论氛围浓厚，部分同学能够结合实际生活表达交流，增强学生课后拓展思考的意识。

2. 信息化视角下的学科微项目，促进项目化学习价值挖掘

现代信息技术的快速发展为项目化学习的实施带来许多便捷与机遇。绘制人口增长曲线图的项目活动，重点在于运用相关资料描述中国人口的基本状况和变化，借助信息技术绘制人口增长曲线图，在保证学生基本学习目标的基础上，可以为学生节省大量时间。在项目中，学生充分利用信息化设备、借助信息化手段获取所需要的信息、加工处理；在解决过程难以推进时，仍然可通过信息化手段进行方案的更新，继而丰富解决问题的可能性。在过程中，学生不仅能学习阅读、分析图表，熟练运用曲线图探究更多人口问题，还能深刻了解人口增长曲线图在人口数据分析中的价值，并迁移学习方法。

3. 地理学科微项目学习的困境及思考

在地理学科中尝试项目化学习有利于提高学生的课堂参与程度，培养学生的地理实践力，提高学生学习地理的兴趣，培育地理素养和创新能力。但教师在开展过程中遇到以下困境：第一，学生提出问题的能力较弱。存在不理解问题如何提出，提不出问题，提出的问题比较单一、相似等情况。第二，课时与项目讨论所需时间不匹配。人口部分教材内容包括"世界人口最多的国家""人口分布'东密西疏'"两个部分。考虑到在实际实施过程中，学生需要讨论、学习体验的时间较长，在试讲过程中出现了时间紧张的困境。通过单元化教学，设计衍生到课后的项目活动，以实践作业的方式将中国人口空间分布留给学生课后完成，从而在保证课堂内容成效的同时落实教材内容的完整度。

本项目基于真实问题创设情境，围绕人口这一主题，通过挖掘社会热点中的矛盾话题，让学生站在研究者的视角，沉浸于课堂，尝试问题的分析与解决。从关注社会焦点到为国家发展献计献策，为学生核心素养培育提供角色支持。项目推进通过任务驱动，反复使用中国人口与印度人口比较这一话题，变换探究角度，激发学生思维深度。设计递进层级的实验活动，关注学生提出问题能力的水平差异，提升综合思维能力。在数字化环境下，丰富学生操作活动体验，加强学生地理实践能力。在多样化的活动设计中，落实学科核心素养，为贯彻立德树人根本任务奠定学科基础。

# 创意 17

# 护花使者

2018 年，教育部、工业和信息化部、中国工程院共同发布《关于加快建设发展新工科实施卓越工程师教育培养计划 2.0 的意见》。以新工科建设为重要抓手，持续深化工程教育改革，加快培养适应和引领新一轮科技革命和产业变革的卓越工程科技人才，打造世界工程创新中心和人才高地，提升国家硬实力和国际竞争力。[①]

在此背景下，深感国家对于培养各类工程师人才的决心及其重要意义。作为小学阶段的教师，我常思考是否能在义务教育阶段开展相关教学内容以培养学生作为工程师的各类素养。虽然很想为培养未来的工程师贡献自己的力量，但不知该从何入手。对于义务教育阶段的学生而言，现有的认知水平并不足以支持他们学习作为工程师应掌握的如此繁杂的多学科内容。

项目化学习为培养学生的此类素养提供了一种可行的思路。基于"项目化学习"模式，我校提炼并探索形成 I - DO 项目学习模式，引导学生在做中思，做中学，做中创。以"护花使者"项目（以下简称本项目）为例，以驱动问题为起点，建构具有驱动性、挑战性的问题系统，设计并实施跨学科项目化课程，探索项目化学习培养学生工程师素养方面的实践。

---

① 中华人民共和国教育部，工业和信息化部，中国工程院. 关于加快建设发展新工科实施卓越工程师教育培养计划 2.0 的意见 [EB/OL]. (2018 - 09 - 17) [2023 - 09 - 10]. https：//www.gov.cn/zhengce/zhengceku/2018-12/31/content_5443530.htm.

## 一、 项目实践背景

本项目缘起于先前学校的科创项目"屋顶花园辣椒种植"。学生在辣椒种植中，体验了从选苗、栽植、培育到收获的完整过程。看着自己亲手种植的幼苗成长为一颗颗色彩艳丽的果实，学生在此过程中感受了种植的艰辛与收获的喜悦，当然也发现了诸多问题。为了让今后的种植过程更加顺利、收获更丰，学生尝试着手解决遇到的各种问题，其中就包括本项目的驱动性问题：辣椒生长的过程，正好处于梅雨季节，连日多雨；而辣椒适宜在干燥的环境中成长，过多的雨水会影响其生长，甚至使其枯死。

学生面对这一问题一筹莫展：一方面，雨水的多少受制于地理环境和天气的因素，无法进行人为的调控；另一方面，种植辣椒的场地位于学校的屋顶花园，位置开阔、无遮无拦。这样两个现实条件，使得如何防范过多雨水侵扰植物困难重重。

本项目基于学生遇到的这一具体困难开展，尝试运用身边现有的素材，设计和制作一个装置来减少过多的雨水给辣椒带来的危害。

## 二、 项目设计思路

本项目从生活中的实际情景出发，利用项目化学习模式帮助学生综合运用所学知识来解决实际问题，在此过程中培养学生的动手实践能力与工程师素养。在项目的整体设计过程中，将教师与学生的参与、评价与反思贯穿在项目始终。

项目化学习始终将学生置于学习的中心，而在其中教师则更多扮演的是一位支持者的角色。在本项目中，学生围绕"如何防范辣椒被过多雨水侵扰"这一驱动性问题展开探究与学习活动。教师则在学生开展学习活动的过程中收集过程性资料，并针对遇到的困难为学生搭建相应的学习支架，如解构复杂问题、明晰实践思路、提供学习资料等。

评价对学生的学习具有总结、诊断、归纳等作用。本项目针对整个项目中所有环节一同构建一个合适的项目评价体系，并且更多关注学生在活动过程中每个环节的收获，对整个活动过程进行评价。此外，评价方式也是多元化的，从学生自评到同伴互评再到教师评价，通过不同维度观察得出的评价也会更加符合学生的实际表现。

## 三、 项目实施过程

### 1. 搭建问题支架，助力探究思考

项目启动伊始，学生对遇到的困难无从着手。在同学生交流讨论现有的问题与条件后，教师对学生遇到的困难与挑战进行了以下的指导：

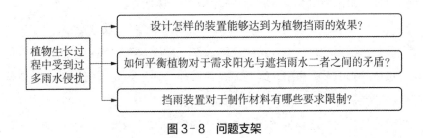

图 3-8　问题支架

将主要困难拆解成三个不同的劣构问题，通过搭建问题支架的方式，很快为学生打开了思路。

### 2. 细化任务目标，开展相应活动

通过前期搭建的问题支架，学生很快能够确定思考方向。本项目则从原先的劣构问题中提炼出三个具体任务目标，即设计挡雨装置、设计装置开合的机械结构和根据设计制作挡雨装置。

（1） 设计挡雨装置

挡雨装置的设计与后续的步骤紧密相关，而能够实现为植物挡雨的装置种类繁多，甚至直接拿块木板放在植物上方也能达到一定的效果。故此，面对繁杂的选择，学生将目光聚焦在人们日常避雨的方法中，采用头脑风暴的方式对每种结构展开讨论，充分阐述其中的优缺点及可行性。

在经过分析和讨论后，发现雨伞和雨棚的设计结构更加符合此次的设计需

求。首先，这两种结构所用的材料较少，只需满足上方遮雨所需即可；其次，两种结构均能满足在空间开阔且用较少的材料实现稳固的效果。但考虑到植物的生长离不开阳光照射，所以最终选择了能够在不需要的时候合上的雨伞作为设计参考。

学生在与同伴相互讨论的过程中，不仅需要充分阐明自身观点，也需要仔细倾听他人想法并对错误的观点提出质疑。通过头脑风暴的形式，学生的语言表达、与他人沟通交流、接受新观点等能力得到了锻炼。

（2）设计装置机构

整个项目中，本环节是对学生而言最难的一个板块，主要原因是学生从未接触过跟机械设计有关的课程。虽然平时在生活中经常使用雨伞，但对于雨伞是如何实现自由开合以及雨伞的结构如何却是一无所知。

针对这样的情况，如果直接将机械结构教授给学生，虽然会大大加快项目进度，但对于学生而言并没有从中获得收获。学生对于这类仅仅使用一次但今后再难运用的知识掌握有限。因此，教师摒弃了通过最为常用的讲述法来帮助学生快速了解机械结构，而是让学生采用自主学习的方式来完成设计和制作任务。学生自行上网查找相关的学习资料，通过搜寻关键词"雨伞机械结构"找到相关的科普类文章，并从中自学相关结构。

通过自主探索，学生发现雨伞之所以能够实现开合，正是得益于机械结构中最简单也是最复杂的平面连杆机构。平面连杆机构是生活中许多常见物品的驱动机构，但雨伞中的平面连杆机构却较为复杂，它是由一个移动副和多个转动副组成的平面连杆机构构成。在经过较长时间的探究后，学生最终寻找到如图3-9所示的雨伞机构设计。根据设计图，学生很快能够理解其中的原理。

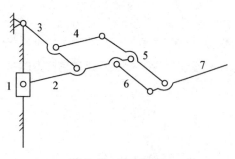

图 3-9　雨伞机构

学生在自主探索的过程中，虽然遇到了许多困难，尤其是面对从未接触过的机械原理，但是也从中体验到了自主学习探索的乐趣。学生的检索资料能力、系统整理能力、自主探索能力等都获得了提升。

（3）制作挡雨装置

理解结构原理后，制作相应的装置则变得较为容易。学生经过综合考量后，认为制作的材料必须具备防水、轻便、易于搭建等特质。最终选择可搭建的塑料积木作为主要制作材料，并参考先前自主探究的结构原理，搭建出挡雨装置的机械结构。在此结构的基础上，运用涤纶、尼龙等材料制作出挡水表面。此环节极大考验学生的动手操作能力。

**图3-10  挡雨装置机构**

3．实地验证成果，优化改进装置

实践是检验真理的唯一标准，也是验证装置可行与否的唯一途径。在经历思考、设计后，制作出的挡雨装置已经能够解决本项目的主要问题，实现为植物挡去过多雨水的效果。但是在具体的实践过程中还是发现了有待改进的问题：如果突遇下雨或在学校放假的时候遇到下雨的情况，无法及时打开装置。

为了解决这一难题，师生将之前所学的有关乐高机器人的相关内容加以迁移，通过为装置添加驱动电机控制开合，并且编写程序操控电机的方式，实现自动化效果。学生首先利用乐高 spike 套装中的"天气云数据"板块实现对天气数据的收集，并据此判断装置是否需要展开，最终根据判断结果控制电机驱动装置开合。学生通过运用现有的材料，构建出一个小型的物联网系统。在这一过程中体验了信息科技学科新课程标准中"数据与编码"和"过程与控制"这两个学习模块在实际生活中的应用，并且"计算思维"和"数字化学习与创新"这两种学科核心素养也得到了充分锻炼。

## 四、 项目综合评价

本项目的评价量表根据项目中具体活动的实施顺序设计，让学生通过评价的方式，完整地回顾并思考自己在此次项目实践中的收获。具体评价表如下：

表 3–11　"护花使者"学习评价

| 活动板块 | 评价内容 | 评价等地 | | |
|---|---|---|---|---|
| | | 自评 | 同伴互评 | 师评 |
| 问题发现与分析 | 能在辣椒种植过程中发现问题（包括但不限于本项目所解决的问题）。 | ☆☆☆☆☆ | ☆☆☆☆☆ | |
| | 在老师拆解问题前对于如何解决问题能有一定的思路。 | ☆☆☆☆☆ | ☆☆☆☆☆ | |
| | 在老师拆解问题后对于如何解决问题能有清晰的思路。 | ☆☆☆☆☆ | ☆☆☆☆☆ | |
| 交流讨论设计挡雨装置 | 在与伙伴"头脑风暴"的过程中，能够阐述自己的想法。 | ☆☆☆☆☆ | ☆☆☆☆☆ | |
| | 在倾听他人想法时能够积极思考，并对其中的疑惑内容提出问题。 | ☆☆☆☆☆ | ☆☆☆☆☆ | |
| | 收到他人合理的提问后，能够正确回应或积极接纳。 | ☆☆☆☆☆ | ☆☆☆☆☆ | |
| 自主探索设计装置机构 | 能知道用哪些关键词在网上进行信息检索。 | ☆☆☆☆☆ | ☆☆☆☆☆ | |
| | 能在网络繁杂的信息中找到对解决问题有所帮助的内容。 | ☆☆☆☆☆ | ☆☆☆☆☆ | |
| | 能在找到的学习内容中，对"平面连杆结构"有所认识。 | ☆☆☆☆☆ | ☆☆☆☆☆ | |
| 成果验证与改进 | 能联想到乐高机器人课程所学内容，并且尝试实现自动化效果。 | ☆☆☆☆☆ | ☆☆☆☆☆ | |

## 五、项目总结反思

　　本项目从学生遇到的实际问题出发，运用项目化学习的方式，让学生在实践活动中，感受了从提出问题，到分析问题，再到着手解决问题，最终验证成果并加以改进的完整过程。在学习过程中，学生的学习并不局限于某些具体的知识技能，而是以培养问题解决能力为抓手，综合培养学生在解决问题中所需的各类素养。得益于学生对于本次项目极大的兴趣，实施过程较为顺利，但从中也发现了些许问题。

首先，学生在自主学习中检索有关雨伞机械机构的信息时方向不够明确。起初学生不知该用什么关键词进行信息检索，并且对于网上充斥的各种信息也不知道该如何甄选。今后在类似环节中，教师应提供给学生一定的范围进行信息检索，而并非让学生漫无目的地上网查找资料。

其次，在实现装置自动化效果的过程中，教师采用迁移先前所学知识的方式帮助学生解决问题。但是在实践过程中，学生并不能将旧知识与新问题直接进行关联，不知道该如何进行知识的迁移。因此，教师应该为学生搭建学习的支架，帮助学生建立二者之间的联系，才能够顺利将旧知识迁移过来。

最后，学生在进行评价的过程中，发现对于同伴在活动过程中的部分表现有所遗忘，导致无法准确地进行评价。教师为了保证项目的连续性，在前序活动环节完成后，才进行下一环节，而评价则放在项目的最后，导致学生对于先前过程有所遗忘。以后应该将评价环节贯穿于项目的始终，在学生完成一个活动后，就及时进行简单的评价，最终再将其整合为综合性评价。

基于问题解决的项目化学习模式促进了学生的知识巩固、技能提升和灵活应用。在此次实践中，学生从生活中的问题出发，如同小小工程师一般自主设计制作并成功解决现实生活中遇到的问题。在教师搭建的情境中，他们自发地探究科学、物理、信息等学科知识，互相配合应用，解决具体问题。这也为教师培养学生工程师方面素养的探索提供了佐证。

本项目的设计亮点是评价与反思贯穿整个项目学习过程，迭代式的反馈与改进是高质量项目学习的保障。学习评价量规是学习目标的具体化，是学生有序开展探究活动的"导航仪"。在提出问题和设想最终的成果后，教师从学习过程和学习成果两个维度协商设计学习评价量规。评价内容与学习目标、学习内容、学习行为保持一致。细化到每个阶段的、以评价量规对照的反思，能帮助学生更好地巩固知识和技能，并通过迭代式的反思实现元认知，找到适合自己的学习方法。

创意 18

# 新能源小车

　　2020 年 3 月由中共中央、国务院于印发的《关于全面加强新时代大中小学劳动教育的意见》中强调，新时代的劳动教育课程应具有综合性、实践性、开放性、针对性等特征。①《义务教育劳动课程标准（2022 年版）》中提出了"学创融通"的课程理念，倡导让学生"做中学，学中做"，由此激发学生参与劳动的主动性、积极性和创造性。在此背景下，如何设计课程以帮助学生更好地接受劳动教育，培养学生正确的劳动价值观和良好的劳动品质是每一位任课教师应着力思考的问题。

　　而项目化学习为培养学生此类素养提供了一种可行的思路。基于"项目化学习"模式，我校提炼并探索形成 I－DO 项目学习模式，引导学生在做中思，做中学，做中创。以"新能源小车"项目（以下简称本项目）为例，设计并实施跨学科项目化课程，探索项目化学习培养学生劳动素养方面的实践。

## 一、项目实践背景

　　本项目缘起于五年级劳动技术课堂上的一次"头脑风暴"，在学习《电动小车》这一课后，学生们根据课本内容利用电池和驱动电机成功制作了简单的电

---

① 中共中央　国务院关于全面加强新时代大中小学劳动教育的意见［J］. 中华人民共和国国务院公报，2020（10）：7—11.

动小车。教师提出了一个富有挑战性的问题：是否可以在电动小车的基础上，制作一辆新能源动力小车呢？

学生们对这个问题表现出了意想不到的热情和兴趣。一方面，他们对于制作电动小车的课堂学习内容已经展现出浓厚的兴趣；另一方面，他们在日常生活中已接触到各种样式的新能源车，因此对于尝试制作一辆新能源小车充满了好奇和憧憬。很快，学生们就以此为话题展开了激烈的讨论。

这个项目正是基于这样一次富有活力的讨论而展开的。以节能环保为活动主题，尝试将学生们在课堂中学到的知识与劳动技术、物理、信息科技等多种学科相结合，来制作一台全新的新能源小车。

## 二、 项目实施过程

### 1. 确定新能源种类

起初学生对于新能源一词的理解较为片面，认为在生活中我们将用电驱动的车子称为新能源车，所以电能就是新能源之一。教师在对这样片面的理解进行否定后，学生自行查阅相关资料，了解为什么电能并不能简单算作新能源及什么才是新能源。通过这样的方式，学生很快明白电能属于二次能源，并不能直接从自然界中获取，并且对新能源有了更深的认识。区别于传统能源，新能源虽然是更加环保且可再生，但是大多都有着非常高的使用壁垒，例如核能、氢能、地热能等。面对这样的困难，学生尝试搜寻相关案例与资料，最终将目光聚焦在可以实现的太阳能和风能之间进行选择。根据不同的能源种类，学生提出了两种驱动小车前进的方案：一种是使用太阳能板，将太阳能转换为电能并将其储存在充电电池中，然后利用电能驱动电机使得小车前进；另一种则是在小车的车身后端安装一个形似船帆的装置，将风吹在风帆上产生的压力转换为小车前进的推力，由此来驱动小车前进。

面对不同的驱动方式，学生产生了分歧，一时无法决定选择哪种能源进行设计。教师针对这一情况让学生分别介绍两种驱动方式的优缺点，一同评价两种方式的优劣后再进行选择。在经过讨论与分析后，学生认为风力小车在制作上较为简便，但是极度依赖天气和环境条件，并且小车行驶的速度有限；与之相对的太阳能小车虽然也依赖天气条件，但是可以将太阳能转换为电能后加以储存，在一定程度上降低了使用的条件限制，并且通过电机驱动的小车在行驶的速度上也具有一定优势。故此，最终选择太阳能作为此次新能源小车项目的驱动能源。

虽然对我们来说太阳能似乎是一个不出意料的选择，但是对于学生而言，在整个选择的过程中涉及了许多不同学科的知识及多种思维方式。学生在这样的学习过程中能够充分锻炼自主学习、语言表达以及与同伴沟通的能力。

2. 设计新能源小车

从这个环节开始，教师将学生分为若干小组，通过小组学习的方式设计并制作出不同的新能源小车。小车设计的成功与否关乎最终的作品是否能够顺利行驶，而大部分学生刚开始时不知该从何着手。为了帮助学生顺利进行设计，教师采用搭建问题支架的方式，将设计小车这一主要困难拆解为以下的劣构问题：（1）太阳能电池板如何布局能够最大程度地接收阳光？（2）驱动系统和传动装置如何设计能够有效地利用太阳能电池板产生的电能，提供足够的动力和速度？（3）车身结构和造型如何设计能够让小车保持良好的重心和平衡性，并且减少空气阻力，提高小车的行驶速度和效率？

通过搭建问题支架的方式，学生很快明确了设计目标，并且在小组合作的过程中对劣构问题进行思考、改进，最终形成了一份份风格各异的设计方案。有了方案初稿后，教师让小组间互介绍各自的设计方案，并且根据对方的方案进行提问。通过这样的方式，每个小组对自己的方案进行完善与改进。

学生在设计小车的环节中虽然遇到了许多困难，但是通过不断地查阅相关资料，体会到了自主学习的乐趣，并且与他人合作的能力也获得了提升。

3. 制作新能源小车

在活动初期，教师为学生提供太阳能电池板、电动马达、车轮、轴承、导线及各种所需工具；并且为了将节能环保的理念贯彻到底，需要学生使用废旧材料制作小车的车身结构。准备好相应材料后，学生根据先前的设计图进行小车模型制作。裁剪车身材料、安装太阳能电池板、安装电动马达和车轮、连接电路系统……

在学生一步步制作小车的过程中，之前在劳技课上学习的制作方法与技巧得到了充分运用。面对有些遗忘或较为生疏的操作技巧，学生或是翻阅课本或是请教老师。在制作过程中，学生们遇到了许多困难和挑战，如电路连接错误、材料选择不当等。但他们都凭借着团队合作精神和不懈的努力，一一克服了这些困难，最终完成了小车的制作。当一个个太阳能小车的雏形逐渐展现在大家面前时，学生们的脸上洋溢着自豪和喜悦。

在这个环节中，学生们不仅锻炼了动手能力，还学会了如何与同伴协作，共同解决问题。

### 4. 调试并优化小车

完成小车制作后，各小组迎来了小车测试的关键环节。在老师的指导下，学生们精心制订了详细的测试方案，包括测试环境的选择、测试指标的设定等。通过多次测试，学生们发现了一些问题，如小车的行驶速度不稳定、转向不灵活等。这时，问题的解决与优化显得尤为关键。

教师鼓励学生们积极面对问题，通过观察、分析和实验等方法找出问题的根源。学生们展开了一系列的改进和优化工作，包括不断调整电机位置、改进传动装置、优化车身结构等。他们投入了大量时间和精力，追求小车性能的稳定和行驶的顺畅。

经过不懈的努力和不断的改进，一辆辆性能稳定、行驶顺畅的新能源动力小车终于成功问世。这一过程不仅锻炼了学生们的动手能力和解决问题的技能，也培养了他们的团队合作精神和创新意识。通过面对挑战并克服困难，学生们收获了宝贵的经验和成长，为未来的学习和生活奠定了坚实的基础。

### 5. 小车展示与分享

于学生而言，这个环节是他们最喜爱也最期待的。考虑到学生对于这一环节的期待，教师将环节分为"直线冲刺赛"和"分享介绍沙龙"两个部分。

首先是一场激动人心的直线冲刺比赛。在这个令人热血沸腾的赛场上，各个小组的作品竞相争夺着"最快小车"的荣耀。赛场上，欢呼声与加油声不绝于耳，每一次冲刺都是对自己实力的挑战，也是对团队合作的肯定。在这激动人心的比赛中，学生们不仅争夺着荣耀，更在挑战中感受到了团队合作的力量，收获了成功的喜悦和自豪。

接下来是沙龙环节。在这个充满分享与交流的场合，学生们不仅有机会介绍自己小车的制作过程和性能特点，还分享了在项目中的收获和感悟。每个小组都积极准备着分享内容，在分享的过程中，学生们自豪地讲述着自己的努力和成就，展示着自己的创造力和团队精神。同时，他们也在倾听他人的分享中获得了新的启发和思考。沙龙不仅增强了学生们的自信心和成就感，还为他们提供了一个相互学习和交流的平台，在这里，学生们不仅是分享者，更是倾听者和学习者，共同成长，共同进步。

## 三、 项目综合评价

评价是学生学习过程中不可或缺的一部分，它不仅能够提供反馈和指导，激发学习动机，促进自我认知和发展，还有助于培养学生的终身学习意识和习惯，对学生的学习和成长具有重要意义。

在本项目中，从一开始关于新能源种类的分析与评价，到设计小车方案时的同伴互评，再到优化调试小车时的学生自评，评价的思想贯穿于项目始终。除了贯穿项目的隐性评价外，教师还设计了一份关于整个项目过程中学生参与活动的评价量表，以帮助学生通过评价的方式，完整地回顾并思考自己在此次项目实践中的收获。具体内容如下：

表 3-12 "新能源小车制作"学习评价

| 活动板块 | 评价内容 | 评价等地 | | |
| --- | --- | --- | --- | --- |
| | | 自评 | 同伴互评 | 师评 |
| 分析并选择新能源种类 | 能知道用哪些关键词在网上进行信息检索。 | ☆☆☆☆☆ | ☆☆☆☆☆ | |
| | 能在网络繁杂的信息中找到对解决问题有所帮助的内容。 | ☆☆☆☆☆ | ☆☆☆☆☆ | |
| | 能在找到的学习资料中，对新能源有所认识。 | ☆☆☆☆☆ | ☆☆☆☆☆ | |

| 活动板块 | 评价内容 | 评价等地 | | |
|---|---|---|---|---|
| | | 自评 | 同伴互评 | 师评 |
| 设计新能源小车 | 在老师拆解问题前对于如何解决问题能有一定的思路。 | ☆ ☆ ☆ ☆ ☆ | ☆ ☆ ☆ ☆ ☆ | |
| | 在老师拆解问题后对于如何解决问题能有清晰的思路。 | ☆ ☆ ☆ ☆ ☆ | ☆ ☆ ☆ ☆ ☆ | |
| | 收到他人合理的提问后，能够正确回应或积极接纳。 | ☆ ☆ ☆ ☆ ☆ | ☆ ☆ ☆ ☆ ☆ | |
| 制作新能源小车 | 能够合理、安全地运用各种工具，积极参与小车制作。 | ☆ ☆ ☆ ☆ ☆ | ☆ ☆ ☆ ☆ ☆ | |
| | 在制作过程中遇到问题或困难，能够翻阅课本找寻解决方法。 | ☆ ☆ ☆ ☆ ☆ | ☆ ☆ ☆ ☆ ☆ | |
| 调试优化新能源小车 | 能在调试的过程中发现小车存在的问题。 | ☆ ☆ ☆ ☆ ☆ | ☆ ☆ ☆ ☆ ☆ | |
| | 能针对小车的具体问题进行改进。 | ☆ ☆ ☆ ☆ ☆ | ☆ ☆ ☆ ☆ ☆ | |
| 展示分享新能源小车 | 在与伙伴进行"沙龙"的环节中，能够阐述自己的想法。 | ☆ ☆ ☆ ☆ ☆ | ☆ ☆ ☆ ☆ ☆ | |
| | 在他人分享时能够认真倾听、积极思考。 | ☆ ☆ ☆ ☆ ☆ | ☆ ☆ ☆ ☆ ☆ | |

## 四、 项目总结与反思

本项目从劳技学科内容出发，结合现今较为主流的科技方向——新能源，开展项目化学习。在带领学生开展制作新能源动力小车的项目化学习中，我们经历了许多宝贵的时刻，也从中汲取了丰富的经验与教训。在项目实施过程中，学生的创新能力、团队协作能力以及解决问题的能力都得到了显著的提升。但同时，我们也注意到还存在一些不足。

第一，在项目实施过程中得到了经验与教训，认识到了项目化学习需要更加注重学生的主体性。在项目初期，为了帮助学生更好地上手，许多环节都是直接引导学生找到问题的解决方法，从而忽视了学生的自主性和创造性。随着项目的深入，逐渐放手让学生们在团队合作中自行解决问题，这时候他们的创新思维和实践能力得到了更好的锻炼。

第二，在学生制作新能源小车的过程中，虽然提供了一定的工具和材料，但是没有充分考虑到学生可能有其他的想法，而导致小组制作材料不足的情况；并且考虑到先前课上讲授过的每种工具的使用方法和注意事项，故此在开始制作前并没有再次带领学生回顾，但有部分学生遗忘工具使用的注意事项，从而导致学生在制作环节开始时进展得不够顺利。

# 第四章　有探究地做

I-DO 学习模式以发现问题为起点，以描述问题为导向，以设计活动为核心，以成果展示为手段，倡导以探究为主的学习方式，推动育人方式变革，着力发展学生的核心素养，凸显学生的主体地位，以思维能力、科学探究和实践能力、态度与社会责任为培养重点，促进学习能力、创新能力的发展。

探究是儿童的本能。杜威指出：探究是把一个不确定的情况有方向地转变成确定情况的行为。① 最早明确提出探究学习这一概念的是施瓦布，他在1961年哈佛大学的演讲会上作了题为《作为探究的科学教学》的报告，批判了传统课程采用静态结论式的科学描述的现象，指出科学知识的实质是试探性的，是不断变化发展的，提出学生应像科学家进行探究一样进行学习，把学习看作是一次探究世界的过程。②③ 萨奇曼坚信知识是探究的结果，他从信息加工的角度将探究看作是数据搜集、数据加工、发现与验证四种主要活动的有机结合。④ 该模式分为四个阶段：第一阶段是教师向学生展示问题情境；第二阶段是建立假设并通过向教师提问与探究实践等方式来获取信息；第三阶段是基于所获信息对问题情境建立解释，形成科学观点；第四阶段是学生对于自己整个探究过程进行评价与反思。一句话，相较于传统的教学方式，有探究地做具有自主性、探究性、实践性、拓展性、开放性、多样性、交互性、创新性等特点。

我校的 I-DO 学习模式，通过四大环节，即发现现象（Discover）——描述问题（Describe）——设计活动（Design）——成果展示（Demonstrate），从而进行项目实施。

以发现现象为起点。单纯地以传统课堂讲授进行知识的传授，不利于学生自主性的发挥，也无法实现知识的迁移应用。因此，学习活动前，教师以真实的问题情境引入活动，为学生创造问题解决的目标导向。学生能够有真实的生

---

① 谭琳. 赫尔巴特四步教学法与杜威五步教学法之比较［J］. 教育实践与研究（小学版），2008（11）：4—7.

② Schwab, J. J. The Taeching of Science as Enquiry［M］. Cambridge: Harvard University Press, 1962:71.

③ 裴娣娜丛书主编，任长松. 探究式学习——学生知识的自主建构［M］. 北京：教育科学出版社，2005：36、48、50—51、59、61.

④ 林云. 萨其曼探究教学思想解读［J］. 文史博览（理论），2007（4）：39—40.

活代入感或者是真实身份的代入感，并借由生活化情境中触发的认知冲突引起学生的兴趣，从而发现现象，体会知识与生活的联系，继而通过学习能够获得可转化、可迁移的能力与素养。学习情境的创设为学习活动的开展提供了实践背景。学习活动伊始，教师首先通过播放视频或图片、故事引入、热点探讨等多种方式创设真实的任务环境，吸引学生的注意力，将学生引入学习活动，为活动开展营造氛围。学生此时需要认真观看相关资料，思考情境内容的设计目的，建立学习心理准备。

以描述问题为导向。教师通过引导将探究的问题传递给学生，激发学生的兴趣，提升学生参与探究活动的积极性。而在发现现象并从中概括描述问题的过程中具有一定的挑战性，能使学生充分调动自己的大脑进行思考。具备一定难度的问题，学生无法独立完成，必须与同伴合作探索，共同解决问题。在社会生活中，问题的解决是需要合作的，在合作中学生的倾听能力、沟通能力以及组织能力可以得到提高，这有助于学生社会适应能力的发展。同时在描述问题的过程中让学生对已知知识的概括、对未知知识的分析等行为，通过自身的行为实践帮助建构问题解决认知策略，以服务实际问题的解决。在目标可观测性上，描述问题中目标导向作用更为清晰，需要融合到具体学习目标的设置中，并从活动的整体目标上进行考虑，从而通过自主探究学习主动构建起正确的科学知识体系和思维逻辑。进入学习情境后，学生形成了心理准备，此时提出设计的核心问题，帮助学生建立真实情境与问题之间的联系，让学生带着问题进行思考，在教师的引导下看到问题本质。学生通过问题的思考，进行团队合作，初步发现现象与问题之间的联系。这个阶段，教师应为学生在问题解决方法、认知工具的选择上提供帮助，使学生有效地分析问题要点，初步建立现象和问题、资料之间的联系。学生则需要明确问题的核心内容，理解问题背后的学习任务，通过小组讨论形成初步的探究方案。

以设计活动为核心。学习内容上围绕设计活动进行，使得学生经历科学探究的整个周期，在情景感知中发现现象，在问题思考中增加联系生活的能力。根据问题进行活动设计，按设计进行探究，在资料获取和处理中学习和掌握相关的概念，在分析中迁移应用知识的基本方法，内化知识与能力的构建。在整个过程中，学生通过交流、探索、体验而形成一套问题解决的策略，提高综合运用的能力。同时，在学习内容选择时关注学生的最近发展区，结合学生知识和操作使用经验，降低学生在学习活动中的认知负荷。学习内容的设计也注重内部的逻辑性，要将探究任务分为若干个环节和小的任务，以此保证学生在知识掌握上的阶梯性。设计活动并顺利完成过程就是学生自主意义构建的过程。学生在明确问题之后，就是以学生为主体的探究活动的开展，教师根据学生实际的探究情况，对学生的探究活动进行引导。教师应充分作好课前准备，完成活动的设计、学习资源的开发，引导学生以协作探究的方式完成活动任务，调动学生的积极性和主动性。可以采用给出学习单、任务单、导学案等不同的形式，对学生的探究目标、探究方法、各个探究环节的时间等作出大致规划，以确保学生能够对探究活动有一个大致的了解。教师要做学生学习活动中的帮手，满足学生在资源、方法和操作技能上的需要，激发学生个性化、创造性的活动表现，确保探究学习活动高质量地完成。同时可以建议学生采用先自我思考再进行小组讨论的顺序，以确保每一个孩子都能够参与到问题思考和探究的过程当中，学生自主探究过程中教师需要密切注意学生的探究情况，如有需要应及时作出调整。

　　以成果展示为手段。从成果的展示上，作品类具有较强的外显性，能够通过直观的展示进行评价，而对于意识思维层面的目标难以通过直接观察的方式对其水平进行客观量化，则需要采用思维外显工具等进行展示交流，使得内隐目标外显。在新课标背景下，学会正确地将探究过程进行表达，与他人进行交流与思维的碰撞也是新课标背景下对学生数据素养的一项重要能力要求。教师应当为学生搭建一个让学生都能够有充分表达交流观点机会的平台，从而帮助学生更深一步理解学习内容。通过以口头汇报、文档展示、海报、操作演练等不同的形式进行成果展示，通过社会性互动促进二次学习，实现组间智慧共享。同样，学生也能够将自己的作品与他人的作品进行比较，发现自身的优势与不足，促进自我的学习调节。以沟通交流为契机，加强学生对于学习活动过程的回顾与反思，完善学生的知识能力构建，健全学生的知识体系，锻炼高阶思维，培养学生的批判能力。教师在这个过程中，对学生的作品和分享交流进行客观评价，并及时反馈给学生，引导学生开展自我反思与评价。

　　总之，在 I - DO 学习模式下，以发现问题为起点，以描述问题为导向，以设计活动为核心，以成果展示为手段，倡导以探究为主的学习方式，让学生主动参与、动手动脑，经历科学探究的过程；重视师生互动和生生互动，引导学生对所学的知识和方法进行总结、反思和迁移，促进学生自主学习和合作学习。

创意 19

## 调皮小猫闯厨房

学科项目化学习不是学科的活动化，而是学科核心知识在情境中的再构建与创造。[①] 从学科本质看，大观念反映了学科本质的核心知识、思想和价值。[②] 英语学科大观念应该是语言大观念和主题大观念的有机融合体，二者相互依存、互为补充。教师们在语篇教学中容易关注知识点，而忽略了语言大观念和主题大观念的有机融合，忽视了对学生核心素养的提升。本项目化活动中的英语学科语篇教学，采用 I-DO 项目化学习模式，引导学生进行探究，进而在情境中再构造与再创造学科核心知识，有助于提升学生的核心素养。

## 一、活动目标

教师在教学过程中不仅要关注培养学生的语言能力，同时应具备大观念意识，注重学生核心素养的提升。学科项目化学习是一种基于学科知识，围绕驱动性问题，通过持续探究和实践，创造性地解决问题并形成相关项目成果的学习方式。[③] 教师以《牛津英语》课本（上海版） 2AM3U3 Naughty Ginger 语篇

① 夏雪梅. 项目化学习设计：学习素养视角下的国际与本土实践 ［M］. 北京：教育科学出版社，2021：31.
② 王蕾. 新版课程标准解析与教学指导. 小学英语 ［M］. 北京：北京师范大学出版社，2022：22、24.
③ 庄岚. 小学英语项目化学习中驱动性问题研究 ［J］. 校园英语，2023（34）：145—147.

教学为例，进行学科项目化学习活动，在大观念的视域下探究语篇教学对学生核心素养的提升。

## 二、 活动过程

### （一） 观察图片，发现问题

2AM3U3 Enjoy a story： Naughty Ginger 语篇选自《牛津英语》课本（上海版）。此配图故事一共有六幅插图，每幅插图下对应一句文本，组合在一起形成故事的所有内容。 Picture 1 有一张餐桌和两把椅子，文本为："There is a table and a chair in the room."介绍了故事发生的地点以及场景。 Picture 2 有一张餐桌和两把椅子，桌子上还有两个碗。文本为："There are two bowls on the table."继续补充了故事发生的场景。 Picture 3 在 Picture 2 的基础上，椅子上有一只猫 Ginger。文本为： "Ginger is on the chair."故事的主人公 Ginger 登场。 Picture 4 表明了 Ginger 做了什么事。文本为： "look! Ginger can jump." Picture 5 将视线拉到地上，文本为："The bowls are on the floor." Picture 6 文本为："Ginger is under the chair." Ginger 又到椅子下面去了。

教师在 Pre-reading 环节只展示这六幅图请学生观察。学生通过观察图片后发现， Picture 3 和 Picture 4、 Picture 4 和 Picture 5 以及 Picture 5 和 Picture 6 存在一定的情节割裂。最后 Ginger 为什么到了椅子下面，并不能直接找到答案，学生对其非常感兴趣。所以教师设计了具有驱动性的导入问题，以引发学生的思考： Why is Ginger under the chair?

### （二） 讨论问题，制订方案

带着驱动性问题，教师和学生就如何解决这个问题进行了讨论：学生无法独立完成，需要通过老师的引导和同伴的合作才能一步步解开谜团。教师引导学生对语篇进行合作探究，首先需要将割裂的故事线进行串联，进而形成完整的故事；在此基础上梳理清楚故事的脉络；最后探讨解答完问题后，学生从中学习到了什么，进而进行知识的迁移。探究方案总结为以下三点：

1. 进行头脑风暴，补缺故事"留白"。

2. 梳理故事脉络，感知故事要素。

3. 探究主题大观念，升华育人目标。

（三）合作探究，解决问题

1. 进行头脑风暴，补缺故事"留白"。

"留白"源于中国传统绘画中的术语，指画家在作画时有意地对画面留下空白，营造虚实相生的感觉和想象的空间。[①] 本单元的故事，几张图片间存在一定的信息差，给了学生想象和思考的空间。教师根据这些信息差，在While-reading环节，通过Think and guess、Ask and answer等方式，引导学生进行头脑风暴，补全故事的"留白"。例如Picture 3和Picture 4之间存在一定的信息差。Picture 3中，Ginger站在椅子上；而Picture 4直接就说Ginger能够跳上桌子。老师这时就提问了："Why does Ginger jump?"老师根据故事留白的信息差，进行了问题的设置，激发学生开展头脑风暴。很多学生用中文回答出了："可能碗里有Ginger喜欢的食物。"有的语言能力比较好的学生回答："Ginger's favourite food is in the bowls."接着老师继续提问："What's Ginger's favourite food?"学生异口同声回答 "鱼！" / "Fish!"最后老师总结："Oh! Fish is in the bowls! So, Ginger jumps onto the table."巧妙填补了Picture 3和Picture 4之间留白的信息差，给了学生想象和讨论的空间。Picture 4和Picture 5之间也是有信息差留白的。Picture 4表明Ginger能跳，可是Picture 5直接就是碗碎在地上的特写了。不免让学生们产生疑惑，中间发生了什么呢？教师提问："Oh! What happens? Why are the bowls on the floor?"接下来请学生们进行小组讨论。最多的观点是："小猫咪吃鱼的时候太开心了，不小心打掉的。"教师在听完学生的答案后，非常欣慰的一点是，学生们能够站在Ginger的角度进行思考，为Ginger解释，是不小心打碎碗的，体现了孩子们的童真。教师进行总结："Yes. Maybe Ginger breaks the bowls by mistake. The bowls fall off the table and fall on the floor. They're broken. What a pity!"因为二年级的学生英语水平有限，所以教师用中文进行了解释："是的。可能是Ginger不小心打碎碗的。碗从桌上掉到了地上，打碎了。真遗憾呀！"这样就补全了Picture 4和Picture 5之间的信息差了。Picture 5和Picture 6之间也存

---

① 赵梅林. 浅谈英语教学中"留白"的策略 [J]. 学周刊，2023（29）：124—126.

在一定信息差： Picture 5 中，碗在地上打碎了， Picture 6 中陈述 Ginger 在椅子下面。两者之间具有什么样的相关性呢？教师提出驱动性问题： "Why is Ginger under the chair?"学生在谈论后，得到了统一结论："Ginger 很害怕，所以躲到椅子下去了。"害怕的原因不尽相同。有的学生说："碗打碎的声音太响了， Ginger 吓着了。"有的学生说："因为 Ginger 害怕它的主人怪它。"两种解释都说得通。所以学生经过头脑风暴后，也补全了 Picture 5 和 Picture 6 之间的信息差。在将故事的所有图片之间的信息差补全后，整个故事的逻辑显得更加清晰，故事线更加流畅。学生在讨论的过程中，润物细无声地理解了何为一个逻辑严密的故事。这样，一篇完整的故事呈现在学生们的眼前，而每位学生都能感受到自己是这篇故事的参与者，在真实的情境中沉浸式感受故事，积极思考，提升了学生的学习能力，有助于学生形成语言大观念。

2. 梳理故事脉络，感知故事要素。

从学科内视域出发，语言大观念指的是学生在学习和使用语言的过程中，感知与体悟语言是理解和表达意义的知识结构、方法策略和学习观念。例如，学生在学习一篇记叙文的过程中，能够逐步感知记叙文的"六要素"（when, where, who, what, why, how），这就是一个关于语篇类型知识、基于学科本体的可迁移的语言大观念。[1] 本课的配图故事主要的语言目的是帮助学生巩固本单元核心句型 There is/are 的用法，巩固方位介词（in, on, under）的用法。情节上根据二年级小朋友的年龄和英语知识的储备情况，设置上比较简单。教师在 While-reading 环节的教学过程中，设置了 Ask and answer 环节，引导学生找一找故事的要素。最终，在补全"留白"后，学生顺利找到了故事的六要素。"when"：全篇为一般现在时，所以故事发生在现在。"where"：根据 Picture 1 可知，故事发生在 room（房间）里。 "who"：故事的主人公为小猫 Ginger。"what"：根据 Picture 3 和 Picture 4 可知，故事经过就是 Ginger 看到桌子上有两个碗，跳上了桌子。"why"：根据 Picture 3，可知故事发生的起因是 two bowls（两个碗），可能 Ginger 看见了里面有自己喜欢的食物，所以它要跳

---

① 王蔷. 新版课程标准解析与教学指导. 小学英语［M］. 北京：北京师范大学出版社，2022：26.

到桌上去够两个碗。"how"：根据 Picture 5 和 Picture 6，通过对驱动性问题的探究和回答，故事的结果是，碗掉在了地上摔碎了，Ginger 因为惊吓或害怕主人责怪，所以躲到了椅子下面去了。教师带领学生梳理清楚了故事的时间、地点、起因、经过、结果，在潜移默化之中让低年段的学生感知记叙文的要素，为中高年级说一个故事、写一个故事打下坚实的基础，提升学生的语言能力，帮助学生形成语言大观念。

3. 探究主题大观念，升华育人目标。

语言大观念致力于通过提升学生的语言知识来促进学生语言能力的发展；主题大观念则把课程育人作为英语教学的主要目标，致力于在促进学生成长与发展的主题意义的构建过程中，促进学生语言知识与语言技能的整合发展，最终服务于立德树人的英语教学目的。[①] 2AM3U3 单元大主题为 "In the kitchen"，主要是在厨房中发生的对话和故事。在本单元每个课时的 Post-reading 环节，教师都会引导学生构建语篇的小观念，并在此基础上引导学生建立起小观念之间的联系，进而探究主题的大观念。第一课时的语篇为 Look and say 的对话，学生从语言和主题方面了解到了厨房中的厨具以及如何询问厨具的数量；第二课时的语篇为 Say and act 的对话，学生从语言和主题方面了解到了厨房中厨具的作用以及厨房是家庭中重要的职能部门：烹饪；第三课时，即本课时，在探究语篇小观念时，教师在 Post-reading 环节先请学生总结配图故事的标题，在 PPT 上展示 "＿＿＿＿＿ Ginger"。教师通过将标题进行留白处理，在教学过程补充完故事图片的信息差后，请学生进行思考和总结，并给出学生一个提示："这是一个形容词，形容 Ginger 特点的。"学生一开始不是很明白，不假思索地回答道："Lovely/Cute/Fat/Small Ginger"等。在平时这样形容小猫咪是可以的，但是在具体的语境中，上述几个形容词显得不太准确。教师继续引导："Look at picture 3 and 4! Ginger can jump. He jumps onto the table. The bowls are on the floor! Wow! He is ＿＿＿＿＿."学生在教师的引导下，通过分析总结，很多学生回答出了 "naughty"（在 1AM4U2 核心单词 monkey 教学时补

---

① 王蔷. 新版课程标准解析与教学指导. 小学英语［M］. 北京：北京师范大学出版社，2022：26.

充过 monkey 的特征是 naughty）。这也回答了驱动性问题： Why is Ginger under the chair？进而，学生得出了语篇的小观念：在厨房中不能太顽皮，不然容易闯祸，要爱惜厨房。通过三个课时对主题大观念的探究，最终构建并生成关于这一主题的大观念：要爱惜厨房和厨具。学生能够用所学的语言、知识、方法和策略来表达个人对厨房这一主题的新的结构化认知、态度、价值判断和行为选择，有利于提升学生的思维品质和文化意识，实现育人目标的升华。

**（四）形成成果，课堂展示**

在课堂展示环节中，第一步：学生通过图片和文本框架（图 4-2 所示）的提示进行故事复述，实践体验这个故事；第二步：准备好道具（桌子、椅子、碗、小猫玩偶等），学生作为旁白，边演边用自己的话讲故事，在真实的情境中进行构建运用；并在结尾用自己的语言说一说通过这个故事学到了什么，在生活中如果是自己碰到这种情况该如何处理，从而做到迁移转换，解决生活中的问题。

## 三、 活动评价

教师在小学低年段故事的教学过程中，以导入问题 "Why is Ginger under the chair？" 为驱动，通过引导学生进行头脑风暴，补缺故事"留白"；梳理故事脉络，感知故事要素；探究主题大观念，升华育人目标等方式，帮助学生进行语言的学习以及核心素养的提升，取得了不错的效果。教师在观察学生的反馈中发现：学习能力比较强的学生更积极地用英语进行表达；学习能力中等的学生更加积极参与课堂的讨论；学习有困难的学生，也渐渐地爱上了英语学习，不会觉得英语学习很枯燥无聊。本活动不仅提升了学生的学科大观念，还有助于提升学生的学科核心素养。教师在今后的语篇教学中也会多探索此类学科项目化活动。

## 四、 活动反思

教师因为能力与阅历有限，在课堂实践的过程中难免会存在一些缺陷。比如，在"进行头脑风暴，补缺故事'留白'"中，教师旨在打开学生的思维，但实践中教师发现有的学生的想象力会比教师更加丰富，角度也比较独特。教师要进一步研究儿童心理学，走进孩子内心，努力了解孩子的思想。

教师在今后的教学中，要继续帮助学生发挥和发展语言能力，培养文化意识，提升思维品质，提高学习能力，运用所学解决现实生活中的问题，让英语学习真正做到：做中思，做中学，做中创。

创意 20

# 数字化生态种植

随着低碳生活理念的逐步深入与推广，同学们对校园环境的关注也越来越密切，不少同学对植物种植产生了浓厚兴趣，然而同时他们也发现不同植物对生长环境与养护方式的需求不尽相同，如果不经思考或研究贸然进行种植不仅会伤害植物本身，更发挥不了植物净化空气、美化环境的益处。因此，学校组建项目活动团队，带领同学们利用数字传感器与信息技术设备对植物的生长过程展开监测和研究，在充分了解植物习性后，为植物提供适宜的养护环境以及合理的养护措施，从而更好地发挥植物改善环境的重要作用及衍生价值。

## 一、 活动目标

根据我校 I－DO 课程的目标体系，本活动的目标主要关注以下几个方面：

1. 通过观察校园中植物的生长状态，合理提出疑问并思考利用数字化手段有效探索植物的生长条件。

2. 通过团队成员之间的讨论、分工、合作，合理发挥各成员的优势，协调完成实验方案的制定、实验环境的创设与实验数据的采集等阶段任务。

3. 通过客观分析实验数据，得出科学结论，为帮助植物找到适宜的生长环境与合理的养护措施提出恰当建议。

4. 通过查阅相关资料，学会运用文献研究支持结果分析，同时挖掘植物的潜在价值，更好地发挥校园植物的衍生作用。

## 二、 活动过程

### （一） 观察现象，发现问题

进入初中学习阶段之后，不少学生对绿色植物的种植产生了愈发浓烈的兴趣，同时，随着学科知识的不断丰富，孩子们对植物的探索不再局限于观察其外表形态，而是更关注它们的生长过程。一方面，有的学生在了解了植物的光合作用与呼吸作用之后，也对植物改善环境的重要作用有了更深刻的认识。另一方面，学生对植物的养护过程产生了不少疑问。例如，七年级有位同学家中种植了一盆薄荷盆栽，恰巧，他所在的班级教室中也有一盆薄荷盆栽，然而，两盆薄荷盆栽在不同的环境中长势差异明显。不仅如此，同样在校园环境中，学校屋顶种植的薄荷植株与教室中的同种薄荷植株的生长状态也有区别。由此，学生不禁提出疑问："环境对植物的生长究竟会产生怎样的影响呢？"以此为契机，学生自发组成活动团队，打算对这个问题一探究竟。

发现问题是探究过程的起点，一个好的问题能够有效指引探究过程的大致方向，同时，项目化学习关注学生在真实情景中发现问题并解决问题的能力。因此，探究问题的选择应充分尊重学生的自主意愿，要源自学生的真实生活。本案例中，教师充分挖掘学生对植物的浓厚兴趣，并借由养护班级绿植、参观屋顶花园等小活动小任务，润物细无声地引导着学生观察并发现身边的细微现象，从而由学生自主确立探究主题。

### （二） 思考方案，制定计划

小组成员们针对自己的困惑首先展开了头脑风暴，大家在仔细分析比对了两处薄荷盆栽的生长环境后发现，它们在原始植株大小、浇水频次、环境温度等方面的区别均不明显，而最有可能导致其长势差异的环境因素是"光照"。由此，大家提出假设：光照对薄荷植株的生长有较大的影响。然而，这仅是同学们的猜测，如何验证这一假设呢？小组成员们很快想到了运用实验方法；那么怎样获取更准确、更具说服力的实验数据呢？大家一致认为数字化传感器是目前的最优选择。于是，在确定了实验方向和实验技术手段之后，组员们开始对活动的具体阶段任务进行梳理和明确，并按照各自的特长优势进行分工、开展合作（如图4-1）。

**图4-1　学生在进行薄荷植株分装**

设计方案是开展具体探究活动的基础，在设计方案的过程中学生不仅能够训练科学思维，明确研究方法，更能在与同伴思维碰撞、制订计划的过程中，不断修正、完善设计方案，为之后的研究打好基础。本案例中，学生通过多次观察与讨论，排除了一些干扰因素，最终他们猜测"光照"为影响植物生长差异的关键因素，并由此确定后续的时间场地、材料设备、采集方法等具体要素。

**（三）合作探究，收集数据**

1. 创设实验环境，搭建探究平台。要将生活中的问题运用实验方法进行解决，首先需要创设相应的实验环境。学生们以往多是纸上谈兵，或是按照老师的要求进行实验，自主设计实验方案并落实执行的机会并不多。秉承 I－DO 项目的理念，该活动从方案的提出、设计到最终的执行和落实均由学生自主完成，教师在此过程中进行引导，尊重学生的想法，辅助学生完成这一实践任务。因此，组员们在确定了探究问题"光照对薄荷植物的生长会产生怎样的影响？"之后，依次做出了"实验盆栽如何选择？实验仪器怎样挑选？实验的时间与场地有何要求？实验数据怎样收集？"等一系列相关细节问题的决策，最终按照他们自己的实验意图成功搭建了一处模拟实验环境，完善了属于他们自己的探究平台（如图4-2）。

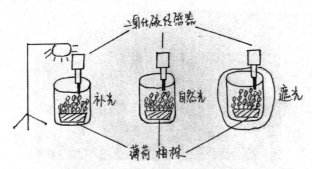

图4-2 学生的实验设计示意图

2. 设置对照实验，精准数据分析。为了提高实验结果的准确性，学生们根据已有的知识基础确保了实验过程的客观严谨。首先，他们完成了实验对照组的设置，即搭建了三个光照条件不同（遮光、室光、补光）的薄荷盆栽实验组；其次，将它们置于密闭容器内，利用数字传感器实时采集三个容器内二氧化碳含量的数据。大家一致认为，测定密闭容器内二氧化碳含量的变化不仅能显示出不同光照条件下薄荷植株光合作用的效率，也能直观地体现出绿色植物对温室气体的吸收效果，进一步反映出养绿护绿对改善大气环境、践行低碳生活理念的意义所在。此外，学生在实验过程中对控制变量法的运用也比较到位，例如尽可能确保三盆植株的大小、密闭容器的容积、所处环境的温度通风等条件基本保持一致。再结合信息技术手段，使最终得到的实验数据更具说服力。

3. 多次平行实验，解答心中疑惑。学生在初次实验过程中，得到一组数据（如图4-3）。在进行数据分析时他们发现，薄荷植株在三个不同光照强度下的密闭容器内释放的二氧化碳含量差异十分明显，这表明该植物的光合作用效率受光照强度影响较大，且光照越强，二氧化碳含量越低，表明其光合作用效率越高，净化空气的效果也越好，验证了大家之前的假设。然而，细心的孩子们却也发现了新的问题，有人提出，三条曲线的起点差异显著，这说明三个对照组中的二氧化碳浓度从一开始就存在较大差异，是仪器误差还是操作问题？大家不禁产生疑惑："这样的数据真的能客观解释生活中的现象吗？"

为了减少误差，提升数据的说服力，同学们决定进行第二次平行实验。这次，他们将三个传感器放置在大气环境中静置了10分钟进行校准，使三者的初

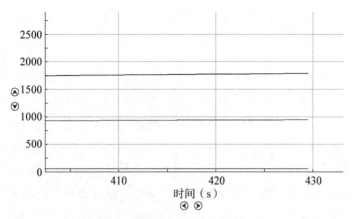

**图4-3 第一次平行实验数据**

始二氧化碳浓度基本保持一致，以减少仪器本身所带来的误差，解决了第一次实验中的初始值差异问题，最终得到了以下数据（如图4-3）。在本次实验中，同学们发现了补光条件下的薄荷植株释放的二氧化碳含量呈现较为平缓的变化趋势，而自然光与遮光条件下的二氧化碳则呈现出较为明显的上升趋势。这样的结果与同学们的预测不尽相同，有学生表示困惑："书本上曾指出白天植物光合作用的速率远大于其呼吸作用速率"，而依据生活经验，大家也一直认为绿色植物在白天有较好的吸收二氧化碳并且释放氧气的能力，为什么实验数据却会显示光照条件下薄荷植株的二氧化碳含量不仅没能减少，甚至反而出现了相反的变化呢？

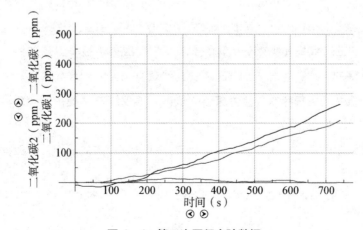

**图4-4 第二次平行实验数据**

于是，大家再次对自己的实验过程展开反思。通过不断的思考与讨论，询问老师与专家，孩子们产生了以下推测：薄荷植物的量太少，无法清晰明确地体现出其光合作用与呼吸作用的效果；三个对照组中的薄荷植株均没有进行过暗处理，不符合实验公平性原则；实验数据采集的时间较短，无法完整体现曲线走势全貌。基于以上猜测，同学们在老师的鼓励下决定进行实验改进，他们增大了三个实验组中的薄荷植株数量，并将三盆植株均在黑暗环境下放置 24 小时，以消耗之前积存的有机物，同时延长数据采集时间，完成了第三次实验。

大家一致认为第三次实验从对照组设置到数据采集都尽可能确保客观公正，得到的结果可信度最高（如图 4-5）。于是，同学们以此为据展开了深度分析。不难发现，三条曲线的走势清晰，随着光照强度的增加，薄荷植株释放的二氧化碳浓度呈现出三个不同的走势梯度且差异逐渐增大，表现出薄荷植株喜光的特性；而从单一曲线来看，每种条件下的薄荷植株释放的二氧化碳却呈现出上升趋势。为了解释这一现象，同学们查阅文献资料，并在与老师、同伴的讨论交流中逐渐形成了有依据的猜测。文献资料中曾指出薄荷植株的种植环境除了会受到光照的影响之外，也会受到温度的影响，它的适宜种植温度在25℃—30℃之间。而孩子们的几次实验日期均在气温为 30℃以上的春夏天，这在一定程度上会导致植物的光合"午休"，即薄荷植株在一定温度范围内的净光合速率会随温度的升高而升高，超过一定温度范围则呈现下降趋势。由此，大家推断，较高的温度反而对薄荷植株吸收二氧化碳的效率有所抑制，出现了二氧化碳浓度不降反升的状况；此外，植物的种植密度对其光合作用速率也有影响。有文献曾指出，随着薄荷植株种植密度的增高，会直接影响其"光量子通量密度"，进而减弱植物的最大净光合速率。[①] 故这也是导致薄荷植株二氧化碳浓度升高的可能因素之一。结合这些文献观点与自主实践后的实验数据，大家对薄荷植株的生长特性有了更深层的认识，不仅解答了最初的疑惑，而且有意外的收获与体会。

数据采集的本质亦是探究过程中收集证据验证观点的过程，对数据的准确

① 李涛，姜闯道. 密植对薄荷叶片光系统 II 功能的影响 [J]. 植物生理学报，2017，53（7）：1279—1286.

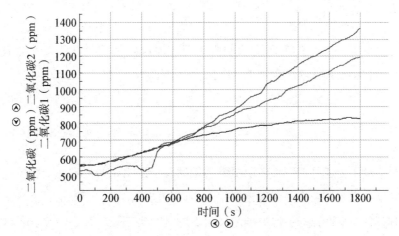

图4-5 第三次平行实验数据

分析既能帮助学生锻炼思维品质，也能引导学生反思实验行为，做出实验改进。本案例中学生采用了 DIS 实验系统采集了三种不同光照条件下植物在密闭容器内的二氧化碳含量变化，不难发现，运用数字化手段得到的实时数据连续且精准，对学生之后的实验走向以及最终结论的得出具有重要的指导意义。在本案例中，学生不仅在数据中发现了实验误差的存在，更通过讨论、反思、查阅文献等方法努力寻找导致误差产生的原因，而数字图像的直观呈现也能很好地帮助学生养成尊重客观事实、用数据说话的严谨探究的精神。

（四）形成修订，成果展示

同学们在本次活动之后对薄荷植株的生长特点有了基于实践探索和文献支持的深入了解，而将研究结果应用于自己的生活、服务于校园的真实场景更是同学们的迫切愿望，而这也充分体现出本次活动源于生活、用于生活的根本价值和意义所在。因此，本次项目活动的最终成果除了基于实验过程的研究性报告之外，还有学生精心绘制的基于研究结果的校园屋顶薄荷植株的选址养护设计图。将实践研究转化为改善真实生活的手段，方能学有所出、学以致用。

成果展示既是对探究过程的总结，亦是教师作出客观评价、学生进行自我评价和相互评价的重要依据。同时，学生和教师都能在成果展示的过程中对自己的学习、教学展开反思，以期在之后产生更有效的迭代教学。在本案例中，学生最终运用研究结论为校园屋顶薄荷植株的选址及养护提出了宝贵建议，而解决这一真实生活中的问题也让他们更深切地体会到了项目学习的价值和意义，并最终将其内化成自我肯定、自我成长的动力。

## 三、 活动评价

在活动中，通过评价表可以多维度地体现出学生在各不同环节中的具体表现，客观、充分、全面地体现出学生各方面的能力水平，而学生在自评、互评以及师评的多角度评价中也更能发现自身的优势与不足，找到自己、同伴和老师眼中的自身差异，明确之后需要努力与改进的方向。同时，评价表的活动指向性较强，能较完整地体现活动的实施目标、重点和过程，以此帮助学生对照自己的具体表现在活动过程中及时调整，在活动完成后做好反思，提升整个综合实践活动的价值和意义。

整个活动在评价方面分为过程性评价和结果性评价。其中过程性评价聚焦学生的团队协作、实验分析、报告撰写等各项能力，结果性评价主要关注研究报告的质量和校园植株选址养护设计图的有效性、可行性等。具体评价框架如下（见表 4-1）：

表 4-1 数字化生态种植活动评价表

| 活动环节 | 评价内容 | 自评 | 互评 | 师评 |
|---|---|---|---|---|
| 提出问题的能力 | 1. 能够发现薄荷盆栽在不同环境下的生长差异。 | ☆☆☆☆ | ☆☆☆☆ | ☆☆☆☆ |
| | 2. 能提出光照强度是影响薄荷生长的重要因素。 | ☆☆☆☆ | ☆☆☆☆ | ☆☆☆☆ |
| | 3. 能发现密闭环境内二氧化碳含量的变化趋势。 | ☆☆☆☆ | ☆☆☆☆ | ☆☆☆☆ |
| | 4. 能认真查阅相关文献资料，对新问题提出相关检测和假设。 | ☆☆☆☆ | ☆☆☆☆ | ☆☆☆☆ |

| 活动环节 | 评价内容 | 自评 | 互评 | 师评 |
|---|---|---|---|---|
| 设计实验的能力 | 1. 能较完整地列出实验所需的相关器材。 | ☆ ☆ ☆ ☆ | ☆ ☆ ☆ ☆ | ☆ ☆ ☆ ☆ |
| | 2. 能运用对照思想，设置相应的实验对照组。 | ☆ ☆ ☆ ☆ | ☆ ☆ ☆ ☆ | ☆ ☆ ☆ ☆ |
| | 3. 能运用控制变量思想，完善实验对照组的设置。 | ☆ ☆ ☆ ☆ | ☆ ☆ ☆ ☆ | ☆ ☆ ☆ ☆ |
| | 4. 能自主动手完整搭建相应的实验对照组。 | ☆ ☆ ☆ ☆ | ☆ ☆ ☆ ☆ | ☆ ☆ ☆ ☆ |
| | 5. 能提出二氧化碳作为相应的实验检测对象。 | ☆ ☆ ☆ ☆ | ☆ ☆ ☆ ☆ | ☆ ☆ ☆ ☆ |
| 数据分析的能力 | 1. 能运用计算机、二氧化碳传感器等设备收集相关数据。 | ☆ ☆ ☆ ☆ | ☆ ☆ ☆ ☆ | ☆ ☆ ☆ ☆ |
| | 2. 能读懂二氧化碳变化曲线图，描述数据变化趋势。 | ☆ ☆ ☆ ☆ | ☆ ☆ ☆ ☆ | ☆ ☆ ☆ ☆ |
| | 3. 能结合具体数据，验证自己的假设，得出相应的结论。 | ☆ ☆ ☆ ☆ | ☆ ☆ ☆ ☆ | ☆ ☆ ☆ ☆ |
| | 4. 能整合实验活动的完整过程，撰写研究报告，绘制选址养护设计图。 | ☆ ☆ ☆ ☆ | ☆ ☆ ☆ ☆ | ☆ ☆ ☆ ☆ |
| 合作交流的能力 | 1. 能与同伴顺畅交流并清楚表达想要研究的问题。 | ☆ ☆ ☆ ☆ | ☆ ☆ ☆ ☆ | ☆ ☆ ☆ ☆ |
| | 2. 能倾听同伴不同的想法，并尊重同伴的建议或意见。 | ☆ ☆ ☆ ☆ | ☆ ☆ ☆ ☆ | ☆ ☆ ☆ ☆ |
| | 3. 能在与同伴合作过程中共同解决目标问题。 | ☆ ☆ ☆ ☆ | ☆ ☆ ☆ ☆ | ☆ ☆ ☆ ☆ |

## 四、 活动反思

总之，本次项目活动是学生首次体验从真实校园生活出发，通过观察身边的细微现象来发现可探究的问题，学习并尝试运用各种方法与手段来答疑解惑，最终应用探究结果来解决身边的实际问题。整个活动过程中，学生与教师都有颇多收获。

从学生角度来看，最大的成长是成为学习的主导者，既充分发挥了自身的主观能动性，也真切体验了一回科学探究的曲折与不易。整个活动从现象的发现、问题的挖掘、方案的实施到最终结果的呈现与应用都以学生的主动学习为引领依次展开。而在具体实验过程中，学生曾几经波折却始终无法获得理想结果，而最终，也是他们自己在多次的反思、讨论、改进中不断修正实验方案、完善实验数据、提升实验信度，为自己的研究添砖加瓦。因此，在本次活动中，学生的收获不仅仅是得到一个实验结果或完成一份研究报告，更是拥有主动发现的兴趣、动手实践的乐趣以及克服困难的勇气。

此外，教师在整个活动过程中的收获也很多。教师是整个活动的启发者与辅助者，在学生感到疑惑或遇到困难时适时启发，给方法而不是给答案，给思路而不是给结果。甚至有些问题，教师也是第一次遇到，这时便需要自我充电，寻求更专业的支持与帮助。因此，无论是教学方法还是专业素养，教师都在陪伴学生成长的过程中自我成长。所谓教学相长，应是如此。

最后，师生对数字化设备在整个活动过程中的帮助与作用也颇有感触。学生运用数字传感器进行植物生长参数的采集，也正因为有了精准数据的呈现，也才能让学生发现细微差错并及时反思实验方案的设计与实施是否合理，能否客观展现植物生长状态，从而及时修正探究方向。一句话，即数字引领实践活动的开展。因此，借助数字传感器以及信息技术手段的探究活动亦能培养学生用数据说话的严谨态度以及尊重客观事实的探究精神。

**创意 21**

# 无人机搜救

我国教育部于 2017 年 10 月颁布《中小学综合实践活动课程指导纲要》，这次正式颁布的文件覆盖了从一年级至初三年级的综合实践活动课程，为未来综合实践活动课程发展指明了方向，标志着中小学综合实践活动课程的发展进入了一个全新的阶段，① 并且明确指出："综合实践活动是从学生的真实生活和发展需要出发，从生活情境中发现问题，转化为活动主题，通过探究、服务、制作、体验等方式，培养学生综合素质的跨学科实践性课程。"②

2022 年 3 月，我国教育部颁发了《义务教育课程方案和课程标准（2022 年版）》，明确指出："进一步深化课程改革，强调课程综合性和实践性，推动育人方式变革，着力发展学生核心素养。""设计跨学科主题学习活动，加强学科间互相关联，带动课程综合化实施，强化实践性要求。"③ 在科目设置中将科学和综合性实践活动起始年级提前至一年级，综合实践活动侧重跨学科研究性学习、综合实践活动。

本案例依托校园资源包"趣·十一"中"'上''理' 5 问"板块的"话说无人机"为内容，结合装备中心无人机，用 I－DO 学习模式的方式，进行综合

---

① 黄琼. 综合实践活动课程的核心立意与实施策略［J］. 中国教育学刊，2018（02）：68—72.
② 中华人民共和国教育部. 中小学综合实践活动课程指导纲要［M］. 北京：北京师范大学出版社. 2017：1.
③ 中华人民共和国教育部. 义务教育课程方案（2022 年版）［S］. 北京：北京师范大学出版社. 2022：14.

实践活动学习。以"飞行工具"与"操控方式"为话题，先由与飞天相关的古代发明到现代技术，再从飞行工具的外形观察至原理浅析，带领学生认知飞行器的普遍特点及属性；同时，从操控方式的层面，主要将"有线操控"和"无线操控"进行对比，了解无线遥控技术广泛且成熟的应用，进一步引导学生从认识到接受，并能熟练操作摇杆无人机手柄；此外，通过运用仿真飞行教具和积木式教育无人机，用真实模拟平台让学生体验无人机的驾控平衡感，在拼装积木式教育无人机的过程中，促进学生了解简易飞行器的基本构成；最后，根据不同的主题背景，基于无人机广泛的功能与用途，各组学生发挥想象，创设故事情节，结合场景布置、地图物障摆放、角色设计，进行一次关于"物资输送、勘察检测、抢险搜救"等相关剧情的航线飞行技艺小组展示。

## 一、活动目标

根据我校 I-DO 课程的目标体系，将本项目的目标定为以下 4 个目标：

1. 通过"无人机知识知多少"活动，了解航空器的历史与文化，知道无线控制的方式，在了解无人机发展的过程中，增强民族自信心和自豪感，有关注我国科技发展的意识。

2. 通过"拼装无人机"活动，知道无人机的基础结构，学会无人机的简单拆装，有爱护器材的意识。

3. 通过"无人机飞行"活动，知道无人机的飞行原理和飞行技巧，能操控无人机，有安全操作的意识。

4. 通过"无人机创意飞行"活动，能列举无人机应用的实际场景与功能用途，能围绕主题创设情节和飞行路线，构造地图并摆放角色展示无人机的应用，领会无人机对人类生产、生活的重要性。

## 二、活动过程

### （一）观察现象，发现问题

随着 5G 技术、人工智能、无人机等领域的蓬勃发展，学生对此高科技领域抱有浓厚的兴趣。为了迎接 2022 年亚运会，进行了"看见·亚运"无人机展演。在亚运会上，无人机也大显身手，进行了高科技的护航。无人机还有什么用途呢？我们能否操控无人机结合故事用表演的方式给其他同学呈现无人机的用途呢？学生带着这些问题进行了活动实践。

通过播放亚运会无人机展演的视频，吸引学生的注意力，为接下来无人机项目活动的开展营造氛围，让学生感叹科技的伟大，从而对无人机产生兴趣。

**（二）思考方案，制订计划**

无人机很酷，可是谁也没有操控过。在老师的帮助下，同学们制订了自己的计划，首先要了解无人机的有关知识，其次要进行无人机的操控训练，然后要自己组装无人机，接着要编故事、做道具，最后进行无人机的飞行展示。

学生明确核心任务，继而进行小组合作，制订计划，作好心理准备。

**（三）合作探究，收集证据**

**活动一：无人机知识知多少**

1. 自古飞天梦，人类飞行史

从我国的嫦娥奔月神话故事、风筝到乔治·凯利的投掷式模型滑翔机，从莱特兄弟"飞行者1号"到如今形态各异、功能不同的无人机，以时间轴的发展顺序，让学生了解飞行器的发展史，感受人类科技进步，激发民族自豪感。

通过图片、视频、故事等不同的形式，以时间的发展顺序为轴线，让学生了解飞行器的发展历史，同时，在了解的过程中感受到科技的进步，为后续了解不同的控制方式奠定知识基础。

2. 辨操控方式，比技术优势

通过交流、分类等方式，对比传统、现代的不同操作载具方式，认识到控制方式有无线控制和有线控制两种。在交流过程中，认识到了科技进步和发展。无线信号已愈加趋于稳定且可靠，用在了生活中的方方面面。同时，认识遥控器是无人机平台中最简单也是最常见的地面控制系统。

以学习单为支架，结合学生日常生活使用经验，了解控制方式的不同。

3. 知飞行姿态，懂遥感操控

通过观看"航拍追踪：无人机取景特写""分镜演示：无人机遥控操控"视频，知道遥感控制与飞行姿势。通过观察无人机飞行姿态，结合流程图说明，认识无人机遥控器功能定义，了解正确操控的方法。根据遥控器左右摇杆控制方向的不同，了解通常遥控器的操作有"美国手"和"日本手"两种模式。

通过视频、实物操作了解无人机遥控器的功能定位，为后续飞行打下基础。

**活动二：拼装无人机**

*1. 分解知结构，动手能组装*

学生通过拼装"积木式教育无人机"，在积木式的拼搭中降低了难度，与学生的动手能力相匹配，降低了难度，杜绝了学生在拧螺丝等精细动作中不熟练这一问题的发生。结合视频和无人机的构造图，学生对无人机的结构和组成形成了一个初步的概念，了解了无人机的架构组成和它们分别的作用。

以拼装的积木为基础，降低了学生操作的难度，符合学生的最近发展区，在拼装的过程中了解无人机的组成。

*2. 机型分种类，应用多场景*

通过上网查找资料、询问老师、请教专家，学生认识了无人机的不同种类。学生通过集体讨论，了解无人机目前的应用场景，知道无人机的优点在于成本低、效率高、使用方便，有较为广阔的前景。同时学生畅想未来：随着无人机与我们生产生活关联越来越紧密，无人机有哪些更多的用途呢？为后期创作提供了思路。

通过前期的知识储备和引导，以学生为主体，通过小组合作讨论的方式，了解无人机的应用，教师根据学生资料搜集的情况进行适当的引导。

**活动三：无人机飞行**

*1. 列举飞行器，解析动力源*

通过视频观察客货机、战斗机、模型飞机、风筝等不同类别飞行工具起飞的视频，了解不同飞行器的动力原理，突出无人机的应用价值。

*2. 体验平衡感，试飞模拟机*

为了寻找平衡板，在体育活动中寻找到灵感，用垫板端平乒乓球，找到平衡，为后续试飞作铺垫。

由于学生初次尝试无人机，在使用上存在风险，一开始对于控制器的操控没有那么精细，容易引起无人机撞墙等危险行为，造成人员或者无人机的伤害。因此依托装备中心设备，使用 T100 进行桌面模拟飞行。认识真机模拟平台软件和飞行平台，了解使用方法。教师演示飞行平台软件，引导学生完成初级关卡，掌握正确的操控方法。学生通过闯关模式进行练习，在趣味闯关的同时能够练习无人机的操控。

通过乒乓球、模拟机等多种形式，锻炼学生的平衡感，为后期真机飞行打下技能基础。

3. 闯关智练习，比拼热身赛

一开始在操作过程中，学生初次接触，两三次都闯不过第一关，但是经过几次尝试，找到平衡感之后，有的甚至可以一口气闯过十关。在观察他人操控飞行、自己飞行的过程中，学生总结：手部动作要轻微，不能幅度太大，当达到平衡状态时（即灯是绿色的时候），就要稳住，有一些轻微移动，就能很好地操控无人机。

同时，四人一组，学生不仅是在和自己比赛，看自己能闯过多少关，也是在和组内的学生比赛：我能不能连续闯关呢？我能不能打破其他人的纪录？在比赛的同时激发了学生的学习兴趣。

智慧闯关练习激发了学生的积极性，在一关关的模拟飞行中，通过多样化的练习，学生的操控能力和随机应变能力也得到了锻炼。

**活动四：无人机创意飞行**

随着科技的进步，原来许多需要花费大量人力物力的工作都可以被无人机替代，大大降低人力成本，提高效率，减少风险。学生展开发散性思考，以上这些场景中用无人机后有哪些优势？结合无人机的实际应用场景，学生设计故事，创编情节，设计飞行路线，用三角锥、圆圈等构造地图，模拟森林、高楼等不同环境，为试飞表演作准备。

教师提供学习单，为创意飞行提供支架。根据编纂的情节，将不同的道具设定为不同物品，让无人机进行绕圈飞行、S 飞行、空中 360 度翻滚等不同难度的飞行。

**（四）形成修订，成果展示**

学生通过小组合作的方式，进行场景模拟，把桌面上的三角、圆等障碍物想象成森林中的大树等，进行搜救，锻炼了学生的操控能力，也培养了他们的空间想象能力。

## 三、活动评价

表4-2 活动一 评价表

| 评量内容 | 评价标准 | 达成情况 |
|---|---|---|
| 学习成果 | 能知道飞行器的发展历史。 | |
| | 知道控制方式分为有线控制和无线控制。 | |
| | 能举例说出无人机三个以上的运用。 | |
| | 能控制无人机进行飞行。 | |
| 学习兴趣 | 能保护器材,安全进行飞行。 | |
| 学习习惯 | 每位成员都承担了相应任务,完成分内工作。 | |

表4-3 作品展示评价表

| 作品名称: | | 小组名称: | | |
|---|---|---|---|---|
| **评估项目** | **自评等级** | **互评** | **师评** | **建议** |
| 操控流畅性 | ☆ ☆ ☆ ☆ ☆ | ☆ ☆ ☆ ☆ ☆ | ☆ ☆ ☆ ☆ ☆ | |
| 情景故事性 | ☆ ☆ ☆ ☆ ☆ | ☆ ☆ ☆ ☆ ☆ | ☆ ☆ ☆ ☆ ☆ | |
| 道具创意性 | ☆ ☆ ☆ ☆ ☆ | ☆ ☆ ☆ ☆ ☆ | ☆ ☆ ☆ ☆ ☆ | |
| 总计 | 自评: 颗星 | 互评: 颗星 | 师评: 颗星 | |
| 作品介绍: | | 总评: | | |

表4-4 综合能力评价表

| 姓名: | | 小组名称: | | |
|---|---|---|---|---|
| **评估项目** | **自评等级** | **互评** | **师评** | **建议** |
| 无人机知识 | ☆ ☆ ☆ ☆ ☆ | ☆ ☆ ☆ ☆ ☆ | ☆ ☆ ☆ ☆ ☆ | |

| 评估项目 | 自评等级 | 互评 | 师评 | 建议 |
|---|---|---|---|---|
| 无人机拼装 | ☆ ☆ ☆ ☆ ☆ | ☆ ☆ ☆ ☆ ☆ | ☆ ☆ ☆ ☆ ☆ | |
| 无人机操控 | ☆ ☆ ☆ ☆ ☆ | ☆ ☆ ☆ ☆ ☆ | ☆ ☆ ☆ ☆ ☆ | |
| 有序分工合作 | ☆ ☆ ☆ ☆ ☆ | ☆ ☆ ☆ ☆ ☆ | ☆ ☆ ☆ ☆ ☆ | |
| 总计 | 自评：　　颗星 | 互评：　　颗星 | 师评：　　颗星 | |
| 我的收获： | | 总评： | | |

## 四、 活动反思

　　本次活动由于无人机的电池续航较短，需要充电一小时左右才能飞行 5 分钟，导致学生每周训练飞行技巧的时间很短，故后期进程较慢。同时，由于无人机体量较小，对操控的要求较高，需要的空间和场地较大，当初设想的桌面飞行无法实施，只能在室内体育馆等大型的室内场所进行，从而导致了展演的效果欠佳。

创意 22

## 小鸡孵化

创造性问题解决是教育的重要目标。我们的教育应该创造机会让学生能对经验、行动或事件作新颖的、有意义的诠释,有机会解决日常的、复杂的真实问题,发展自己的创造性。[①] 为此,我校提出的 I-DO 学习模式化知识为智慧(Intelligence),以此建立项目目标,通过发现现象(Discover)——描述问题(Describe)——设计活动(Design)——成果展示(Demonstrate)进行项目实施。在多资源、多路径、多场域、多渠道中,进行开放的(Open)评价,从而培养学生做中思、做中学、做中创。

"趣·十一"校本课程是由上海理工大学附属普陀实验学校教师团队自主开发并实施的小学校本综合学习与实践活动。本课程涉及多学科知识,遵循学生身心发展的特点,改进学生的学习方式,注重课程内容与现有经验的结合、动脑与动手的结合、学校教育与社会实践的结合、理解知识与解决问题的结合,构建多元化的发展性评价体系,激发学生对周围事物的兴趣和不断探究的欲望。让学生经历探究活动和解决问题的过程,体验科学创新的方法和本质,培养科创精神。通过课程的有效实施,引领学生亲近自然,感受科学,学会创新。

本案例源于"趣·十一"校本课程中的第八册(四年级第二学期)"一个小

---

① Hung W . Cultivating creative problem solvers: the PBL style [J]. Asia Pacific Education Review, 2015,16(2):237 - 246.

动物的饲养"——"小鸡孵化记"，以 I-DO 学习模式开展项目化学习，培养学生观察、思考、讨论、争议、运用证据、实验、决策，获得分析现象、解决问题的能力。

# 一、活动目标

1. 通过查阅资料、交流，了解生物通过生殖（鸟类卵生）、发育、遗传实现生命的延续。

2. 通过查阅资料、交流，了解鸡蛋的结构和特点、鸡蛋孵化需要的内部和外部条件，并提出孵化器需要满足的条件。激发学生对科学知识的兴趣，学习、掌握科学的规律，学会用科学的方法解决问题，在科学思维的引导下探索世界并解释生活中的现象。

3. 通过长周期观察小鸡孵化的过程，提高观察能力，增强对活动现象的记录能力，感悟生命的美好，理解生命的顽强和脆弱，能够尊重、关爱、珍惜生命。

4. 通过孵化、饲养小鸡的过程，培养劳动的观念，感悟生命成长的不易，并通过后续的生命教育，理解母亲孕育的艰辛，父母养育的不易，培养积极的生命态度和生活态度。

# 二、活动实施过程

## （一）观察现象，发现问题

入项活动以"鸠占鹊巢"的故事导入。教师播放扇尾莺孵化出杜鹃幼雏的图片和扇尾莺幼雏的图片，引导学生观察现象，提出若干问题，比如："扇尾莺为什么会孵化出杜鹃的幼雏？""杜鹃为什么不自己孵化？""杜鹃为什么要让其他的鸟类帮它孵蛋？从蛋里孵化出小鸟需要什么条件？"等。在此基础上，教师以主要问题"如果给你一个蛋，你能孵化出一只小鸡并养大吗？"来驱动。

### （二）思考方案，制订计划

1. 学生通过 KWL 表，列出已经学过或知道的内容，通过 KWL 这一支架，帮助学生梳理整个项目的已知、未知。[①]

| Know<br>关于这个问题<br>我已知的 | Want<br>关于这个问题<br>我想知道的 | How（Learning）<br>我打算如何解决<br>（进一步学习） |
|---|---|---|
| （1）鸟类的繁殖是卵生；<br>（2）杜鹃会把卵产在其他鸟类的窝里；<br>（3）小鸟的出生需要鸟妈妈孵化。 | （1）扇尾莺为什么不能认出杜鹃的卵？<br>（2）为什么杜鹃的卵孵化出来的一定是小杜鹃？<br>（3）小鸟被孵化出来需要什么样的条件？<br>（4）我能不能模拟出鸡蛋孵化的条件？ | （1）查阅资料<br>（2）设计孵化器<br>（3）做实验 |

2. 查阅资料

分小组认领描述问题，梳理需要进一步了解的问题，在课外进行资料查阅。通过这一步获得相关问题的学科知识，比如遗传决定了杜鹃鸟的卵只能孵化出小杜鹃；在长期的进化中，扇尾莺与杜鹃的卵在外形上非常相似；卵被孵化所需要的内部条件和外部条件等。

学生自主查找相关资料，在学习了相关的学科知识后，有所思、有所疑、有所问。在自主参与中，获得积极的情感，激发参与的热情与动力。如：从遗传上解答为什么杜鹃的卵孵化出的一定是杜鹃，不会是扇尾莺；应该选择怎样的鸡蛋才能孵化？孵化过程中需要保证怎样的环境条件？孵化过程中需要注意哪些事项等。在孵化后期，要了解雏鸡饲养需要的条件，如食物、水分、温度、湿度等。

3. 交流讨论

各组同学就自己了解到的相关知识，在组内及班级中进行交流和讨论。在

---

① 夏雪梅. 项目化学习工具：66 个工具的实践手册［M］. 北京：教育科学出版社，2022：89.

这个过程中，不断学习新的知识，提出自己的疑问与同学进行探讨，或质疑或补充，在这一阶段完成相关知识的自主学习。

学会分享，用证据说服同伴；学习倾听，学会接纳同伴的意见和建议；学习、肯定、欣赏同伴的优点。

### 4. 制订任务方案

根据前期学到的小鸡孵化需要的内部条件和外部条件，学生以小组为单位，思考、讨论并决定"鸡蛋"的要求和来源；孵化器需要提供的条件，提出实施的具体方案。

在全班交流讨论后，学生对"鸡蛋"的选择为：一致决定网上购买受精的新鲜种蛋；对于孵蛋器的要求也确定为：需要提供温度能控制在 37.1℃—37.5℃、湿度控制在 70%—80%，还能进行一定的通风和转蛋。如果用电孵化器，在孵化时间内不能长时间断电等。

设计和制作孵化器对于四年级的学生来说难度过大，我们决定在网络上购买符合要求的电孵化器来进行下一步的孵化。

### （三）合作探究，收集证据

### 1. 孵化实践

种蛋和孵化器到位后，每 2 位同学认领一个鸡蛋，一个班级一个孵化器，孵化器放置于教室前面。由各组组长协调分配好每日工作安排和观察记录，比如加水、通风、转蛋，观察记录温度和湿度等。 21 天后，各班小鸡陆续孵出。

孵化器放置于教室内，由学生自主管理。以小组为单位，利用课间休息时间进行观察和记录。真正做到学生自主参与、自我管理，逐渐培养学生探索未知世界的积极态度。

### 2. 饲养小鸡

在等待小鸡孵化的时间内，各组同学在老师的引导下，思考饲养小鸡需要的条件。通过查阅资料，了解刚孵出的小鸡需要的食物、水分、温度、湿度等；并利用学校及家庭的闲置物资搭建小鸡的家园，购买加热保温的大功率白炽灯、喂水容器、饲料等。小鸡出壳后由学生亲手从孵化器中抱出，并放入鸡窝。学生利用课余时间进行饲养和观察。

3. 经验总结、问题分析

在实践中，小鸡的孵化率只有 78%，饲养过程中也陆续有小鸡死亡。教师引导学生从观察日志、实践操作过程、饲养细节上分析，尝试找出孵化失败及后期小鸡死亡的可能原因。

**（四）形成修订，成果展示**

1. 以小组为单位交流自己在项目中的体验和感悟。

2. 成功孵化出小鸡并饲养存活的小组和个人（2 人组合），展示成果——小鸡。

3. 分享失败的可能原因，如果有再次孵化饲养实验，将如何进行改进。

# 三、活动评价

表 4-5　小鸡孵化项目评价表——孵化前自主学习活动评价表

| 学生姓名：　　　　　　评价日期： | | |
|---|---|---|
| 评价内容 | 得分（1—5；　1分最低，　5分最高） | |
| | 自评 | 小组互评 |
| 我能通过观察思考，提出若干问题 | | |
| 我能在规定时间内完成查阅任务（分配到的或者认领到的资料） | | |
| 我能在交流讨论阶段充分分享我了解到的知识和信息 | | |
| 我能在交流讨论阶段认真倾听同学的分享 | | |
| 我能在交流讨论阶段，对同学的结论、方案提出质疑，并积极参与讨论 | | |
| 我能在交流讨论阶段，提出合理可行的建议和方案 | | |

表4-6 小鸡孵化项目评价表——孵化中实验实践活动评价表

| 学生姓名: 评价日期: | | |
| --- | --- | --- |
| **评价内容** | **得分（1—5； 1分最低， 5分最高）** | |
| | 自评 | 小组互评 |
| 我参与了观察记录表格的设计 | | |
| 我能在规定时间内认真完成分配的任务 | | |
| 我能主动积极地关注孵化器的日常工作状态 | | |
| 我能与同学一起积极思考可能出现的突发状况，提出合理可行的建议与方案 | | |

表4-7 小鸡孵化项目评价表——孵化后饲养活动评价表

| 学生姓名: 评价日期: | | |
| --- | --- | --- |
| **评价内容** | **得分（1—5； 1分最低， 5分最高）** | |
| | 自评 | 小组互评 |
| 我能在规定时间内完成查阅任务（分配到的或者认领的资料） | | |
| 我与同学积极讨论并设计小鸡的"新家" | | |
| 我积极参与了小鸡"新家"的制作和布置 | | |
| 我参与了观察记录表格的设计 | | |
| 我能主动积极地关注小鸡的日常生存状态和生长情况，并做好记录 | | |

表4-8 小鸡孵化项目评价表——孵化后展示反思活动评价表

| 学生姓名: 评价日期: | | |
| --- | --- | --- |
| **评价内容** | **得分（1—5； 1分最低， 5分最高）** | |
| | 自评 | 小组互评 |
| 我在规定时间内完成项目回顾和撰写感悟任务 | | |
| 我乐于并真正分享了我的感悟和体验 | | |

| 评价内容 | 得分（1—5； 1分最低， 5分最高） | |
|---|---|---|
| | 自评 | 小组互评 |
| 我积极参与了组内对项目的回顾和问题分析，能够提出合理的假设，并对可能的二次实践提出了改进建议 | | |
| 我认真倾听了其他同学的反思和分析，并能补充到我的反思和建议中 | | |

## 四、 活动反思

四年级学生全员全程参与，校内教师及职工参与人员广泛。通过项目活动，学生收获良多：通过前期自主学习，学生理解了核心概念：生物通过繁殖、生长、遗传延续生命，知道了学科事实：羊膜卵的结构、受精作用、胚胎发育等；通过孵化中的照蛋，观察蛋的变化，学生进一步理解了胚胎发育的过程以及所需要的条件，感受到了生命的奇妙。在实验实践方案的确定过程中，学生在组内外充分交流、讨论：学会分享，用证据说服同伴；学习倾听，学会接纳同伴的意见和建议；学习、肯定、欣赏同伴的优点。孵化过程中需要定期补水、凉蛋、转蛋，关注孵化器的运作是否正常。在合作中解决真实情景中的这些复杂问题，能培育学生的合作交流能力、动手操作能力、责任意识、创造能力与批判性思维。[1] 学生的管理意识也得到了锻炼和提高。

通过项目活动，学生感悟到了生命的奇妙和顽强。在项目实施过程中，通过照蛋，学生能看到胚胎的变化过程，并在孵化后期，即 20 天左右，开始听到小鸡微弱而清脆的鸣叫声。在每一个凝神屏气倾听的学生的脸庞上，能看到他们"发现""新生命"的惊喜和雀跃，还有对"新生命"的无比期待。在目睹"小鸡出壳"这样鲜活的过程中，亲手小心翼翼地把浑身湿漉漉，胎毛紧贴着

---

[1] 夏雪梅. 项目化学习设计：学习素养视角下的国际与本土实践 [M]. 上海：华东师范大学出版社，2018：3.

皮肤，站立不稳的小鸡从孵化器中抱出，可以清晰地感受到学生对生命的敬畏，学生在此时深刻感受到了生命的诞生是极其神圣的。结合后面课程进行引导，学生自然理解到每个人的生命只有一次，必须珍惜与爱护。

在小鸡破壳的过程中，有几个瞬间让四年级的学生充满敬佩。几只小鸡的破壳特别艰难，几经努力，似乎拼尽了全力，还不能撑破蛋壳的束缚；破壳后的小鸡还被一层膜包裹，似乎很难撑开薄膜，每一次努力，都是全力而为，每一次拼尽全力后，都能从小鸡整个胸膛的急剧起伏中看到它急促地喘息。旁观的学生个个都握紧拳头，轻喊"加油"。反复努力多次，在学生异常焦急的担忧中，小鸡终于挣脱了这层薄膜的束缚，获得了真正意义上的"新生"。所有的学生都为这只小鸡的顽强欢呼、流泪。在这样的过程中，学生直观、真实地感悟到了生命的不易、生命的顽强，这种力量让我们泪流满面。学生对生命、自然和崇高事物有了敬畏之心，感受到了生命的可贵，不轻易伤害自己或他人的生命。

孵化过程也不是一帆风顺的，有获得"新生"的小鸡，也有不能孵化的种蛋，甚至是不能破壳而死亡的。还有在饲养过程中，由于种种原因陆续死亡的个体。这是学生第一次如此真切地感受到生命的脆弱，感受到"死亡"。著名教育家蒙特梭利说："只有正确认识了死亡，才能更好地理解生命的意义，更加尊重生命，热爱生活。"在这个活动中，学生"触摸到了生命"，又"感受到了生命"，理解了死与生共存，认识到了生命的重要性。

项目活动延伸的主题教育课程如下。

1. 在小鸡孵化后，目睹生命诞生的过程后，及时进行有关的生命主题教育，并联系人类生命诞生的过程。通过课后与妈妈"访谈"，了解母亲孕育过程中的各种艰辛，学生在感恩父母的同时，更加珍爱生命、保护生命。在随后的"给父母的一封信"活动中，学生真情实意地表达了自己感恩父母和热爱父母的感情，促进了亲子间的交流。

2. 抓住突发事件的契机，及时教育，效果显著：事件一，项目实施活动过程中，有一只小鸡的破壳行动从当天下午开始，直到放学都未能完成。无奈中，学生拜托了保安师傅在夜间巡逻时关注小鸡的情况。在之后持续的几天中，陆续有小鸡在夜间诞生，并被及时转移安置到饲养地点。在这过程中，夜间值班的保安师傅功不可没。事件二，孵化过程中的一个周末，由于学校要检修设备，其间停电一天。幸亏有一位住在附近的学生家长乐意帮忙，把孵化器搬至家中，才保证了孵化的顺利进行，保证了若干小生命的顺利诞生。

在后期的交流中，教师略加引导，就有多名学生提出要感谢这位保安叔叔，感谢那位学生家长，由此更是想到要感谢其他提供帮助的后勤老师。

创意 23

# 大力士纸船

　　《义务教育科学课程标准（2022 年版）》明确指出：小学阶段的科学教学需要设立跨学科学习活动，加强学科联系和课程综合性与实践性。作为科学课的延伸，我校二年级探究课力求通过项目化学习探索，提升学生的综合素养。与其他学科相比，科学探究课学习具备跨学科学习的特点，旨在通过结合教材内容、教学活动、学生实际能力建立相关的项目化学习内容，发挥学生在学习中的主观能动性，提高学生的自主探究能力，并在整个项目过程中培育和提升学生的综合素养。探究是指一种多面向的活动，其中包含了进行观察、提出问题、检阅书本以及其他资讯来源来了解何为已知的部分、进行研究的计划、根据实验的证据来重新检阅何为已知的部分、使用工具来收集分析以及解释资料、提出答案、解释以及预测、与他人分享结论等。真正的探究活动除了能引领学生进行"手动"（hands-on）之外，还能推动学生进行"脑动"（mind on）。

　　本次"大力士小纸船"的项目化探究是一套系统的教学方法。它是对复杂、真实问题的探究过程，也是精心设计项目作品、规划和实施项目任务的过程。教师提供一些关键素材构建一个环境，学生组建团队通过在此环境里解决一个开放式问题的经历来学习。它更强调学生们在试图解决问题的过程中发展出来的技巧和能力，包括如何获取知识，如何计划项目以及控制项目的实施，如何加强小组沟通和合作等。学生能够通过参与整个学习过程，从而掌握相关的学科知识和学习技能。①

# 一、 活动目标

本次二年级"大力士纸船"的项目化学习研究，就是在新课标视角下，以设计探索实践类活动为切入口，让学生在学习和了解科学观念的同时，也引导学生体验科学探究方法，发展科学思维，树立科学态度和责任意识。

**目标一：通过活动实践，拓宽知识边界**

本项目力求学生通过整个项目化学习的过程，能学习到课本知识的有益延伸。在二年级的自然课上，学生已经对"船是因为浮力的作用才漂浮在水面上"有了基本的科学认识，但对什么能影响船的载重大小还不知道。通过本项目的实践学习，学生在真实的实验过程中对除了浮力以外的其他物理学知识，如底面积、密度、力的作用等也都产生了初步的认知，为将来进一步的科学学习埋下探究的种子。

**目标二：通过活动实践，提升科学素养**

在"大力士纸船"这个项目活动中，教师多是以问题引导学生思考如何处理、解决问题。学生通过集体头脑风暴、团队合作讨论、制作、探究、反思改进、总结评价等一系列活动进行了多轮实验。在整个过程中，学生开动脑筋，展现个性，发挥了思维能力和创造性能力，最终制作出载重能力强的小纸船。学生在整体活动中学到了基础物理知识和观察方法等科学的探究方法，学生的理解能力、动手能力、团队合作探究能力、科学思维都得到了锻炼培养。

**目标三：通过活动实践，提高动手能力**

现在的学生生活在一个信息爆炸的时代。学生的游戏玩具多以电子产品为主，失去了很多动手制作的机会。很多学生在遇到问题时，习惯性地向成人提问，成人再从互联网上搜索答案来解决问题。缺乏了"实践出真知"的过程，

---

① 陈毓凯，洪振方. 两种探究取向教学模式之分析与比较［J］. 台湾科学教育月刊，2007（305）：4—19.

对于学生综合能力的培养不利。而通过本项目的学习，学生能进行动手操作实践，并运用所学的知识反复优化自己制作的小纸船，提升小纸船的承重量。学生能真实地做到靠自己的小手产生改变，提升动手能力。

通过此次项目化学习，学生能发展动手操作能力，培养手工制作的兴趣；激发对物理中力学的探究兴趣，并能在活动中大胆动手操作；能大胆运用语言交流、表达，分享探索的过程和结果；养成细致观察、勤于思考和积极实践的好习惯；促进了创新能力的发展和科学素养的培养。

## 二、 活动过程

### （一） 通过活动观察现象，发现问题

在选择项目主题时，教师首先考虑的是授课学生目前的知识水平、学习能力及项目实施的可行性。二年级的学生动手能力、思维能力尚处于稚嫩的起步阶段。因而要将课程的主要目标放在启发学生思考和激发学生动手、动脑上。

船是一种在我们沿海地区比较常见的交通工具。在二年级第二学期的自然课程中，学生会学习、了解船以及关于浮力的大小等相关的基础知识。

而纸是孩子们在日常生活中常见的，也是每天都会接触到的普通物品。在我们成年人的概念中，折纸是一项很简单的手工活动。但在和学生的日常交流中，发现如今的他们已经鲜少玩折纸这样的传统手工游戏了。但其实学生们觉得通过多次折叠，把一张平平无奇的纸变成各种生动形象的物品是非常奇妙的事情。

折纸船对于二年级学生来说具有较强的可操作性，也符合该阶段学生的知识水平和技能条件。这项简单的活动也别有乾坤，会培养学生的专注力、模仿能力和动手能力。进行围绕折纸船主题开展的探究学习，可以将自然课所学的知识进行延伸和拓展，让学生通过思考和动手亲身参与实践活动，从而提升学生的综合素养。

### （二） 思考方案，制订活动计划

基于"大力士纸船"的项目设计，该项目总共分为 5 个阶段实施，分别是

项目准备（了解船只构造）、项目启动（明确项目探索目标及实验要求）、项目实施（开展团队协作以培养科学探索精神）、项目尾声（进行纸船承重比赛并总结经验）和项目评价（进行自我评价、教师评价和小组评价）。

在探究取向的学习里，学生可从两个方面来获得问题：一是由学生自己围绕主题提出问题进行探讨，二是由教师提供给学生问题进行探究活动。而在本次"大力士纸船"的项目化学习中，学生会在项目中应用到这两种探究方式。

在本次探究过程中，我们设计了多项探究问题来引导学生进行和主题相关的探究活动。

驱动问题：怎么样使得 A4 纸做的纸船，能够承载足够大的重量？

阶段探究的问题：

问题 1：小纸船的外形和它能否漂浮有什么关系？

问题 2：小纸船的结构是怎样的？

问题 3：什么因素会影响小纸船的承重能力？

问题 4：小纸船放入水中湿掉怎么办？

问题 5：纸船底部面积的大小与载重量有什么关系？

问题 6：小纸船有哪些可以改进的地方？

在解答问题的过程中，学生会在实验活动中运用自身的技能来进行问题的探索与解答，并且能最终通过实际操作理解概念，获得相应的科学知识。

学生在问题的引导下完成整个"大力士纸船"的学习后，每位同学都拥有了一本充满了项目化学习回忆的活动手册。手册中记录了自己每堂课的学习收获。此外，人人折纸参与了"大力士纸船"的项目化学习，人人都拥有了一只承载着科学启蒙的小纸船。

（三）实施方案，开展探究活动

1. 项目准备：了解船只构造，进行小纸船制作活动的准备工作

项目启动之初，通过问题引导学生注意观察生活中遇到或看到的船，让学生尝试以科学的眼光观察现实世界。在不停地寻找和比较的过程中积累关于船体的概念。让学生认识生活中各种各样的船，观察这些船有什么不同。

2. 项目启动：提出核心问题，明确本次活动的探索目标及实验要求

在教师的带领下，开展第一次小纸船制作，让学生了解小纸船是否能漂浮

得长久另有玄机，并抛出核心问题让学生开始思考：怎么样使 A4 纸做的纸船能够在水上漂得更久、载重更大？

在此过程中，通过基础的小纸船制作，加深学生对于折纸和小纸船构造的理解。同时，在第一次制作小纸船的过程中，教师对于学生进行了动手能力、观察能力的初次评价，并在之后的课程中根据学生第一次制作小纸船的情况，将不同能力的学生混编成组，方便开展后续活动。

主要任务：

(1) 通过制作简易小船，知道不是所有的船都一样。

(2) 通过比较小船的漂浮，知道不是所有的船都能漂浮，有些船会下沉。

(3) 跟着视频制作一艘自己的小纸船。

(4) 根据第一次制作小纸船的表现进行分组。

(5) 让学生在科学教室分组开展活动，并了解实验规则，签署实验承诺书。

此外，学生的学习地点从教室转换为专用科学教室，并以小组为单位落座。这给学生营造了强烈的科学学习氛围感，更能激发学生学习的积极主动性。

学生在此阶段开始了解到科学实验中所需要了解的内容，包括在实验过程中需要注意的纪律、环境卫生、团队合作注意事项、组长责任等。在实验开始之初让学生签署"实验承诺书"能很好地避免出现职责不明确、意见不统一的情况，并提高了分工效率。签署承诺书后，学生更好地将自己代入了"实验人"的角色，对于实验和环境产生了责任感和竞争意识，达到互相督促、共同成长的目的。

3. 项目实施：开展探究活动，进行团队协作，培养科学探索精神

在第三阶段，整个班级的学生被分成若干小组开展活动，整个活动又分成了五个支线活动依次完成。学生以小组为单位开展关于小纸船的折纸方式、防水测试、承重物等方面的讨论和选择。

活动一以"寻找折纸小能手"为引子，激发学生课后自主学习、探究的积极性。有部分学生在课后还寻求了家长的帮助，学会了新的小纸船折纸方法，从而进行了家校共育的学习活动。

**活动一：找一找，谁是折纸船小能手？**

我会：_____种折小纸船的方法。

我们小组一共会：_____种折小纸船的方法。

**活动二：想一想，小纸船放入水中会湿掉怎么办？**

| | 吸水性 | 防水性 | 持久度 | 操作难易 |
|---|---|---|---|---|
| A. 普通纸 | | | | |
| B. 涂白胶 | | | | |
| C. 贴玻璃胶 | | | | |
| D. 涂油画棒 | | | | |
| F. 涂指甲油 | | | | |
| G. 其他_____ | | | | |

■ 让我们一起来找一找能使小纸船在水中漂浮更久的方法。

我们小组发现用_____方法的小纸船能漂浮得更久。

**活动三：想一想，怎样的承重物最适合用来完成小纸船承重实验？**

| | 重量 | 形状 | 体积 | 常见度 |
|---|---|---|---|---|
| | | | | |
| | | | | |
| | | | | |
| | | | | |

■ 让我们来讨论一下用什么东西作为承重物来完成实验最合适。

我们小组觉得用_____来承重最合适。

在第二、三项活动中，学生的团队合作能力、协作精神、沟通能力、科学实验能力都得到了锻炼和提升。教师先引导学生就如何使用身边的常见事物对小纸船开展防水实验进行小组讨论,再让学生以小组为单位开展小纸船防水性实验,并选出最终代表小组参加"大力士小纸船"比赛的参赛小纸船。在此基础上,让学生以相同的方式方法完成活动三关于比赛用载重物的小组讨论,并完成表格。各小组交流完想法后,教师再进行总结与补充。

4. 项目尾声:进行纸船承重比赛活动,总结活动经验

最后,以班级为单位,开展"大力士小纸船"承重评比活动,并在赛后对于获胜的小纸船进行优胜展示,对成功原因进行分析和总结,讨论并记录提高小纸船承重能力的可能因素,谈谈本次项目学习的收获。

**活动四:评一评,谁的小纸船是承重的大力士?**

1. 观察并思考:最厉害的大力士小纸船的结构是怎么样的?

A. 平底

B. 尖底

C. 上窄下宽

D. 上宽下窄

E. 其他_____

我们发现最能承重的大力士小纸船的结构是_____的。

2. 观察并思考:小纸船底部面积的大小与载重量有什么关系?

A. 小纸船的底部面积大,载重量大。

B. 小纸船的底部面积小,载重量大。

C. 其他_____

我们发现小纸船底部面积的大小与载重量的关系是_____。

3. 想一想:怎样能使得小纸船能成为"大力士纸船"?

(1)我们觉得会影响小纸船承重能力的可能因素是_____。

A. 小纸船的防水性。

B. 小纸船的形状。

C. 小纸船的底面积。

D. 操作人员的操作手法。

E. 其他_____。

(2)为了提高小纸船的承重能力,本小组认为还有以下几个地方可以进行

改进：_____。

    A. 小纸船的防水性。

    B. 小纸船的形状。

    C. 小纸船的底面积。

    D. 操作人员的操作手法。

    E. 其他_____。

**活动五：我的实验收获**

通过这次项目学习后，我在以下方面有所收获：

1. 在实验研究方面，我要：

_____。

2. 在团队合作方面，我要：

_____。

"大力士小纸船"承重评比活动将整个项目化学习活动推向高潮，彻底激发了学生的实验热情以及科学探索的积极性。但考虑到二年级学生的年纪较小，进行独立文字总结的难度较高，因此教师在实验总结部分以选择题的方式呈现，为学生总结提供了学习坡度。在最后，又就"实验收获"在全班开展了头脑风暴，总结提炼实践经验，为下一次项目化学习奠定科学实验基础。

5. 项目评价活动：进行自我评价和小组评价

本次项目化学习使用了个人评价（包括自我评价、组内互评），小组成果自评（整体反思评价）的评价方法。让学生再次回顾整个项目流程中自己和小组成员的表现，使用表格从实验参与情况、成果等各方面进行客观评价。教师也对此次项目的完成度进行小结，肯定各小组表现优秀之处，引导各小组对其中发现的问题进行反思和总结。力求让学生能够真正地从项目中学到科学实验观，在今后碰到类似的问题能积极开动脑筋，学会自己使用科学的方法解决问题，而不再是茫然无措，等着老师来解答。

## "大力士纸船"项目活动个人评价表

| 编号 | 评价标准 | | | 自我评价 | 小组评价 |
|---|---|---|---|---|---|
| | ★★★ | ★★ | ★ | | |
| 1 | 能通过实验概括总结说出影响小纸船承重能力的因素。 | 能用自己的话大致描述出影响小纸船承重能力的因素。 | 在提醒下能简单描述出影响小纸船承重能力的因素。 | ☆ ☆ ☆ | ☆ ☆ ☆ |
| 2 | 能积极参与设计实验、规范进行实验，如实记录实验结果。 | 能基本参与实验，进行实验，记录实验结果。 | 在提醒和督促下能基本参与实验，进行实验，记录实验结果。 | ☆ ☆ ☆ | ☆ ☆ ☆ |
| 3 | 能积极主动承担小组任务分工，并完成分工任务。 | 基本能承担小组任务分工，并完成分工任务。 | 在提醒和督促下能承担小组任务分工，并完成分工任务。 | ☆ ☆ ☆ | ☆ ☆ ☆ |
| 4 | 能独立根据评价的要求对各组的纸船进行观察与客观评价。 | 能够根据指引结合评价要求对各组纸船进行基本的观察与客观评价。 | 无法独立对各组纸船进行观察与评价。 | ☆ ☆ ☆ | ☆ ☆ ☆ |
| 5 | 能够总结制作纸船的经验，并在组内进行交流。 | 能够在听取了他人的经验交流后，简单总结制作纸船的经验。 | 无法独立总结制作纸船的经验。 | ☆ ☆ ☆ | ☆ ☆ ☆ |
| 6 | 能够在他人发言时保持安静、耐心倾听。 | 基本能够做到在他人发言时保持安静、耐心倾听。 | 在别人发言时未能做到保持安静、耐心倾听。 | ☆ ☆ ☆ | ☆ ☆ ☆ |
| 星数总计 | | | | | |

## 小组探究成果自评表

| 评量内容 | 评价标准 | 达成情况 |
|---|---|---|
| 成果展示 | 本小组能按时按步骤完成纸船的制作。 | |
| | 本小组制作的纸船符合参加"大力士纸船评选"的标准。 | |
| 探究表现 | 每位成员能团结友爱，互帮互助。 | |
| | 每位成员都对于探究活动充满了热情。 | |
| | 每位成员都承担了相应任务，完成了自己的任务。 | |

| 评量内容 | 评价标准 | 达成情况 |
|---|---|---|
| 倾听态度 | 本小组能虚心接纳他人的意见和建议。 | |
| | 本小组能认真听取其他小组的交流汇报。 | |

（备注：每符合一条评价标准，即可在"达成情况"一栏中填入一颗"☆"。）

我们小组得到的星数：_____。（满星为5颗）

## 三、 活动收获与反思

当代学生需拥有"全面而有个性的发展"是时代发展的迫切需求。本次探究活动立足现实问题，关注学习的主体学生，满足二年级学生在资源、方法和操作技能上的需要，激发学生进行个性化学习和活动，对学习方式进行了变革，力求达成对学生综合素养和能力的培养。

通过本次项目化学习，教师发现不少学生展现出了自己的闪光点，个人能力有所提升。不少学生在本次项目化学习中，学会了遇到困难时要主动出击解决问题，而非被动地等着老师来授业解惑。本次项目化学习提升了学生独立思考能力和团队协作的能力，甚至带动了学生对主学科的学习热情。每一个学生都积极参与其中，感到乐趣无穷。

### 1. 学生学习表现的改变

顾同学在英语学科的学习上比较吃力，因此在探究课的课堂中我也一直比较注意他的表现。通过"大力士小纸船"这个项目化学习，我从顾同学的身上发现了他在学习之外的闪光点。

他在第一次制作小纸船后，就想到了小纸船下水会湿掉的问题，回家主动向妈妈提出了要用玻璃胶为小纸船制作防水层的想法——在遇到问题时，他能够向有经验的人学习，从而解决问题。在妈妈的指导下，他歪歪扭扭地贴好了小纸船。顾同学的小纸船是我所执教的三个班中唯一一只主动做好防水措施的船。

实际上，小纸船的防水问题是第二课中设计的内容。教师对于他能够提前进行预想感到有些意外和欣喜——在英语学习上粗枝大叶的他原来还有那么细致的一面，于是在班内对他进行了表扬，希望其他同学向他学习这种主动发现问题、解决问题的探究精神。而在第二次制作实验小纸船时，老师发现顾同学小纸船上的玻璃胶贴得更加整齐，密封性做得更好了。教师就他的细致表现继续作出了表扬，并希望他能够在英语学习上也做到胆大心细。顾同学的英语成绩果然在此之后有所提升，可谓是意外之喜。

### 2. 学生闪光点的展现

丁同学是一个平时在班级里非常安静的学生。在选举小组长时，令教师感到惊讶的是小组的同学们一致推荐默默无闻的他担任重要的组长一职。在后续的实验中，发现丁同学的确可担此职——他具有优秀的领导力、凝聚力、动手能力及分析能力。丁同学的动手能力很强，在组员折小纸船出现问题时，他能够主动站出来帮助同学答疑解惑。而在进行小组讨论时，他也能很好地把控全局，总是带领全体组员第一个完成表格和总结。他作为组长，代替教师成为小组活动的组织者，站了小组活动的中央。我又将他作为组长的优异表现与班级同学进行了分享，各组长纷纷效仿，整个班级的活动运行都变得流畅了起来。

通过本次项目化学习，对学生在英语学习之外有了更多的接触和了解，对于今后的主学科教学也颇有帮助。

### 3. 学生团队精神的培养

在与学生的沟通中，了解到在日常学习中、课上互动形式中，小组协作的形式是比较少的。因而在项目化学习中，要让学生明白学会独立思考、交流倾听和接受、采纳他人意见是学习中的重要方法。

项目刚开始时，学生遇到问题总是第一时间就向老师求助。教师在此起彼伏的"老师"声中忙得不可开交。但通过在整个项目化学习的过程中对学生的循循引导，学生们逐渐掌握了：有问题先自己思考，实在不会再找小组组员请求帮助，组内无法解决该问题最后才向老师提问。学生的综合学习能力得到了提升，而老师的授课也轻松了不少，可谓事半功倍。

### 4. 教师教学的收获与反思

作为一名英语教师，这是第一次执教科学类课程，也是第一次参与项目化课程学习。本次首尝跨学科教学也是自己教学生涯中一次不小的挑战。在学习、设计课程的过程中，教师需要打破已经形成的学科教学思维定势：英语学科作为一门语言学科，更加注重的是在课堂中加大对于语言的运用，注重的是基于思维逻辑的听、说、读、写的训练。

而在项目化学习的课程设计和教学中，更加注重的是对于学生动手能力的培养，对于思维的启发、探索和反思总结。课堂的主角是学生，学生需进行小组学习、讨论、分工、评价、实验、反思、改进、总结。教师则负责项目整体的环节串联、引导、启发，并为学生答疑解惑。最后的课程成果是学生经过讨论得出的，教师仅为学生的辅助补充。

第一次执教项目化学习课程，可以改进的地方也有不少。如让学生初次接触自评、互评表格的时间可以提到学生开始整个项目化学习之前，从而让学生能够从一开始就清晰地明白老师的要求，从而提升他们在项目化学习中的整体表现。

此外，在项目结尾时还可以增加拓展。在整个"大力士纸船"的项目化学习中，我和学生对于船的形状都是受思维定势的影响。实际上，纸盒状方形船的承重力会更强。如果在项目的最后总结阶段将方形船加以展示，让学生产生对于科学的好奇心，告诉他们"一切皆有可能"，可能对于他们科学思维的培养更具冲击与影响。

在整个项目化学习的过程中，教师在教学上也有所收获。为了能给学生们答疑解惑，也提前了解了有关折纸、科学等方面的内容。当遇到一时回答不上来的问题时，便给出承诺，去查阅相关资料后再给他们提出建议。

在课堂上，也一直不断地调动学生的学习积极性和探索主动性。通过本课程的学习，让学生将书本知识进行实际应用，让学科学习和学生的实际生活更贴近。本次项目化学习使得学生能够更直观地感受到科学课程的乐趣，明白可以通过课堂知识解决身边的问题，增强学生对于科学学习的好奇心和求知欲。

他们从懵懂无知的小朋友，到第一次独立完整完成小纸船的制作，再到小组反思设计问题进行第二次、第三次小纸船制作，到最后自豪地进行项目介绍，了解到看似简单的小纸船也有大门道，在实践中不断获得经验并成长。而在小组合作的过程中，学生之间的合作、互动性也较一开始有了极大的提升。从一开始的互不服气、吵闹争执，到学会倾听、理解合作，到最终顺利完成大力士小纸船比赛，获得了很好的实践历练机会。

通过本次探究学习，学生经历了科学探究的整个周期，在感知中发现现象提出问题，也在思考问题的过程中提升了联系生活的动手能力。学生更体会到了团队合作的益处以及科学实践的快乐，为今后的科学探究学习形成了良好的奠基。

创意 24

# 急返飞行器

学科项目学习作为传统学习模式的有益补充，对于学生牢固掌握学科知识、深化学科实践、内化学科观念起着至关重要的作用。本案例以牛津上海版《科学》中《第十二章　力与空间探索》的部分内容为知识依托，践行学校 I-DO 学习理念，设计学科项目活动"急返飞行器"。教师在活动过程中引导学生成立项目小组，并以教材知识为基础，尝试通过自主实践的方式对飞行器进行制作与改进，以期通过不同学习形式的组合，进一步深化、完善学生对学科知识的理解，在项目合作、实践探究的过程中锻炼更多的能力。

## 一、活动目标

根据我校 I-DO 课程的目标体系，本活动的目标主要关注以下几个方面：

1. 通过查阅资料，认识常见航天器的种类，了解急返飞行器的具体分类并掌握其制作方法。

2. 通过运用已掌握的力学知识，尝试对急返飞行器在飞行过程中的受力情况进行分析，理解其飞行原理。

3. 通过制作实践，分析并寻找影响急返飞行器返航距离的主要因素，尝试运用力学知识对飞行器进行改进。

4. 通过不断地分析与改进，深化理解不同种类的"力"在航空航天领域发挥的重要作用，体会航天探索的神秘与艰辛。

5. 通过与团队成员的磨合，体会项目形式的意义，学会更有效地倾听、交流与协作。

## 二、 活动过程

### （一）观察现象，发现问题

在七年级科学教材的第十二章《力与空间探索》中，学生已经了解了日常生活中常见的一些力的种类，例如重力、空气阻力等，也知道了在太空探索过程中会受到这些力的影响。然而，学生仍会产生许多疑惑："航天器在航行过程中所受的力是一成不变的吗？""在飞行过程中，哪些力能控制航天器的飞行方向呢？"究其原因，这是学生在初中阶段第一次接触、认识"力"的概念，学生能从理性层面理解力的作用和效果，但是对于运动过程中力对物体产生的复杂影响，学生并没有真实、深刻的感知。然而，七年级学生并没有完整系统地接触过物理学科，同时基于学生的认知水平和知识基础，他们也无法对运动物体作出完整、准确的受力分析。那么，怎样才能让学生对"力"的奇妙作用形成更为感性、内化、深刻的体验呢？"急返飞行器"项目学习活动由此应运而生，教师引导学生借由纸质急返飞行器的制作、分析、改进，使学生直观体验"力"在物体飞行过程中发挥的重要作用。

问题的发现指引着整个项目活动的总体方向，本案例中问题的发现源于学生在课堂教学主题背景下习得的力学知识与航天飞行之间的关系。因此，教师借由问题的产生，组织项目学习活动，激发学生自主探究的兴趣，引导学生通过实践改进飞行器，进一步感知"力"的奇妙作用。

### （二）思考方案，制定计划

学生在小学阶段对飞行器的制作已有接触，在一年级学段时，学生还参与过纸飞机的投掷比赛。然而，普通纸飞机的飞行路线比较单一，显然无法满足七年级学生对于"认识并理解力的作用效果"的学习需求。同时，基于学生的常见提问，如"为什么不同构造的纸飞机飞行路线各不相同？""为什么有的纸飞机在投掷后能反向飞行？"教师在本次项目活动过程中引导学生将飞行器的制作聚焦在"急返"上：哪种飞行器能做到急返飞行？其反向飞行距离受哪些因素影响？怎么样改进飞行器，使其增大反向飞行距离？基于以上问题，学生以小组为单位展开思考。在各自搜索了急返飞行器的种类、制作方法并与组员交流之后，小组统一确定了实践方案，并展开了尝试（见图4-8）。

**图4-8 学生自制的各种形状的急返飞行器**

### （三）合作探究，收集数据

学生们按照设想完成了急返飞行器的制作之后，迫不及待地进行了投掷试验，大部分同学的飞行器都能实现反向飞行的目标，但是，由于其制作的飞行器的结构不尽相同，反向飞行的距离也差异较大。那么，学生的疑惑自然而然地过渡到了"什么因素会影响其反向飞行的距离呢？"于是，在教师的引导下，学生对于不同种类的"力"在飞行器飞行过程中发挥的不同作用展开讨论，大家也发现了除了课堂上学习的"重力"和"摩擦力"之外，飞机还受到了"升力"和"推力"的作用，而这些不同的力共同作用于飞行器，实现了飞行器的正向与反向飞行。因此，要增加飞行器的反向飞行距离归根结底要先找到飞行器构造中影响其受力大小的关键部分。学生经过讨论，列出了几种可能因素，例如"机尾部的高度""机身的长短""机身的宽窄"等。同时，为了更公平地进行比较，确保改进的效果更好，学生提出每次试飞选取的制作飞行器的外形、纸张大小、质量、投掷力度、角度、环境等变量因素等均需尽可能保持一致。学生自行设计试飞改进表格，将每次改进对应的飞行结果进行记录，见图4-9。

学生在实践过程中需要解决一系列问题，包括分析飞行器飞行过程中所受的力的种类，列出影响飞行器反向飞行距离的可能因素，控制试飞过程中的变量影响等。而在解决这些任务时，项目成员还需要达成共识，有序推进。因

| 改进方法 | 改进参数 | 最大反向飞行距离 |
|---|---|---|
| 增加机身长短 | 18 cm | 1.45 m |
| 缩小机身宽度 | 11 cm | 1.30 m |
| 提升机尾高度 | 2 cm | 1.65 m |

图4-9 改进试飞记录表

此，合作探究的过程不仅能锻炼学生的思维能力，也能提升他们的团队合作能力。

**（四）形成修订，成果展示**

最终，在经过多次的试飞后，学生整理数据，分析得出急返飞行器尾部的高度对其反向飞行距离的影响相对较大，即在一定限度内，机尾越高，其反向飞行距离也越大，由此确定了飞行器的改进方向。然而，在此过程中，也有学生质疑："急返飞行器的种类和构造有很多，在其他结构中，我们的结论是否适用？"教师对此予以鼓励，肯定其慎重的科学态度和严谨的科学思维，同时借此提出疑问，引导学生更深刻地认识到科学研究的结果要得到推广需要经过重重考验，要考虑各方面的因素，也要允许质疑和反对。而在本次项目活动中，学生们也在倾听、交流甚至争辩的过程中不断拓宽思路、完善结果、以终为始，为之后的进一步探索埋下伏笔。

## 三、活动评价

本次项目活动中对于学生的评价主要从两个维度来考虑：其一是学生对于本体知识的掌握程度及在急返飞行器改进过程中表现出的思维能力，具体评价框架见表4-10；其二是学生在以项目为组织形式的学习活动中展现出的团队能力，具体评价框架见表4-11。

表4-10 急返飞行器思维能力评价表

| 评价维度 | 评价内容 | 自评 | 互评 | 师评 |
|---|---|---|---|---|
| 发现问题的能力 | 1. 能够说出航天器飞行过程中受到的力的种类。 | ☆☆☆☆ | ☆☆☆☆ | ☆☆☆☆ |
| | 2. 能质疑不同航天器飞行路线不同的原因。 | ☆☆☆☆ | ☆☆☆☆ | ☆☆☆☆ |
| | 3. 能初步分析力对于飞行器飞行方向的作用。 | ☆☆☆☆ | ☆☆☆☆ | ☆☆☆☆ |
| | 4. 能发现不同结构的急返飞行器反向飞行距离的差异。 | ☆☆☆☆ | ☆☆☆☆ | ☆☆☆☆ |
| 设计方案的能力 | 1. 能列举可能导致急返飞行器反向飞行距离产生差异的原因。 | ☆☆☆☆ | ☆☆☆☆ | ☆☆☆☆ |
| | 2. 能设计表格，研究不同因素对飞行器反向飞行距离的影响。 | ☆☆☆☆ | ☆☆☆☆ | ☆☆☆☆ |
| | 3. 能运用控制变量思想，完善实验对照组的设置。 | ☆☆☆☆ | ☆☆☆☆ | ☆☆☆☆ |
| 实践改进的能力 | 1. 能用正确的方法收集不同情况下飞行器反向飞行的距离。 | ☆☆☆☆ | ☆☆☆☆ | ☆☆☆☆ |
| | 2. 能结合力学知识分析归纳影响飞行器反向飞行距离的主要因素。 | ☆☆☆☆ | ☆☆☆☆ | ☆☆☆☆ |
| | 3. 能运用试飞结果对飞行器提出改造方案。 | ☆☆☆☆ | ☆☆☆☆ | ☆☆☆☆ |

表4-11 急返飞行器团队能力评价表

| 评价维度 | 评价内容 | 自评 | 互评 | 师评 |
|---|---|---|---|---|
| 合作互助的能力 | 1. 能勇于运用实验方法研究并设计改进方案。 | ☆☆☆☆ | ☆☆☆☆ | ☆☆☆☆ |
| | 2. 能倾听同伴不同的想法，并尊重同伴的建议或意见。 | ☆☆☆☆ | ☆☆☆☆ | ☆☆☆☆ |
| | 3. 能勇于承担项目活动中的不同任务。 | ☆☆☆☆ | ☆☆☆☆ | ☆☆☆☆ |
| | 4. 能在与同伴合作过程中共同解决目标问题。 | ☆☆☆☆ | ☆☆☆☆ | ☆☆☆☆ |

## 四、 活动反思

本次项目活动是以学科教材为依托的延伸学习,学生们在以项目小组为单位的组织形式中进行探讨、合作与实践。整个活动围绕"力的作用效果"这一关键知识点,让学生从理性层面与感性层面进行分析、体会,在巩固学科知识的同时形成更内在的情感态度,而教师作为活动的组织者也对本次尝试有些许感悟。

首先,是项目主题的选择,本次项目活动"急返飞行器"也可以作为单独的 OM 活动在相关年级实施,然而怎样才能更好地发挥活动的作用? 我们尝试将其与学科教材中的知识进行有机衔接,在学生掌握了简单的力学知识之后再进行相应的活动,这不仅可以丰富学生在活动中的思维角度,同时也能借由活动巩固学科知识,使两者起到相辅相成的作用。

此外,本次项目活动的主要目的是让学生感知并分析力在飞行器飞行过程中发挥的作用,并经过实践提出增大其反向飞行距离的改进方法。学生在活动过程中以问题为引领,逐步深入开展探究,由于学生的想法可能会天马行空,故教师在过程中需适时引导问题的走向,使活动始终朝着整体目标有序地向前推进。但同时,教师对学生提出的不同想法须秉持开放、包容的态度,允许学生思维发散的可能。

最后,本活动以项目小组为形式开展实施,教师在活动过程中可运用 PBL 项目化学习工具中的"角色代入"的方法,即引导学生把自己定位为飞行器的"试飞研究员",承担着飞行器改进的重要任务,以此来帮助学生带着信念感更积极地参与整个过程,使其产生更为明确的目标指向。同时,学生沉浸在角色中也会收获更多的情感体验,领悟科研人员投身航天事业的坚韧精神,内化形成更为深刻的情感态度和价值观。

# 第五章　有成长地做

评价的目的在于促进学习，基于核心素养的评价是关注"过程"，明确"终点"，关照到每一个学生个性的评价，我们将表现性评价和形成性评价相结合，将过程性评价与终结性评价相结合，将质性评价与量化评价相结合，无论是"指导者"角色还是"支持者"角色的评价，其落脚点都在于让学习真实发生。

形成清晰、有序、可评的学习目标是项目学习的关键所在。当我们明确了素养为评价导向之后，也就更清楚，评价是为了更好地育人，许多教师便开始了更多创新型评价方式的探索，我们的 I－DO 学习模式也是如此，基于核心素养，关注过程及结果，从开放的多元智能中捕捉学生有价值的表现，在多样的评价方式中促进学生的全面发展。

基于核心素养的评价，是关注"过程"的评价。项目学习以真实情境下的项目驱动学生学习的发生，学生历经科学探究与实践，从理解概念，到应用知识、解决问题，完成能力导向的素养评价，评价贯穿了入项——研究——汇报的整个过程。在这一过程中既有教师对项目可能的调整，也包括学生在项目中重新建构已有的认知，不断提升自己能力的过程。以"数字化生态种植"为例，教师的评价内容包括：提出问题的能力、设计实验的能力、数据分析的能力、合作交流的能力，其评价过程嵌入项目学习进程的评价时间线，在不同时间线里重点测评学生不同水平的发展。评价贯穿着学生学习的过程，参与了学生的动态成长。

基于核心素养的评价，是明确"终点"的评价。项目学习是"以终为始"的设计，要求从一开始就要考虑学习成果和中间探究的过程，明确学习成果和成果公开方式。在项目学习中，学生通过研究并解决一个真实的、有吸引力的复杂问题，在这过程中，学生会形成对重要知识和关键能力的理解，从而学到知识、习得技能、提升能力、发展核心素养。这种学习方式让学生在完成一个个具有逻辑、层级的任务群后，拓宽了思维发展的边界与层级，至于最终达到怎样的发展模型，我们也需要一个看得见、摸得着的评价量表来确定是否取得了预设的教学效果。

基于核心素养的评价，是关照到每一个学生的评价。每一个孩子都以他自己的节奏在成长，项目学习的评价，要尊重学生的个体差异，为每一个学生制订个性化的评价标准和发展目标，突出学生个性的发展。项目学习评价的主体、内容、方法要多元。通过评价发掘学生的优势智能，真正做到因人施评，从而真正做到因材施教。我们每一个独立的个体身上都同时拥有多种智能，具有自身的独特性。具体而言，项目学习在评价主体上，要从单一转向多元，注重多元评价主体之间的交流互动，强调被评价者也应当被看作评价主体。学生、教师、家长、社区工作人员等可共同参与评价过程，通过多样化的渠道反馈被评价者的表现。

基于核心素养的评价，是为求成长而进行的评价。项目学习的评价环节，其目的并不是简单地评估学习者分数的高低。重点在于为学生提供有价值的反馈。通过评价识别学生的强项和弱项，挖掘每个学生的学习潜能预测学生未来的发展潜能等，从多个层面促进学生个人和小组的进步。所以，我们能看到，不同项目会将项目学习中的表现性评价和形成性评价相结合，过程性评价与终结性评价相结合，质性评价与量化评价相结合。

评价者在项目学习中会分为"指导者"和"支持者"两类角色，指导者会更多偏向于"关于学习的评价"的立场，支持者会更多偏向于"促进学习的评价"和"作为学习的评价"的立场，但归根结底，评价的目的还是在于"以评促学"。

创意 25

## "音为爱"原创酷乐队

　　跨学科项目化学习基于学生主体、教师引导的全新学习模式，以完成实践性项目为核心，聚焦学生核心素养的全面发展，将发展跨学科能力与真实生活情境联系在一起，由真实情境激发学生的兴趣和强烈地解决问题的意愿，开展主动、合作、深度的学习。

　　教育部颁发的《义务教育科学课程标准（2022）年版》明确了艺术课程中培养核心素养的重要性，主要包括审美感知、艺术表现、创意实践、文化理解等。"音为爱"原创酷乐队项目以真实校园情境为驱动，聚焦音乐学科核心素养，在实践中提升信息技术能力，引导学生树立正确的价值观，注重培养学生的审美感知、创新能力、发散性思维能力，全方位提升综合性能力，鼓励学生热爱校园生活。同时，锻炼学生欣赏、创编、演奏、演唱和语言表达能力，全方位提高综合性艺术表现能力。

## 一、活动目标

　　1. 通过品味经典名曲，分析作品特点，激发学生音乐创作的兴趣，培养学生的审美感知，提升学生的音乐核心素养。

　　2. 通过小组合作的形式围绕主题创作原创歌曲，团队共同作词作曲，激发学生的创新思维，引导学生感悟生活、热爱生活，全方位提升综合性能力，同时提升学生的沟通能力、语言表达能力及小组协作能力。

3. 利用"库乐队" APP 完成编曲录音，培养学生对信息技术的知识迁移和综合运用能力。借助校艺术节的舞台进行成果展示，提升学生的艺术实践能力，增强学生的音乐自信心。

## 二、 活动过程

### （一） 真实情境，发现问题

校园艺术节作为学生们最感兴趣的校园活动之一，每年都吸引了一大批有特长的学生展示文艺风采，彰显个性魅力。万众期待的第六届校园艺术节即将到来，今年同学们能做出怎样的创新和突破呢？基于校艺术节的真实情境，结合学生们感兴趣的创新实践，运用"教师搭台，学生唱戏"这一新的学习模式，五年级学生参加了"音为爱"原创酷乐队项目化学习，以"我们该为学校的第六届校园艺术节创编一首怎样的主题曲"为核心问题，"如何创作能表现主题、表达情感的曲和词""怎样在团队配合下把原创歌曲完整制作出来""如何以更丰富的艺术表现形式呈现歌曲"为子问题，学生化身小音乐家，感悟音乐的独特魅力。在项目过程中，学生先讨论分析原创歌曲的创作步骤，探讨"校艺术节"这一主题适合的音乐风格，搭建原创歌曲框架，通过小组分工合作、自主探究、组内讨论等方式拟定词曲，并借助"库乐队" APP 编曲录音，完成歌曲制作并进行展示。

### （二） 思考方案，制定计划

对于从未接触过原创音乐的学生们而言，如何分解难点、制订方案，快速激发学生的创造力，树立孩子的信心，有效推进项目化学习进程是我项目初期需要反复斟酌思考的问题。为此，我校负责老师制订了三个阶段的任务和目标：

| 学习阶段 | 学习任务 | 学习目标 |
|---|---|---|
| 第一阶段：<br>初步导入 | 1. 介绍项目任务、目标及预期成果，分组；<br>2. 品味经典名曲，分析作品特点；<br>3. 每人进行 4 小节旋律的创作，初步感受原创。 | 1. 从经典古典作品入手，分析音乐三要素，赏析作品特色；<br>2. 初步感受原创音乐，激发学生兴趣。 |

| 学习阶段 | 学习任务 | 学习目标 |
|---|---|---|
| 第二阶段：作词作曲 | 1. 分组创编旋律，分别对有乐器基础和没乐器基础的学生进行创作方法指导，组内讨论，归纳整理、拟定旋律；<br>2. 各自围绕歌曲主题积累歌词素材，分工合作，对比修改，商榷确定歌词。 | 1. 探讨学习原创歌曲的词曲编写方法；<br>2. 围绕音乐核心素养，灵活运用音乐知识；<br>3. 培养学生的审美感知、创新能力、发散性思维能力。 |
| 第三阶段：成果制作 | 1. 利用库乐队 APP 分乐器合作，制作伴奏；<br>2. 录制人声，完成原创作品；<br>3. 设计制作校园 MV 脚本，学生自导自演拍摄 MV。 | 1. 锻炼学生的信息技术能力，熟练操作使用"库乐队"APP；<br>2. 团队协作完成编曲录音，全方位提高综合性艺术表现能力。 |

### （三）合作探究，收集证据

在项目实施的各个阶段，首次尝试歌曲创作的学生们遇到了不少问题，经过小组合作探究、集思广益、反复推敲，一项项阶段性任务被圆满完成。但是，由于音乐本身是一种主观感受，学生讨论时避免不了出现分歧，教师又是如何帮助学习小组统一意见？如何让出项作品变得更有意义呢？在项目实施的过程中，老师主要找到了以下三个突破点，借助学习支架来保证项目顺利进行。

**突破一：品味经典名曲激发学生创作潜能**

探讨完歌曲主题和创作步骤，歌曲框架搭建完毕后，同学们正式进入了第一步——"曲"的创作。首次尝试谱曲，我校老师发现学生们无一例外地遇到了创作瓶颈，脑海中一片空白、毫无头绪。为了帮助孩子们寻找创作灵感，我制作了一张"古典音乐作品赏析学习任务单"，请学生自行搜集品味经典音乐作品，选择 1—2 首分析其节拍、节奏、情绪、演奏乐器，并标注出有代表性的乐句。在明确了艺术节"轻松愉悦"这一主题特点后，通过组内讨论、对比欣赏，最终孩子们一致决定选用欢快活泼的《幽默曲》作为创作的起点，继而确定主题曲的节拍和速度——2/4 拍，中速稍快，为创作奠定了主基调。

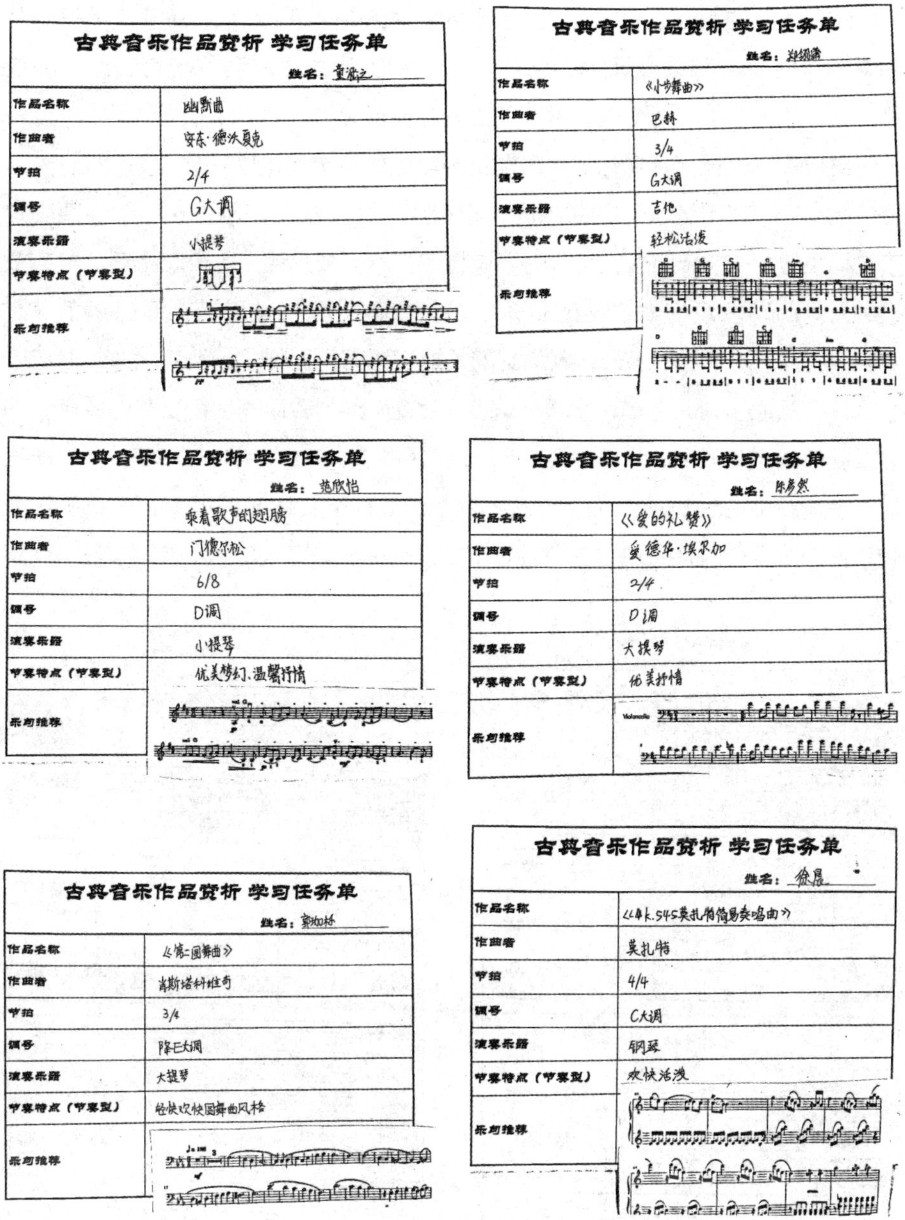

**古典音乐作品赏析 学习任务单**

姓名：童淞之

| | |
|---|---|
| 作品名称 | 幽默曲 |
| 作曲者 | 安东·德沃夏克 |
| 节拍 | 2/4 |
| 调号 | G大调 |
| 演奏乐器 | 小提琴 |
| 节奏特点（节奏型） | |
| 乐句推荐 | |

**古典音乐作品赏析 学习任务单**

姓名：郑颂潇

| | |
|---|---|
| 作品名称 | 《小步舞曲》 |
| 作曲者 | 巴赫 |
| 节拍 | 3/4 |
| 调号 | G大调 |
| 演奏乐器 | 吉他 |
| 节奏特点（节奏型） | 轻松活泼 |
| 乐句推荐 | |

**古典音乐作品赏析 学习任务单**

姓名：范欣怡

| | |
|---|---|
| 作品名称 | 乘着歌声的翅膀 |
| 作曲者 | 门德尔松 |
| 节拍 | 6/8 |
| 调号 | D调 |
| 演奏乐器 | 小提琴 |
| 节奏特点（节奏型） | 优美梦幻、温馨抒情 |
| 乐句推荐 | |

**古典音乐作品赏析 学习任务单**

姓名：陈彦然

| | |
|---|---|
| 作品名称 | 《爱的礼赞》 |
| 作曲者 | 爱德华·埃尔加 |
| 节拍 | 2/4 |
| 调号 | D调 |
| 演奏乐器 | 大提琴 |
| 节奏特点（节奏型） | 优美抒情 |
| 乐句推荐 | Violoncello |

**古典音乐作品赏析 学习任务单**

姓名：郭珈桥

| | |
|---|---|
| 作品名称 | 《第二圆舞曲》 |
| 作曲者 | 肖斯塔科维奇 |
| 节拍 | 3/4 |
| 调号 | 降E大调 |
| 演奏乐器 | 大提琴 |
| 节奏特点（节奏型） | 轻快欢快圆舞曲风格 |
| 乐句推荐 | |

**古典音乐作品赏析 学习任务单**

姓名：徐晨

| | |
|---|---|
| 作品名称 | 《K.545莫扎特简易奏鸣曲》 |
| 作曲者 | 莫扎特 |
| 节拍 | 4/4 |
| 调号 | C大调 |
| 演奏乐器 | 钢琴 |
| 节奏特点（节奏型） | 欢快活泼 |
| 乐句推荐 | |

图 5－1　古典音乐作品赏析学习任务单

《幽默曲》仿佛打开了孩子们的灵感匣子，源源不断的旋律涌现出来，大家互相配合，将古典旋律与丰富多元的音乐元素相结合，把《幽默曲》的主题旋律作为歌曲的前奏、间奏和尾奏贯穿全曲，并分工合作，借用"库乐队"APP的乐器模拟和录音编辑等功能将音乐制作出来。跳动的音符、流动的旋律，饱含了上理学子对学校艺术节的热爱和喜悦之情。

**突破二：设计"可视化记录表"引导学生优中选优做决策**

歌词能更直接地表达歌曲的内容和情感，经过孩子们的讨论，很快便确定了歌词主旨——结合上理工实验的学校特色，展现阳光活力的校园生活、丰富多彩的艺术活动以及奋力追逐的音乐梦想。在素材积累阶段，老师创建了一个"云素材库"，学生们每天将收集到的关键词填写并上传。小组活动时，两组同学分乐段领取学习任务单，本着"词曲紧密结合""歌词表达情感"的原则，开启头脑风暴，从素材库中选择凝练，组合编写。小组商榷时，孩子们各抒己见，意见总是无法统一，大大降低了效率。如何能又快又好地拟定歌词呢？老师依据回收的所有任务单，整理设计了"歌词适配记录表"，按乐句字数罗列展

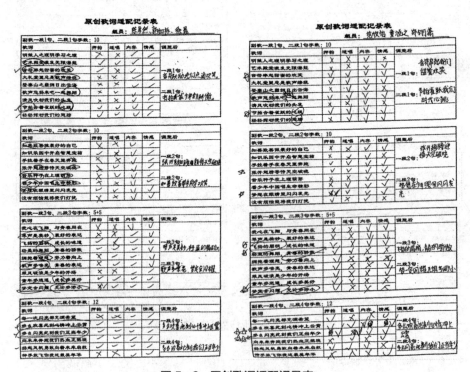

图 5-2　原创歌词适配记录表

示所有备选歌词，请学生们在组长的带领下从"尾音是否押韵""词的发音是否适合旋律走向""内容是否符合主旨""能否准确表达情感"四大维度进行可视化评判，重新搭配组合、修改调整。随后，在"歌词歌名决议会"上，逐字逐句敲定，很快便达成了共识。

**突破三：探索综合性艺术表现形式促进学生成果推广**

经过一周时间的录音制作，两组各自完成了原创歌曲，在出项展示会上，分别准备了精美的PPT介绍他们作品的灵感来源、分工情况、制作过程等，并用自己的方式现场演绎了出项作品，由现场每一位同学匿名对两首歌曲进行打分。最终，以学校办学理念命名的作品《每一个都闪亮》脱颖而出，更胜一筹。出项不是结束，如何让这首倾尽全力用心创作的主题曲以更好的艺术表现形式向全校推荐呢？在讨论中同学们提出了大胆的建议："我们来拍一支校园MV吧！把学校里每一处有艺术气息的小角落加入我们的作品中！""好主意！那我们一起来完成吧。"老师指导孩子们设计了"MV拍摄镜头脚本表"，两组认领了各自任务，根据歌词内容清楚罗列取景位置、出演人员、使用道具等，集体汇总后，孩子们带着脚本和摄像机，边唱边拍边探索：如何让画面更丰富？如何取景更能展现校园之美？如何设计动作才能更直接地表现歌词的含义？最终《每一个都闪亮》以声像结合的形式在艺术节开幕式上隆重亮相，有声有色，相得益彰，尽情展现了上理学子的蓬勃力量，为学校艺术节增添了一抹特别的光彩。

**（四）形成修订，成果展示**

经过小小音乐家们的编曲录音制作和校园MV拍摄，第六届学校艺术节原创主题曲《每一个都闪亮》以声像结合的形式横空问世，并在学校艺术节开幕式上隆重首发！活泼轻快的旋律、能量满满的歌词、阳光灿烂的笑脸，每一个音符、每一帧画面都充满了上理人的蓬勃力量，这是属于上理学子自己的歌。此外，《每一个都闪亮》还在艺术节期间走进班级，全校师生共同学唱，并在"艺路童行，星耀上理"第六届学校艺术节闭幕式暨六一集会的最后全场大合唱，为艺术节画上了圆满句号。

| 《每一个都闪亮》MV拍摄镜头脚本汇总表 | | | | |
|---|---|---|---|---|
| 歌词/前奏间奏 | 取景位置 | 出镜人员 | 道具 | 备注 |
| 《曲歌曲》提琴演奏 | 校歌墙、小花园 | 童涵之 | 小提琴 | |
| 前奏 | 校门口、拍摄放园风景 | / | | 制作片头字幕 |
| 扬起风帆勇敢向着未来启航 | 四楼新教室门口 | 郭功杯 | | |
| 美妙歌声给我们力量 | | | | |
| 向前闯，大声唱 | 新教室后面合唱台阶 | 陈彦然 | | |
| 不迷茫，不彷徨 | | | | |
| 理想绽放出耀眼光芒 | 新教室后面合唱台阶 | 郭功杯、陈彦然 | | |
| 伸出双手放飞我们心中梦想 | UFO门口队人旗 | 郑翎潇 | | |
| 鲜红领巾在胸前飘扬 | | | | |
| 每一天，都更好 | UFO门口少先队墙 | 徐晨 | | |
| 每一个，都闪亮 | | | | |
| 明理尚普伴我们成长 | UFO门口少先队墙 | 郑翎潇、徐晨 | | |
| 音符串起我们点点欢笑 | 操场绿草地 | 全体成员 | 尤克里里 | 录制奔跑 |
| 张开翅膀拥抱世界美好 | | | | |
| 伴晨风歌唱，迎朝阳舞蹈 | | | | |
| 向未来奔跑让青春热血燃烧 | | | | |
| 节拍跃动我们时代心跳 | 领操台 | 剧本成员 | | 体现节拍 |
| 时光承载少年岁月骄傲 | | | | |
| 梦终会闪耀，无惧多渺小 | UFO台阶 | | | |
| 多么闪亮此刻我们正当年少 | 新教室钢琴 | | | |
| 间奏 | 音乐教室 | 全体成员 | iPad设备 | 创作时画面 |
| 伸出双手放飞我们心中梦想 | 打击乐教室 | 范欣怡 | 红领巾 | 红领巾 |
| 鲜红领巾在胸前飘扬 | | | | 拥抱梦想 |
| 每一天，都更好 | 四楼舞蹈房 | 童涵之 | | 范欣怡 弹琴 |
| 每一个，都闪亮 | | | | |
| 明理尚普伴我们成长 | 四楼舞蹈房 | 范欣怡童涵之 | | 走上来一起合唱 |
| 音符串起我们点点欢笑 | 一楼钢琴小舞台 | 全体右成员 | | 范 |
| 张开翅膀拥抱世界美好 | | | | |
| 伴晨风歌唱，迎朝阳舞蹈 | 明理楼门口 | | | 开心歌唱 |
| 向未来奔跑让青春热血燃烧 | | | | |
| 节拍跃动我们时代心跳 | UFO | 全体成员 | | 楼梯上排列 |
| 时光承载少年岁月骄傲 | | | | |
| 梦终会闪耀，无惧多渺小 | UFO台阶 | | | 楼梯上一丝一排 |
| 多么闪亮此刻我们正当年少 | 音乐教室钢琴边 | | | |
| 尾奏 | 校门口 | 全体成员 | | 边走边笑，聊天 |

图 5-3  MV 拍摄镜头脚本表

| 第一阶段：自主探究实践评价量规 | |
|---|---|
| | 姓名：_____ |

你在品味经典、赏析古典音乐作品、寻找原创灵感的过程中是否进行了仔细的分析研究？是否将音乐核心知识温故而知新了？请给你自己在下列维度上打分，5分表示最高分，1分表示在这个方面还有待努力。

| 评价内容 | 自评（1—5分） |
|---|---|
| 1. 我有较浓的学习兴趣，乐于探究、勤于动脑，全心全意投入自主探究学习，在规定的时间内我的研究步骤是很清晰的。 | |
| 2. 我能运用多种检索途径搜集经典音乐作品。 | |
| 3. 我能养成良好的倾听欣赏音乐的习惯，能正确感受音乐情绪。 | |
| 4. 在经过多首音乐作品的对比欣赏后，我能根据要求选择出自己最喜欢且最适合的一首作品。 | |
| 5. 我能根据学习任务单，认真填写作品名称、作曲家、节拍、调号、演奏乐器、节奏特点。 | |
| 6. 我通过多种途径对所填写的学习任务单内容的正确性进行了核实，并及时作出了分析调整。 | |
| | 总分： |
| 总体来说，我对自己的探究性实践活动是否满意_____ | |
| 学生签名： | |
| ＊一旦你签名了，表明你对自己的评价是公正且客观的，是诚实且准确的。 | |

## 三、 活动评价

　　学生的项目化学习是一个由教师引导的提出问题、分析问题、试探问题、解决问题的过程，在项目化学习的整体过程中，全方位锻炼了学生自我探究、团队协作、实践创新、知识迁移的能力。为了帮助学生正确认识并反思自己在整个项目化学习中的优劣势，我针对每个学习阶段的学习任务、方法和目标，从探究性实践、社会性实践、终结性成果展示三个方面分别设计了量化评价表，列举各个阶段的评价维度和标准，多重反映学生在项目化学习中的表现，全方位帮助学生反思成长。

　　在"音为爱"原创酷乐队项目化学习的整体实施过程中，我一共将其分成了三个学习阶段——初步导入、作词作曲、成果制作，其中贯穿了自主探究、小组讨论、创新实践等不同的活动形式，在实践过程中，老师采用了全程评价的方式，在每个阶段结束时都分别针对学习目标设计了评价表格，以促进学生个人和团体的共同进步。

创意 26

# 认识人民币

　　《义务教育课程方案和课程标准（2022 年版）》中提出，综合与实践是小学数学学习的重要领域。学生将运用数学和多学科知识，在实际情境和真实问题中经历发现、提出、分析并解决问题的过程，感悟数学知识之间、数学知识与其他学科知识之间以及数学与科技和社会生活之间的联系。通过积累活动经验，感悟思想方法，形成模型意识、创新意识，提高解决实际问题的能力，形成和发展核心素养。[①]

　　数学学科具有高度的抽象性、确定性和广泛的应用性，这是数学学科区别于其他学科的本质特征。教师在自身的教学过程中更习惯性地采用传统讲授式的教学，希望学生能够有效率地获得相关的数学知识，但在学生的实际反馈中发现效果并不佳。在传统讲授式的教学中大多强调间接经验的获得，这样获得的本领由于在一定程度上忽视了学生的主体能动性，学生不能很好地理解核心概念与知识，在从简单到抽象的过程中遇到了一定的障碍。

　　随着时代的发展，对于现在一年级的小朋友来说，人民币是非常陌生的，甚至在日常购物中也不需要使用人民币。因此，学生通过自主参与"欢乐购物街"主题活动，能更好地掌握人民币的相关知识。

---

① 刘悦红. 小学数学综合实践活动课程内容实践研究［J］. 辽宁教育，2022（17）：16—20.

# 一、 活动目标及方案制定

## （一） 活动目标设计

新课标中提出，学生在数学学习过程中逐渐形成和发展面向未来社会和个人发展所需要的核心素养。在《认识人民币》这一课中，主要是让学生掌握与人民币相关的知识，比如认识人民币、人民币之间的换算，能够进行简单的购物等。学生在日常生活中对于人民币的接触相对是较少的，并随着时代的发展，随家人外出购物时也不常见到人民币，因此学生对人民币以及常见物品的价格是比较模糊的。结合本课教材与学情，确立了以下 4 个目标：

1. 通过"认一认"活动，认识人民币，知道人民币的单位有元、角、分，会说出人民币的币值。

2. 通过筹备"欢乐购物街"活动，知道元与角、角与分之间的进率，会进行人民币的简单换算。

3. 在"买与卖"的购物情境中，加深对加减运算的理解，渗透模型意识，发展量感与应用意识。

4. 了解货币的意义，体会货币交流的过程，感受商品与货币的关系，具有勤俭节约的意识，形成初步的金融素养。

## （二） 活动方案制定

活动设计包含核心任务和任务序列的设计。将核心任务划分为若干个子任务或者问题，明确各子任务之间的逻辑关系。任务序列设计要围绕核心任务展开，并要合理规划学习任务序列。这样有助于学生理解解决复杂问题的思路，促进深入探究。同时在进行设计时需要对新知内容进行结构化整合，探索发展学生核心素养的路径。在活动过程与结果的关系中，重视数学结果的形成过程；在直观与抽象的关系中，重视数学内容的直观表述；在直接经验与间接经验的关系中，重视学生直接经验的形成。①

---

① 中华人民共和国教育部. 义务教育数学课程标准（2022 年版）［S］. 北京：北京师范大学出版社，2022：2—4.

"认识货币单位知识的学习"是第一学段综合与实践的主题活动，通过"欢乐购物街"主题活动帮助学生积累数学活动经验，关注幼小衔接，从而在实际情境中认识人民币，会进行人民币的简单换算，了解货币的意义，养成勤俭节约的意识，形成初步的金融素养。

对任务序列的展开与推进的设计，就是对综合实践活动过程的设计。过程设计要充分考虑发挥学生的主体作用，学生是学习的主体，教师是学习的组织者、引导者与合作者，为学生多种学习方式的实践提供机会。支持学生运用调查研究、收集数据、探究分析、实践活动、合作交流、反思评价等多种方式参与其中，积累活动经验，沟通学科之间的联系，沟通学科知识与生活的联系，提升学习能力和解决问题的能力。

此主题活动围绕以下几个小任务展开：

| | |
|---|---|
| | 认一认人民币 |
| | 筹备"购物街" |
| "欢乐购物街"主题活动 | "购物街"里"买与卖" |
| | 体验生活购物 |
| | 货币小百科 |

我们借助以上小任务，在完成各项任务的过程中开展"欢乐购物街"主题活动。

## 二、活动过程

### （一）布置购物活动，寻找相关信息

在传统教学中，"认一认人民币"的过程是在课堂里发生的。教师要板书课题介绍人民币，让学生通过课堂学习来认识它。而在本次学习活动中，则是先布置"认一认人民币"的任务。

"小朋友们，一个月以后我们将组织一场'买与卖'的购物活动，也就是'欢乐购物街'。每个小朋友都可以拿出自己的物品去卖，也可以拿着人民币去

购买你喜欢的物品。"

　　学生如果想要"买与卖"，就会发现自己一定要认识人民币，这样才能和其他学生进行交流。认识人民币的任务提前就布置了。那么在认识人民币的过程中，学生会发现一些问题，如"人民币背面的图案表示什么？""人民币上的金线有什么用？""人民币右下角的小圆点表示什么？""人民币上的一串数字是什么意思？""人民币背面的特殊文字是什么？"甚至有心的学生可能在货架上看到"5.8元"，思考"人民币和小数有关系吗？"当学生看到了人民币上这些图案、金线、圆点的时候，提出了这些问题，那么他们就会带着问题去请教周围的人，也会到网上去查一查，通过自己提出问题，不断地来解决问题。提问的过程也是一个认识人民币的过程。

　　那么通过查找资料、分享交流，揭开人民币里的小秘密。揭秘图案是我国的风景，编号在货币领域的术语叫人民币冠号，右下角的小圆点是盲文，金线是防伪线，背面的特殊文字是我国少数民族文字。在这个任务过程中学生把自己提出的问题解决了，通过交流分享，进一步认识人民币。

### （二）自主筹备交易，体验交易过程

　　接下来的任务环节则是本活动中的关键活动。"欢乐购物街"这个活动是需要充分准备的，筹备"购物街"则是这个活动中非常重要的准备环节。在这个任务中，则需要教师和学生共同筹备。学生要自主准备参与活动，不管是"买家"还是"卖家"，都需要进行充分准备。每个同学都会在活动中有不同的两个角色，既可以当售货员卖东西，也可以当顾客买东西，在真实的情境中认识人民币。准备的过程就是又一次认识人民币的过程。

　　学生作为"卖家"，想要卖出一块橡皮，就会思考这块橡皮的价格是多少；作为"买家"，想购买一个玩偶，就需要准备好钱，玩偶的心理预期价格是多少，都需要事先了解。在这个过程中又是一次认识人民币的过程。

　　由于大多数学生只能够考虑到"买与卖"的进行过程中会遇到的问题，因此需要引导学生想一想除了"买卖"时要考虑的问题，是否还有"买卖"所需要的准备。学生在日常生活的观察中又想到了作为"买家"还需要准备购物袋以及不同币值、数量的人民币；作为"卖家"也需要准备好商品并标记合理的价格、零钱及放置商品的货架。同时作为班级集体活动，学生还主动作出约

定：当我们作为"卖家"进行服务的时候，要做到热情服务，主动和顾客打交道，学会人与人的交往；当我们作为"买家"时，也要做到文明购物，友好商量价格。

教师负责为学生准备好作为学具的"人民币"，在活动过程中引导学生进一步认识人民币，知道元与角、角与分之间的进率，进行不同面值人民币之间的换算。学生在以上的准备活动中，已经认识了人民币，也有了同学与同学的交流；同时也把人民币元、角、分的认识过程拉长，让学生在活动过程中慢慢地认识。

"购物街"里的"买与卖"是本次活动的重点。学生轮流充当购物者、售货员，在由自己筹备的"欢乐购物街"中进行"购物活动"。学生会在活动中记录"买""卖"物品的过程。学生在活动中会记录花了多少钱？收入了多少钱？找回了多少钱？除去以上购物中能够直接找到的问题，还能够通过解决问题，记录一些能够让学生加深活动印象的信息，如在购物的过程中遇到了什么困难？是怎样解决的？还有哪些有意思的事情？

当学生在活动中遇到困难时，教师会到"商店"里进行指导，如"我想买一块橡皮，售货员报价 2.5 元。 2.5 元是什么意思？如果我给售货员 3 元，他应该找我多少钱呢？"这里就涉及元、角、分单位的换算。同时教师要关注还有哪些"商店"遇到这些问题，并集中进行指导。在以上的活动过程中，既加强了学生之间的交流，也进一步认识了人民币，复习了关于加减法的运算。在活动中，学生提出："我买了这几种物品，一共花了多少钱？"要用加法来解决问题。"我带了 20 元，买了一个玩偶花了 12 元，应该找回多少钱？"要用减法来计算。在这个"买与卖"的过程中，学生对数量关系特别是加减法模型又有了进一步的感悟。

学生在这"一买一卖"的过程中，学会了认识人民币，换算人民币，感悟货币与商品的关系，理解了数量关系，感悟了加减法模型，培养了量感与应用意识，学会了交流合作，体会了买者和卖者操作过程和思考方式的不同。 100元、 10 元、 1 元分别能买到什么东西，是在"买与卖"的活动中，学生对人民币有了认识，同时也发展了量感，通过学以致用，在做中学。

**（三）结合生活场景，感受现实差异**

体验生活购物任务则是学生跟随家长到超市、商场等场所，体验真实的购物场景，积累购物的经验。有些学生提出："我想买一包薯片和一袋果冻，应该怎样和服务员打招呼？有些超市的自助购物，我们可以如何寻求帮助？"在现代的购物中，大多数情况不是真正的人民币交换，而是需要用手机扫码支付，也让学生体验到目前我们真实的购物情境。这里依然有加减的运算、对数量关系的理解。同时也需要在课堂中让学生交流分享他们实际的购物体验，讲述生活中的购物经历和他们新的发现、新的体会。

### （四） 搜寻货币知识，体会价值衡量

最后的货币小百科任务是为了解决学生自身对货币还存在的疑惑。他们在之前一系列活动中，有了一些收获。在这些收获的基础上，还想知道一些信息。由此提出问题：没有货币的日子里，人们是如何进行交换的？货币的出现给我们带来了什么价值呢？除了人民币，还有其他货币吗？我国为什么要发行多套人民币？学生在提出问题、寻找答案、交流分享的过程中，进一步了解了人民币的发展历程，同时进一步认识到货币与商品之间的关系，培养了金融意识。

## 三、 活动评价

评价设计应贯穿主题式学习的全过程，不仅要关注学生学习数学的结果，还要关注学生学习数学的过程；不仅要关注学生对教学内容的掌握情况，还要关注学生参与活动的程度。评价的目的不仅在于检查学生的学习活动成效，更要发挥评价的引导、激励作用，通过评价反馈校正学生的学习进程，激励学生主动学习探究。采用多元的评价主体和多样的评价方式，鼓励学生自我监控学习的过程和结果。

"欢乐购物街"活动之前，教师要了解学生已有的购物经验，确定学生的课前知识基础和经验。在"认一认人民币"中，教师通过观察学生对人民币提出的问题、自行查阅得到的资料、课堂互相分享交流、自行解决问题等学习行为，评价学生参与认识人民币的情况。

筹备"购物街"和"购物街"里的"买与卖"能让学生亲身经历"买卖"过程的活动。在此活动前，学生不仅要了解"买家""卖家"的身份，还需要对

生活中常见物品的价格进行初步了解。有些学生能够在活动前先思考自己想要什么，生活中常见、常用的物品有什么，并记录下来。当确定完物品内容后，再有计划地前往商场、超市记录价格；或者是向家长求助，询问他们这些物品的价格。在对物品价格有大致了解的情况下，再进行"买与卖"活动，这样学生能够在活动中获得更好的体验感。在活动后组织学生结合自己的记录表对当天的"买与卖"活动进行交流、互评。

在体验生活购物这一活动中，学生自行体验购物场景，思考探索问题。记录自己的购物情况，并结合自己的购物经历，在课堂上互相交流心得。有学生还关注到了某一类物品存在不同品牌、不同价格，而且同一种物品在不同商超价格也会有所不同。这些学生记录下了不同的价格，个别学生还组团进行课外研究。

货币小百科是以开放式的形式提问关于货币的其他知识，在这一活动中教师更多地关注学生对货币是否有其他发散思维，作为拓展活动进行评价。

表5-1　"认识人民币"主题式活动评价量表

| 项目 | 评价标准 | | |
|---|---|---|---|
| | ★★★ | ★★ | ★ |
| 认一认人民币 | 能够认真观察人民币，提出不少于3个问题。 | 能够认真观察人民币，提出1—2个问题。 | 观察人民币不够仔细，未能提出问题。 |
| | 积极查找并整理相关的人民币资料。 | 积极查找相关的人民币资料。 | 查找相关的人民币资料不主动。 |
| | 主动交流分享，耐心倾听他人观点。 | 能够交流分享，耐心倾听他人观点。 | 耐心倾听他人观点但未能交流分享。 |
| | 认识人民币，能够迅速说出人民币的单位及币值。 | 认识人民币，能够说出人民币的单位及币值。 | 认识人民币，说出人民币的单位及币值还有困难。 |
| 筹备"购物街" | 了解生活中常见物品的大致价格。 | 基本了解生活中常见物品的大致价格。 | 不了解生活中常见物品的大致价格。 |
| | 积极做好"买家"与"卖家"的准备工作。 | 大致做好"买家"与"卖家"的准备工作。 | 未做好"买家"与"卖家"的准备工作。 |
| | 知道元、角、分之间的进率，能够熟练进行人民币换算。 | 知道元、角、分之间的进率，能够进行人民币换算。 | 对元、角、分之间的进率不熟悉，进行人民币换算不熟练。 |

| 项目 | 评价标准 | | |
|---|---|---|---|
| | ★★★ | ★★ | ★ |
| "购物街"里"买与卖" | 积极参与"买与卖"的活动。 | 参与"买与卖"的活动。 | "买与卖"的活动参与不积极。 |
| | 准确记录"买与卖"的过程。 | 记录"买与卖"的大致过程。 | 未能记录"买与卖"的过程。 |
| | 主动分享自身"买与卖"情况,认真倾听他人情况。 | 分享自身"买与卖"情况,认真倾听他人情况。 | 认真倾听他人情况,未分享自身"买与卖"情况。 |
| 体验生活购物 | 积极跟随家长体验真实购物。 | 跟随家长体验真实购物。 | 未跟随家长体验真实购物。 |
| | 认真记录自己的购物过程。 | 大致记录自己的购物过程。 | 未能记录自己的购物过程。 |
| | 主动分享自己的购物情况,认真倾听他人分享。 | 分享自己的购物情况,认真倾听他人分享。 | 认真倾听他人分享,但未能分享自己的购物情况。 |
| 货币小百科 | 对货币还有其他思考,提出2—3个相关问题。 | 对货币还有其他思考,提出一个相关问题。 | 未能对货币有其他思考。 |

表5-2 "认识人民币"主题式活动评价表

| 项目 | 评价内容 | 自评 | 互评 | 师评 |
|---|---|---|---|---|
| 认一认人民币 | 1. 认真观察人民币,提出问题。 | ☆☆☆ | ☆☆☆ | ☆☆☆ |
| | 2. 积极查找相关人民币资料。 | ☆☆☆ | ☆☆☆ | ☆☆☆ |
| | 3. 主动交流分享,耐心倾听他人观点。 | ☆☆☆ | ☆☆☆ | ☆☆☆ |
| | 4. 认识人民币,说出人民币的单位及币值。 | ☆☆☆ | ☆☆☆ | ☆☆☆ |
| 筹备"购物街" | 1. 了解生活中常见物品的大致价格。 | ☆☆☆ | ☆☆☆ | ☆☆☆ |
| | 2. 积极做好"买家"与"卖家"的准备工作。 | ☆☆☆ | ☆☆☆ | ☆☆☆ |
| | 3. 知道元、角、分之间的进率,并进行人民币换算。 | ☆☆☆ | ☆☆☆ | ☆☆☆ |
| "购物街"里"买与卖" | 1. 积极进行"买与卖"的活动。 | ☆☆☆ | ☆☆☆ | ☆☆☆ |
| | 2. 准确记录"买与卖"的过程。 | ☆☆☆ | ☆☆☆ | ☆☆☆ |

| 项目 | 评价内容 | 自评 | 互评 | 师评 |
|---|---|---|---|---|
| | 3. 主动分享自身"买与卖"情况,认真倾听他人情况。 | ☆☆☆ | ☆☆☆ | ☆☆☆ |
| 体验生活购物 | 1. 积极跟随家长体验真实购物。 | ☆☆☆ | ☆☆☆ | ☆☆☆ |
| | 2. 认真记录自己的购物过程。 | ☆☆☆ | ☆☆☆ | ☆☆☆ |
| | 3. 主动分享自己的购物情况,认真倾听他人分享。 | ☆☆☆ | ☆☆☆ | ☆☆☆ |
| 货币小百科 | 对货币还有其他思考,提出相关问题。 | ☆☆☆ | ☆☆☆ | ☆☆☆ |

表5-3 "认一认人民币"活动记录表

| |
|---|
| 1. 观察人民币,你发现了什么? |
| 2. 根据你的发现,你能提出什么问题? |

表5-4 "欢乐购物街"买卖情况记录表

| 身份: 买家 | 身份: 卖家 |
|---|---|
| (请在表格内记录购买物品、物品价格、支付情况) | (请在表格内记录卖出物品、物品价格、找零情况) |

**表 5-5 "体验生活购物"活动记录表**

| |
|---|
| 时间:<br>购物地点: |
| （请在表格内记录购买物品、物品价格、支付情况） |
| 家长的话: |
| 我的感受: |

**表 5-6 "货币小百科"活动记录表**

| |
|---|
| 1. 通过本次活动的学习，你对货币还有什么想了解的吗？ |
| 2. 根据你的疑问，收集一些资料吧。 |

　　本次主题活动的评价设计是基于活动目标的。在记录各个任务完成情况的过程中了解学生的学习过程，在参与活动的过程中掌握教学内容。结合活动记录、活动过程表现，从学生自己、小组同学、教师三个方面对整个活动过程的各个任务完成情况进行评价。同时结合"体验生活购物"项目特点，邀请家长对孩子完成此任务的表现进行交流评价。

## 四、 活动反思

学生围绕"认识人民币"一课新知深入思考，在真实的"买与卖"的购物活动中产生学习的需求。如果不认识人民币，就无法与小伙伴完成"买与卖"的活动，由此激发了学习兴趣，产生了学习需求，并进行了经验的迁移。学生的思维不断推进，特别是在遇到一个新的问题时，能尝试分析问题，尝试解答，且在学生之间互动交流、质疑、反思的过程中，促进学生深度思考，更好地掌握人民币的相关知识并进行适当拓展。学生主动参与以上活动，调动自身的思维、积极思考，而不再是仅仅记忆知识。他们在面对问题的时候，每个人亲身体验了活动的过程，在活动中尝试解决问题，交流反馈，深入思考，用自己所学的知识主动去尝试，激发学生的创新意识，最终会帮助学生培养创新能力。同时学生在生活场景中进行练习，不仅夯实了基础，还加强了对知识的掌握。这样的学习为学生提供了在做中学数学、理解数学的活动机会；改进了育人方式，也促进了核心素养的落实。

**创意 27**

## 思 · 忆清明

## 一、项目简介

本项目旨在让学生通过了解清明节的历史文化与传统习俗，研究与清明相关的古诗词和绘画作品，感知清明这一传统节日的魅力；通过对英烈事迹的学习和家族历史的调查，感知清明祭祀的意义。通过调查观测，让学生了解清明气候变化与清明时节农业生产的现状；通过多学科知识的融合和项目化的活动体验，引导学生文明而有意义地过好清明节。

## 二、提出问题

2023 年清明将至，作为传统节日，我们为什么要过清明节？清明又有哪些传统习俗呢？古人常说："清明时节雨纷纷。"难道清明节总是雨天吗？清明作为二十四节气之一，它与我们的农业生产有什么联系？时代在发展，有些传统习俗并不适合新时代的需求，如何继承传统，又创新形式，过一个充实、文明而有意义的清明节呢？（各子项目问题详见表 5 - 7）

表 5-7 观察生活提出问题

| 子项目名称 | 问题举例 |
|---|---|
| 清明气候 | 清明天气真的是雨纷纷吗? 如何绘制各种统计图表现清明气候变化? 清明气候变化出行要注意什么? |
| 清明农事 | 清明期间有哪些农作物? 这些农作物各有什么特点? 在播种、采收农作物的过程中应注意什么? |
| 清明习俗 | 清明节有哪些传统习俗? 哪些传统习俗我们要继承? 哪些要改进? |
| 清明诗情 | 在浩瀚的古诗词中, 有哪些诗词是与清明节相关的? 如何通过朗读表现古人的清明情怀? |
| 清明画意 | 有关清明的古代名画有哪些? 古代画家是如何表现清明的? 如何用掌握的美术方法表现清明? |
| 清明缅怀 | 哪些人物值得我们在清明节怀念? 清明祭祀的习俗有哪些? 我们如何文明祭奠? |

## 三、 跨学科概念

本项目将学科课程和跨学科课程相融合,以"清明气候""清明农事""清明习俗""清明诗情""清明画意""清明缅怀"这六大主题为主轴,打破课时界限,模糊学科边界,让学生进行自主的探索性活动。

## 四、 学习目标

本项目以学生了解清明传统文化为切入口,通过系统化学习体系的建构,促进学生对所学知识的应用与实践,增加学生对传统节日文化的了解,提高学生收集整理信息的能力,增强学生的文化自信和民族凝聚力,提高学生对传统节日、对生活、对家乡、对祖国的热爱之情(各子项目学习目标详见表 5-8)。

表 5-8　各子项目学习目标

| 子项目名称 | 学习目标 |
|---|---|
| 清明气候 | 了解二十四节气的来历，感受中华文化的博大精深；通过调查清明节期间的天气变化情况，锻炼动手动脑能力，并制订出相应的清明节出行指南，增强关注身边环境的意识，培养生活自理能力。 |
| 清明农事 | 能认识清明期间常见的农作物，了解农作物生长情况；学习解剖农作物的花的结构，了解农作物播种、培育及采收等情况，并参与农事体验，体验田间劳动的快乐，感受田园美景，培植爱农情怀。 |
| 清明习俗 | 了解有关清明的一些习俗，通过亲身参与各项活动，感受春天的温暖与生机勃勃，热爱中国传统节日、热爱劳动、热爱生活。 |
| 清明诗情 | 了解有关清明的古诗词，根据古诗词感知古人的清明情怀；并通过诵读经典清明诗词，感受中华传统文化的魅力，增强文化自信和民族自信。 |
| 清明画意 | 了解有关清明的古代名画，通过欣赏感受画中蕴含的清明文化，感受传统绘画艺术之美，学会收集信息、欣赏绘画的能力，加深对传统节日文化的认识，增强文化自信和民族自信，能用自己掌握的绘画技能表现自己心中的清明节。 |
| 清明缅怀 | 通过"清明缅怀"主题活动，了解中华民族不屈不挠的历史，缅怀革命先烈，激发爱国情怀；了解自己的家族历史及祖先，激发自己的家族自豪感及传承的信心；学会文明祭祀，破除封建迷信。 |

## 五、 项目评价

为实现多元化的评价，本项目的评价主要关注两点：一是评价主体的多元化。在多个环节开展自我评价、小组评价、家长评价和老师评价等，帮助学生在不同评价中不断反思，认识自我。二是评价策略的多元化。结合各子项目内容特点及学情，运用过程性评价与终结性评价相结合的方法，考查学生的学习情况。

表 5-9  项目化学习过程性评价表

| 评价内容 | 评价指标与等级 | | | 星级评定 | | | |
|---|---|---|---|---|---|---|---|
| | ★★★ | ★★ | ★ | 自评 | 组评 | 家长评 | 教师评 |
| 计划制定 | 计划有针对性、科学性、实践性，分工明确 | 计划有一定的针对性、科学性，但实践性不强 | 计划有较多瑕疵，实践性不足 | | | | |
| 资料收集与整理 | 对课内外的资料进行精心挑选与整理 | 对课内外的资料进行收集，但缺乏整理 | 以课内的资料为主，课外拓展资料很少 | | | | |
| 实践参与 | 全程参与各项目活动，全身心投入 | 参与大部分项目活动，积极认真 | 应付性地参与部分活动 | | | | |
| 小组合作 | 在组内与成员有良好合作，能给出建议，并对小组有较大的贡献 | 参与协作，推动小组工作，对最终成果有一定贡献 | 有参与但缺乏协作，整体参与度不高 | | | | |
| 成果展示 | 完成质量好，有创意，展示形式新颖 | 完成质量一般，展示形式有少许亮点 | 完成质量较弱，展示形式单一 | | | | |

表 5-10  项目化学习终结性评价

| 评价内容 | 评价指标与等级 | 星级评定 | | | |
|---|---|---|---|---|---|
| | | 自评 | 组评 | 家长评 | 教师评 |
| 知识水平 | 掌握与清明这一传统节日相关的知识和英烈事迹 | ☆☆☆ | ☆☆☆ | ☆☆☆ | ☆☆☆ |
| 技能养成 | 掌握熟练收集与整理信息的能力，养成发现问题并用所学知识与技能解决问题的能力 | ☆☆☆ | ☆☆☆ | ☆☆☆ | ☆☆☆ |
| 自主意识 | 自觉参与项目学习，能自我管理，能控制自己的情绪 | ☆☆☆ | ☆☆☆ | ☆☆☆ | ☆☆☆ |
| 合作共享 | 团结同学，与组员有良好的合作，学会与他人分享研究所得，能与他人合作完成清明成果展示 | ☆☆☆ | ☆☆☆ | ☆☆☆ | ☆☆☆ |

| 评价内容 | 评价指标与等级 | 星级评定 | | | |
|---|---|---|---|---|---|
| | | 自评 | 组评 | 家长评 | 教师评 |
| 创新表现 | 能在活动中提出建设性意见，能创造性地完成项目作品 | ☆☆☆ | ☆☆☆ | ☆☆☆ | ☆☆☆ |
| 人文情怀 | 热爱传统节日文化，热爱英烈，热爱生活，热爱家乡，热爱祖国 | ☆☆☆ | ☆☆☆ | ☆☆☆ | ☆☆☆ |
| 总评： | □优秀<br>（51—72 颗星） | □良好<br>（26—50 颗星） | | □合格<br>（0—25 颗星） | |

学生在跨学科学习过程中也可以尝试和老师一起根据学习实践和成果展示设计不同类型的评价量表，并在过程中不断进行修改、补充。通过这些评价量表，教师可以对学生的跨学科学习进行过程性评价，及时地激发学生的活动兴趣。

评价的内容和主体应该多元化，而不单单是某个人或一项指标。在评价的内容上，学生对本次跨学科学习推进所起的作用、所作出的贡献都可以作为评价标准；在评价主体上，学生、组员和教师都应该是评价主体，自评、组员互评、家长评价以及教师评价可以使评价更准确，甚至可以利用微信公众号呈现学生的跨学科学习成果，再利用其中的投票功能，发动广泛主体进行评价。

# 六、项目实施

本项目借助清明节进行宣传，利用班级群进行预热宣传，呼吁五年级学生积极开展"思·忆清明"项目，引导学生走进清明，了解清明，过一个文明而有意义的清明。各子项目同步启动并开展相关活动。

**任务一：清明气候**

**活动目标**：了解二十四节气的来历，感受中华文化的博大精深。通过调查清明节期间的天气变化情况，制订相应的清明节出行指南，锻炼学生的动手动脑能力，增强学生关注身边环境的意识，培养学生的生活自理能力。

**核心问题 1**：清明天气真的是雨纷纷吗？

**核心问题 2:** 如何绘制各种统计图表现清明气候变化?

**学习活动:**

1. 制订清明气候的调查活动计划表。明确本子项目活动的目标、任务、方式,各小组成员进行合理的分工,为项目学习做好前期的准备。

2. 通过网络查询二十四节气的有关知识,并对资料进行整理。学生发现:春秋时期的《尚书》中就对节气有所记述。在商朝时只有四个节气,到了周朝时发展到了八个。二十四节气的名称首见于西汉刘安的《淮南子·天文训》,《史记·太史公自序》的"论六家要旨"中也提到阴阳、四时、八位、十二度、二十四节气等概念。公元前 104 年,由邓平等制定的《太初历》把二十四节气定于历法,现行的"二十四节气"来自于三百多年前依据太阳黄经度数划分的方法,从 1645 年起沿用至今。通过对二十四节气的研究,学生感受到了中华传统文化的博大精深。

3. 认真调查近几年清明期间的天气情况,并咨询有经验的老人,了解一些有关清明节期间天气的谚语。学生得知:清明期间的天气,白天时不时能见到阳光,而到了晚上,就时不时下雨。民间一直流传着一条"清明前后多夜雨"的天气谚语。学生研究发现这话是有科学依据的。这是因为从春分到清明,太阳直射点开始从赤道向北半球移动,与此同时,来自太平洋和印度洋的暖气团也在不断增强,清明前后白天的气温比初春时期有了明显的升高,但晚间气温仍然较低,这就给水汽凝结提供了条件。早晨太阳升起后,随着云层受热,空气温度随之升高,水汽就失去了凝结条件,空气中容纳的水汽增多了;日落后,因散热冷却,地面附近的气温也随之降低,到后半夜直至凌晨,气温已降到最低点,空气中能容纳的水汽的能力大大减小,当空气中的水汽超过饱和状态,多余的水汽就会凝结成细小的水滴落下。所以,清明前后,白天一般天气晴朗,而晚上却常常下雨。[①]

4. 根据调查情况,学生认真绘制清明天气情况统计图和清明前后 10 天气温变化图。通过图表学生发现清明节并不是天天雨纷纷,其实大多数清明节还是以晴天和多云的天气为主。清明期间日平均气温呈上升趋势,但日夜温差普遍

---

① 杨文龙文,江春摘. 为何"清明前后多夜雨"[J]. 农村经济与技术,1995 (1):29.

较大，一般在 10 摄氏度以上。

5. 根据对清明天气变化情况的调查和研究结果，制订清明期间出行指南。

**任务二：清明农事**

**活动目标**：能认识清明期间常见的农作物，了解农作物的生长情况；学习解剖农作物的花的结构，了解农作物的播种、培育、采收等情况；并参与农事体验，体验田间劳动的快乐，感受田园美景，培植爱乡爱农情怀。

**核心问题 1**：清明期间有哪些农作物？

**核心问题 2**：这些农作物各有什么特点？

**核心问题 3**：在播种、采收农作物的过程中应注意什么？

**学习活动：**

1. 激发活动兴趣

你知道清明期间有哪些农作物吗？这些农作物有什么特点呢？让我们一起走进清明田园。

2. 安排分组，落实组内分工，由组长落实各组员分工，明确作业上交要求。

3. 落实活动任务：（1）拍一拍：借助手机或相机拍摄清明节期间田间地头常见的农作物；还可以对拍下的图片进行加工，配以文字说明，制作成 PPT、短视频等。（2）剖一剖：将清明期间开花的如油菜、豌豆、蚕豆等常见农作物的花进行解剖，放到一张纸上，标注花的各部分名称，认识花的结构，最后拍成一张照片。（3）种一种：在家长的指导下，选择一种农作物尝试种植，并进行跟进管理，长期观察记录，直至收获。（4）收一收：在家长的指导下，采收清明期间的时令果蔬，如蚕豆、豌豆、莴笋、毛笋等，学着制作一道美食。（5）写一写：结合踏青活动时拍下的照片，将清明节期间美丽的田园风光和自己参与田间劳动的体会用文字描写下来，夸一夸清明期间美丽的田园风光和这次活动的所得。

4. 总结交流，分享活动成果。通过调查，学生认识了清明时节田间的主要作物，有油菜、小麦、蚕豆、豌豆、莴笋、花菜、榨菜、芥菜、包菜等作物。其中油菜快落花，而蚕豆、豌豆等处于花期。水稻、玉米、葫芦、向日葵、南瓜、丝瓜等作物正是播种的时节。学生们把收集到的信息用照片、 APP、解剖图、思维导图、作文等形式进行了展示；同时还向他人分享了田间劳动的乐趣，既丰富了学生的生活，又增进了学生对清明农业知识的了解。

**任务三：清明习俗**

**活动目标：**了解有关清明的一些习俗，通过亲身参与各项活动，感受春天的温暖与生机勃勃，使学生热爱中国传统节日、热爱劳动、热爱生活。

**核心问题1：**清明节有哪些传统习俗？

**核心问题2：**哪些传统习俗我们要继承？哪些要改进？

**学习活动：**

1. 制订"清明与习俗"活动计划。根据本活动主题，学生自行组队，明确小组任务，制订活动计划。

学生通过网络查询，向家中老人询问调查，了解有关清明的一些习俗，适当进行整理。学生通过调查，知道了清明习俗大概分为以下几类：

（1）饮食方面的习俗：

① 做清明果（艾饺、麦果、青团等）。艾是多年生草本。揉之有清香，叶呈羽状分裂，背面有白色细毛。取洗净艾叶稍煮一下，加入糯米粉，以猪油、白糖、芝麻、松仁、核桃肉、百果为馅，捏成僧帽状饺子，蒸熟后即为艾饺。清明之后，天气转暖，多雷阵雨。现在，青团有的是采用青艾、鼠曲草，有的以雀麦草汁和糯米粉捣制再以豆沙为馅制成。当然，现在清明果的口味越来越多，甚至还有小龙虾馅。

② 吃螺蛳。清明时节是采食螺蛳的最佳时节。因为这个时节的螺蛳还未繁殖，最为肥美，故有"清明螺蛳抵只鹅"的说法。

（2）活动方面的习俗：

① 荡秋千。这是我国古代清明节习俗。荡秋千不仅可以增强体质，而且可以培养勇敢精神，至今仍受大家特别是儿童所喜爱。

② 蹴鞠。鞠是一种皮球，起源于宋代，球皮用皮革做成，球内用毛塞紧。蹴鞠，就是用足去踢球。这是古代清明节时人们喜爱的一种游戏。相传是黄帝发明的，最初目的是用来训练武士。[1] 这项活动就是现在的踢足球，是同学们

---

① 朱玉萍. 清明时节话"清明"［J］. 佳木斯教育学院学报，2012（02）：86.

喜欢的一项运动。

③ 放风筝。这也是清明时节人们所喜爱的活动。每逢清明时节，人们不仅白天放，夜间也放。夜里，在风筝下或拉线上挂上一串串彩色的小灯笼，像闪烁的明星，称为"神灯"。过去，有的人把风筝放上蓝天后，便剪断牵线，任凭清风把它们送往天涯海角，据说这样能除病消灾，给自己带来好运。①

④ 踏青。又叫春游，古时叫探春、寻春等。三月清明，春回大地，自然界到处呈现出一派生机勃勃的景象，正是郊游的大好时光。我国民间长期保持着清明踏青的习俗。

（3）其他方面的习俗：

① 扫墓。清明扫墓，谓之对祖先的"思时之敬"。

② 插柳。据说，插柳的风俗，也是为了纪念"教民稼穑"的农事祖师神农氏的。杨柳有强大的生命力，俗话说："有心栽花花不发，无心插柳柳成荫。"柳条插土就活，插到哪里，活到哪里，年年插柳，处处成荫。

2. 每组选择一两项感兴趣的活动，亲身体验。学生根据自己的喜好进行了选择，有的利用双休日向家长学习包艾饺，与家长一起做艾饺，品尝传统小吃，感受劳动的快乐；有的选择放风筝，感受春天特有的活动带给人的欢愉；有的爱荡秋千，感受微风拂面、岁月静好；更多同学喜欢在绿荫地上踢足球，尽情挥洒汗水，感受与同伴相处的美好时光。

3. 总结本次活动，上交小报、作文等资料。在以上一系列活动中，学生学会了快速地从网络中检索信息并有效地整理信息，对清明这个节气有了更多的了解。亲身体验，让学生深切感受春天的气息，增加了对这个传统节日的热爱。

**任务四：清明诗情**

**活动目标：**了解有关清明的古诗词，根据古诗词感知古人的清明情怀；并通过诵读经典清明诗词，感受中华传统文化的魅力，增强学生的文化自信和民族自信。

**核心问题1：**在浩瀚的古诗词中，有哪些诗词是与清明节相关的？

---

① 柳成栋. 漫话清明节［J］. 黑龙江史志，2013（6）：35—38.

**核心问题 2：**如何通过朗读表现古人的清明情怀?

**学习活动：**

1. 制订"清明诗情"活动计划。根据本活动主题，将学生分成若干小组，明确各小组的研究任务，制订好相应的活动计划。

2. 学生通过网络查询，查阅图书馆中与此相关的古诗词书籍，收集有关清明的古诗词，并对收集的古诗词进行整理，选择典型的古诗词，研究这些古诗词包含的古人清明情怀，推荐给全体学生。根据学生的整理，共推荐 20 首古诗词供学生诵读，这些古诗有写清明天气的，有写清明风景的，有写清明祭扫的，有写清明踏春的，有写清明访友的，也有写清明诗人过节心境的。

3. 进行古诗词的诵读。学生根据推荐的古诗词，在家进行朗读，以音频的方式通过钉钉打卡上传朗读音频，同时在学校晨读时间进行班级朗读，然后以班级朗诵会的形式进行清明古诗词的朗诵活动展示。

4. 总结本次"诗意清明"活动，对自己在本次活动中的表现进行自评，说说自己在"诗意清明"活动中的收获，交流古诗词诵读的方法。通过交流，学生掌握了借助百度、搜狗用关键词查询信息的方法，学会了快速在图书馆中检索信息的能力。明白朗读古诗时如何对节奏、语速、音高、情绪、表情进行把控。

**任务五：清明画意**

**活动目标：**了解有关古代清明的名画，通过欣赏，感受画中蕴含的清明文化，感受传统绘画艺术之美，培养学生收集信息、欣赏绘画的能力，加深学生对清明节的认识，增强学生的文化自信和民族自信，能用自己掌握的绘画技能表现自己心中的清明节。

**核心问题 1：**有关清明的古代名画有哪些?

**核心问题 2：**古代画家是如何表现清明的?

**学习活动：**

1. 查清明画作。清明是我国的传统节日之一，自古就有之，唐宋已大为盛行，无数的墨客用绘画记录了当时的清明盛况。学生通过对网络和图书馆相关书籍的查询，找寻有关清明的古代画作。

2. 品清明绘画。根据学生对清明画作的收集情况，选择经典作品《清明上河图》进行欣赏，引导学生从绘画内容、表现形式、画作背景、作者生平等方面进行欣赏。以小组为单位在教师的指导下完成欣赏任务单（见表5-11）。

表5-11 《清明上河图》欣赏任务单

| 序号 | 欣赏任务 | | 我的发现 |
|---|---|---|---|
| 1 | 作者 | | 作者张择端，字正道，东武（今山东诸城）人。生卒时间不详，约生活在十二世纪，为北宋末年著名的风俗画家。早期游学于京师，后习绘画，专攻界画，擅长舟船、车马、人物、街市、城郭等。宋徽宋年间供职于翰林图画院待诏。传世作品有《清明上河画》《西湖争标画》《武夷图卷》等。 |
| 2 | 创作背景 | | 张择端生活在北宋末期，皇帝宋徽宗赵佶虽昏庸腐朽，却是一个出色的画家。他在位期间是宋代画院的极盛时期，招录了不少有才华的画师入画院供职。[①] 宋徽宗很注重写生，他诏令翰林画院的画师都要写生。张择端根据京城汴梁繁华的集市贸易与街景写生而创作了蜚声世界的《清明上河图》。 |
| 3 | 画作形式 | | 长卷（全长527.8厘米，高24.8厘米）。 |
| 4 | 绘画表现 | | 线描，界画。 |
| 5 | 构图 | | 全景式构图、散点透视布局（主要描绘三部分内容：郊外风光、汴河码头、热闹街道）。 |
| 6 | 表现内容 | 建筑 | 城楼、店铺、虹桥、瞭望台、民居、茅舍（共30余幢）。 |
| | | 人物 | 商人、顾客、道士、车夫、船夫、儿童等800余人，人物衣着各异，神态丰富，有详描有略写。 |
| | | 动物 | 马、驴、骡、牛、猪、鸡等70余只。 |
| | | 车船 | 船20多艘，车轿20余乘。 |
| | | 景物 | 树木、河。 |
| | | 习俗 | 王家纸马店卖清明祭祀用品，踏青，逛街等。 |

3. 绘清明习作。通过欣赏古代清明绘画作品，了解清明节的表现内容和形式，引导学生根据已掌握的绘画技法表现其看到的或想到的清明情景，把它画

---

① 刘云. 再读《清明上河图》[J]. 文存阅刊，2016（6）：126—129.

下来，随后开展班级清明作品展。

**任务六："清明缅怀"**

**学习目标：**通过"清明缅怀"主题活动，了解中华民族不屈不挠的历史，缅怀革命先烈，激发学生的爱国情怀；了解自己的家族历史及祖先，激发自己的家族自豪感及传承的信心；学会文明祭祀，破除封建迷信。

**核心问题1：**哪些人物值得我们在清明节怀念？

**核心问题2：**清明祭祀的习俗有哪些？我们如何文明祭奠？

**学习活动：**

1. 制订"'清明缅怀'主题活动"活动计划。根据活动主题，将学生分成若干小组，明确各小组的研究任务，制订好相应的活动计划。

2. 研究清明祭祀对象，学生通过网络查询、查阅书籍、询问家人等方法，搜集革命先烈的故事以及自己祖宗的故事，并对收集的故事、事例进行整理，选择典型的事例，感受事例中爱国、爱乡、爱家的情怀，推荐给全体同学。根据学生的整理，共推荐3个全国先烈故事、3个上海先烈故事、3个普陀先烈事例。

3. 了解清明祭祀的习俗，通过调查发现以前人们祭祀时要点蜡烛、焚香、烧纸钱、摆贡品、放鞭炮、插柳、哭祭。经过讨论，学生明确点蜡烛、焚香、烧纸钱、放鞭炮、哭祭等习俗已不太适合新时代祭奠的需求，我们要文明祭奠，可以通过献花、网上祭扫等活动来实现。

4. 进行网络与实地扫墓活动。学生分组进行实地扫墓，以表怀念与感激。

5. 根据前期的搜集、整理与实地祭扫，学生把自己的所见所闻所想，以文章的形式记录下来，选择优秀的文章进行展示或以班级诵读等方式进行推介。

6. 总结本次"清明缅怀"活动，学生对自己在本次活动中的表现进行自评，说说自己在"清明缅怀"活动中的收获，交流自己的所感。通过交流，学生掌握了利用百度、搜狗等浏览工具用关键字词查询信息的方法，学会了快速从图书馆检索信息，学会了归类整理有关信息，知道了革命先烈的许多感人事迹，知道了革命烈士纪念碑或自己祖先墓地的所在地，懂得了这次征文的写作方法。

## 七、 项目成果

在"思·忆清明"项目学习中，通过收集、梳理清明的信息，使学生走进清明，认识清明。在这个过程中，学生感知了清明作为传统节日的文化内涵，丰富了对清明的认识，知道清明不只是节日，也是节气，更是一种具有纪念意义的传统文化，它与我们身边的环境、农业生产及生活有紧密的联系。在调查、走访、实践中，学生了解了清明气候的变化，转变了原有清明只有雨纷纷的印象，感知了清明农业生产的状况，增进了对清明节气与农业生产的认识。通过对清明习俗的调查和体验，学生的清明生活更加丰富。各子项目成果如表 5-12 所示。

表 5-12　"思忆清明"子项目成果汇总表

| 项目 | 成　　果 |
|---|---|
| 清明气候 | 统计图、出行方案 |
| 清明农事 | 农作物介绍 APP、植物解剖图，农作物种植、乡村田野观察文章 |
| 清明习俗 | 做艾饺，习俗体验照片 |
| 清明诗情 | 朗读展示音频 |
| 清明画意 | 任务记录单、学生画作 |
| 清明缅怀 | 调查材料、网上祭奠 APP、实地祭奠照片、体会文章 |

## 八、 项目成效

### 1. 提升了学生的综合性素养

随着"思·忆清明"项目的深入推进，学生的学习品质得到了显著提升。从被动地接受知识到主动地去研究有关清明的各方面相关问题；从学习方式的单一转向多样化，通过多学科的综合，学生的思维得到了综合性的训练；学生学会收集、处理各种信息①，能根据信息发现新的问题，并能用所学知识和技能加以解决；学生的自主学习和成员间的合作学习得到协调统一，增进了学生与学生、学生与家长与他人的互助互学。通过"思·忆清明"项目的开展，学生不再以自我为中心，学会了关注他人、关注环境、关注生活，学生的清明节日生活变得丰富而精彩。

2. 提高了教师多元化教学能力

"思·忆清明"项目的实施，改变了以往教师单一的讲授教学方式，通过研究性学习、体验式学习、合作式学习和实践性学习，实现了学生学习方式的丰富多元，教师以多样的教学形态，促进了自我教学能力的提升。通过项目的实施，懂得如何在项目化学习中建构各种支架来辅助学生的项目学习。实现了单一学科教学向多学科融合教学的转变和课堂教学向生活教育的延伸。

# 九、 项目反思

节日意味着轻松，是学生喜爱的日子，对节日文化进行研究也受到了学生的喜欢。但要让"思·忆清明"项目学习在不增加学生负担的同时又能高效实施，并受学生的真心欢迎和家长的认可，本项目也有许多要改进的地方。

1. 任务安排有待精减

"思·忆清明"项目学习分为了 6 个子活动，每个子活动都有不同的研究内容，而这些活动的参与者主要是五年级学生，除了部分项目可在课内完成外，大部分要在课外进行，这大大增加了学生课外学习的负担。因为要在清明前后两周内完成 6 大项活动，每个活动又有成果要求，学生的压力可想而知。大部分学生由前期的兴奋到后期的疲惫和应付，极大地影响了本项目研究的成效。因此项目化学习时学生任务的精减，对项目学习起着至关重要的作用。

---

① 熊伟. 以教学"四优化"促进五年制高职学生深度学习的实践与探索——以《物理》"南京地区供、用电系统调查研究"项目式教学为例 [J]. 齐齐哈尔师范高等专科学校学报，2022（2）：123—127.

## 2. 合作学习有待协调

"思·忆清明"项目学习不是个人单打独斗，而是需要组员间的协作才能有效完成任务，在小组安排时要注意对小组成员的合理组合，把不同能力、不同性格的学生有机整合，使其能发挥各自的长处，弥补相互的不足。由于项目开始经验不足，小组多以自由组合为主，有些小组强强结合，有些组的成员能力相对都比较弱，因此造成很大的成效差异。在活动中对各小组的指导要及时跟进，特别是进行校外任务时，需要校外辅导人员对各组的活动安排进行统一协调。

创意 28

## 挑战不可能

科学探究课堂致力于激发学生科学探究的兴趣，点燃学生智慧的火花，让学生的兴趣更浓厚、智慧更灵动。项目化学习的设计和实施就是要让学生更富有创造性地解决问题，从而培养学生两个必不可缺的素养：第一，应用自己的所知完成特定的任务或问题；第二，有能力在不同的情境间进行迁移。基于这样的培养目标，我在教学校本探究课程"一次科学小演讲——挑战不可能"时，我和孩子们首先一起深入探究拱壳结构的物体，这种形态能有效分散受压区域内的力量到四周而非中心位置，使其成为最适合承受外部冲击的力量分布模式之一。在"踩鸡蛋"的实验中激发起学生对其他科学现象的好奇和兴趣。通过小小科学演讲活动，不仅可以让学生产生主动去探究更多科学奥秘的兴趣，还可以加强学生的语言组织能力和表达能力，让孩子能够自主表达，并且乐于表达。在与伙伴的协作过程中勇敢展现自我，获取正面的情绪感受，分享探索活动的快乐。

## 一、 活动目标

根据我校 I‑DO 课程的目标体系，本次科学小演讲的目标主要关注以下几个方面：

1. 激发学生对拱形承载力的深入研究热情，引领他们关注拱形结构在日常生活中的运用。

2. 通过小组成员之间的讨论、分工、合作，合理发挥团队中各成员的优势，学生在与同伴的合作中大胆表现，能在小组内分工合作，有序完成一次科学小实验，得出实验结果，能对结果展开讨论和分析。

3. 通过资料的收集过程，让学生产生主动去探究科学奥秘的兴趣，体验科学的神奇力量。

4. 通过演讲，加强学生的语言组织能力和表达能力，分享探究活动的乐趣，从而获得积极的情感体验。

## 二、 活动过程

### （一）观察现象，发现问题

图 5-4

"在生活中总会有很多有趣的事情发生，有些看上去似乎不可能发生，你知道它们发生的原因吗？比如冬天脱衣服时的火花，这是静电原理；半浸入水中的筷子看起来折了，这是水的折射原理……在我们眼里鸡蛋壳是很薄的，轻轻地掉在地上就会碎了。为什么一个人站在鸡蛋上面，鸡蛋能安然无恙？"

当老师抛出"人踩鸡蛋而不破"这个问题后，深深触发了学生对这一科学现象的好奇心。大家百思不得其解，你一句他一句地讨论起来：鸡蛋壳这么薄，为什么它不碎呢？老师以此为契机，鼓励学生以学习小组为单位，进行深入的探究。学生组建了"拱形结构的威力"的探究学习小组，大家纷纷制作好分工合作的任务表格，打算针对这个问题一探究竟。一个小小的生活中的现象，如果老师引导得好，便能触发学生的探究、合作、思考的开关。

### （二）思考方案，制订计划

薄薄的蛋壳，人为什么能踩在上面而不破呢？大家带着好奇心纷纷行动起来了，有的请教爸爸妈妈和老师，有的上网查阅资料，有的组队在小区里做起来实验……他们终于知道了：当人站在鸡蛋上的时候，脚与鸡蛋的接触面积会比较大。鸡蛋的各个部位受力较小，所以体重较轻的人赤脚站在多个鸡蛋上，鸡蛋不会破。另外从鸡蛋本身结构上说，它是一种薄皮的壳体，但它的承载能力还是比较强的。

最终，他们思考出一套方案，准备做不同的"踩鸡蛋"实验：

表 5-13　实验过程方案表格

| 实验结果 | 每只脚下放 2个鸡蛋 | 每只脚下放 3个鸡蛋 | 每只脚下放 4个鸡蛋 | 每只脚下放 多个鸡蛋 |
|---|---|---|---|---|
| 穿鞋站上去 | | | | |
| 光脚慢慢站上去 | | | | |
| 光脚快速站上去 | | | | |
| 重的学生光脚站 | | | | |
| 轻的学生光脚站 | | | | |

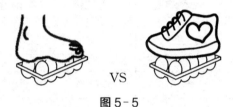

图 5-5

### （三）合作探究，收集数据

1. 探究实验，观察结果

为了圆满完成实验，学生从家里带来了许多鸡蛋。课上，在老师的带领下，有序地按照实验过程表格中的不同情况进行踩鸡蛋实验。结果他们发现：穿着鞋子踩上去比光脚踩上去容易坏；快速站上去比慢速站上去容易坏；脚下踩的鸡蛋越多越不容易坏；同时他们也发现体重不同的人站在鸡蛋上，对鸡蛋的破碎没有多少影响。

2. 展开讨论，分析结果

为什么穿着鞋子踩上去比光脚踩上去容易坏？为什么快速站上去比慢速站上去容易坏？大家一起讨论，分析结果，并且上网查阅相关的资料。原来，从鸡蛋本身结构上说，它是属于一种薄皮的壳体，但它的承载能力还是比较强的。但是如果穿着硬底的鞋子踩上去，鸡蛋的受力面积就小了，因为实验过程中可能只有一个鸡蛋在承受人的压力。因此，如果需要穿着鞋子，那么必须选择柔软的鞋底，以便让鸡蛋表面更多地和鞋底接触，这有助于扩大鸡蛋所承受压力的接触面，从而降低其遭受的高压强度。另外，在踩踏鸡蛋的过程中务必保持缓和，此举基于动量守恒定律：物体的运动状态变化取决于力和持续时间的乘积。通过放慢脚步，我们可以确保速度的变化幅度较小，进而使得动量的变动也相应减少。此外，以平稳的方式触碰鸡蛋能令其承受的力量更加平均，并由于施加力量的时间延长，依据动量守恒定律，会进一步减轻力度。如此一来，我们就能有效防止给鸡蛋带来过大的撞击力，从而保护它免于碎裂。

表5-14 实验结果

| 实验结果 | 每只脚下放2个鸡蛋 | 每只脚下放3个鸡蛋 | 每只脚下放4个鸡蛋 | 每只脚下放多个鸡蛋 |
|---|---|---|---|---|
| 穿鞋站上去 | 容易坏 | 容易坏 | 容易坏 | 容易坏 |
| 光脚慢慢站上去 | 比较容易坏 | 不容易坏 | 不容易坏 | 不容易坏 |
| 光脚快速站上去 | 容易坏 | 容易坏 | 比较容易坏 | 比较容易坏 |
| 重的学生光脚站 | 和实验者技术有关 | 和实验者技术有关 | 和实验者技术有关 | 和实验者技术有关 |
| 轻的学生光脚站 | 和实验者技术有关 | 和实验者技术有关 | 和实验者技术有关 | 和实验者技术有关 |

知识锦囊

小朋友，大家好！我是蛋博士！为什么鸡蛋踩不碎呢？这里面有一定的科学道理哦！首先是因为我们蛋壳是凸曲面。这种拱壳结构能把外来的压力均匀地分散开，所以拱壳形的物体都有很好的抗压性能，我们个个都是"大力士"哦！

如果你仔细地观看表演者脚下的特写镜头就会发现：表演者所踩的鸡蛋，前面的那个不是踩在脚掌下，而是被"握"在脚掌和脚趾之间；后面的也不是在脚跟下，而是卧在脚跟和脚心之间。两个鸡蛋都处在软窝里，这样和脚的接触面就大多了。

图5-6

3. 深入探究　发现奥秘

踩鸡蛋的实验激发了学生对拱壳结构事物的好奇心。由于鸡蛋的形状为椭圆，其表面的曲线结构可以分散压力，因此，这种薄薄的鸡蛋壳能够承受比较大的压力。

学生发现这种拱形原理在日常生活中的应用很广泛，如安全帽、灯泡、摩托车头盔、拱桥、拱形隧道等。比如坐落在北京的"国家大剧院"，其"薄壳结构"建筑特点的灵感，也是来源于小小的鸡蛋；再如我国的窑洞也是拱形的洞穴，拱顶的承载能力优于平顶，因此洞穴一般采用拱顶的方式来保证其稳定性；再如位于河北省石家庄市赵县城南洨河之上的赵州桥，采用了拱形设计，这是古代中国桥梁建造中一种常见方式。拱形设计可以将桥面上的荷载转移到桥墩上，从而减小桥面的弯曲和变形，增强桥梁的承载能力；再如圆形的头盔，能最大限度地分散单一方面的冲击力，也具有最强的抗压力，所以头盔的形状是向外拱起的薄壳状结构，这样受到外力时不容易发生形变，从而保护头部；再如大多数乌龟和蜗牛的壳都是圆拱形的，这样的结构能承受更大的压力，有更好的抗压力和防御力，弧形的表面使得肉食动物的利齿很难稳稳地咬住使劲，可以使它们有逃生的机会，这一自然选择的结果，还因为圆形的壳更容易使得它翻身，如果乌龟被谁翻过身子，假如它的壳是方形的，那么乌龟就翻身无望了。

身边一些拱壳结构的事物让学生将知识和生活紧密关联起来，增强了他们的创新意识。俗话说："科学探究无止境。"学生越探究越感到有趣、不可思议，一颗颗热爱科学的小种子在他们心里播种、发芽……

（四）成果展示　锻炼表达

通过"小故事展示台"和"科学角"，学生去讲述和展示更多的科学奥秘，发现生活中的"不可能事件"，从小树立"挑战不可能"的梦想。

1. 教师请学生以"挑战不可能"为主题，告诉学生神奇的科学现象无处不在，鼓励学生进行课前搜集，整理出一个神奇的科学现象，并能告诉大家其中的奥秘所在：演讲时间控制在 2—3 分钟，要求声音响亮，与听众有眼神的交流和问题互动，演讲内容清楚易懂，介绍的科学现象能吸引人……

2. 教师指导学生准备演讲的步骤：列演讲提纲，根据提纲练习演讲，　3—4

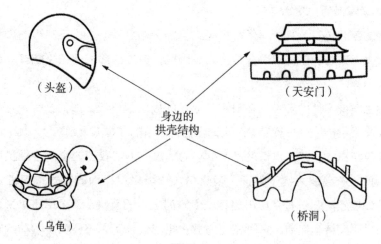

图 5-7

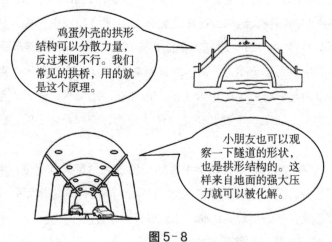

图 5-8

人为一学习小组互相练习，自己对着镜子练习。

3. 学生做好相关的演讲 PPT。

4. 学生本人、教师和小伙伴给演讲者打星，星数最多的同学被授予"演讲小达人"光荣称号。

5. 教师评选出 10 个有趣而神奇的科学现象，让学生自己进行排版和打印，最后展示在班级"科学角"中。

## 三、活动评价

对项目化活动课程进行评价，能帮助老师认识到课题的选择是否适合学生的知识水平，是否能使学生的能力得到提升；能够让教师认识到，课程内容是否完善，是否符合学生的认知特点；能够帮助教师明确课程目标是否达到。

### （一）过程性评价的项目设计

在美国，国家赫尔巴特学会于 1895 年首次提出"课程整合"理念，强调各个学科间的联系与互动。本次项目化学习"一次科学小演讲——挑战不可能"是一次跨学科融合的学习过程，将科学、语文、美术、信息等学科融合在一起，以提高学生多方面的能力，因此在学习过程中，更多地运用过程性评价。在设计评价内容时，借助跨学科项目，实现学科间知识的横向统整。相较于结果评估，过程性评估更具有引导作用。过程性评估不只是关注教学流程，也重视学生智力成长的过程，例如解决实际问题的技巧等，它能够迅速、及时地对学生的学习效果进行评价，肯定他们的表现，并找出存在的问题。

教师围绕能力目标设计了任务和分项等级评价标准（如表 5-15）。

表 5-15

| 项目任务 | 学科 | 任务 | 能力目标 | 评价项目 | 评价形式 |
|---|---|---|---|---|---|
| 探究生活中的一个神奇的科学现象 | 探究 | 在生活中找一个神奇的科学现象。 | 能清楚地解释出自己找到的科学现象的科学原理。 | 探究实践能力 | 星级评价与描述性评价 |
| | 语文 | 能列演讲提纲，根据提纲练习演讲。 | 演讲时声音响亮，与听众有眼神的交流和问题互动，演讲内容清楚易懂，介绍的科学现象能吸引人。 | 表达与逻辑能力 | 星级评价与描述性评价 |
| | 信息 | 用电脑课中学到的信息技术，做好相关的演讲 PPT。 | PPT 制作能给自己的演讲锦上添花，让其他同学借助 PPT 的展示对其中的奥秘一目了然。 | 综合与实践能力 | 星级评价与描述性评价 |

| 项目任务 | 学科 | 任务 | 能力目标 | 评价项目 | 评价形式 |
|---|---|---|---|---|---|
| | 美术 | 用美术课中学到的颜色搭配、图文美化、版面布局等技能对 PPT 进行装饰。 | 考查学生对图文的表现能力和美化能力等。 | 审美与实践能力 | 星级评价与描述性评价 |

### （二）过程性评价的项目实施

1. 过程性评价的时间安排

在活动中，以过程评估为导向，促使学生在多种交互中完成"看""做""想"和"问"等活动，是一个观察、实践、发问、思考和表达的过程。因此，要使跨学科项目化课程的教学真正落到实处，得形成一套长期的评估体系，需要在教学过程中合理地制订教学评价方法。有效的评估既可以激发学生的内在动力，又可以促使他们积极地参与。通过课时作业、周作业、学期作业三个不同时间跨度的评价，对学习效果循序渐进地进行评估，在评估中发现问题、修正问题。给学生足够的探索时间，课堂内师生先充分地探究，老师进行引导，然后布置周时任务，让学生逐一探究和落实，保证有充足的时间来深入探究相关的科学现象。本次项目化学习是围绕"拱型结构"展开的，给予学生充足的探究时间，他们才能在每天的生活中寻找和发现相关的现象和事物，让研究更深入，从而杜绝走马观花和蜻蜓点水的表面化学习现象的出现。

2. 过程性评价的参与对象

苏霍姆林斯基提出："最完备的教育是学校与家庭的合作。"和谐的家校关系有助于提升学生的学习积极性。通过双方的配合，可以实现最大化的教学效果。一旦学生意识到教师及父母都在为了他们的成长共同付出努力，这将会对他们产生巨大的激励作用，增强他们的自信心，进而促使他们付诸行动，极大程度地满足他们在精神层面上被关注的需求。为了让学生深入了解"拱形结构"的构造、特征以及运用，在平时可以让家长带领学生走进各个场所，让学生寻找和发现这种结构的现象和事物。学校和家庭的协同教育方式不仅让学生感受到良好的学习氛围，更能推动亲子关系的平衡发展，实现教育效果的双赢。

### 3. 过程性评价的具体实施

过程性评价的核心功能并非在于评估的结果级别，也不在于对学生的态度和行为作出区别和对比。根据教育评估的标准来衡量，过程性的评估是基于个体内部差异的评估方式，也就是通过比较学生的以往情况和当前状况，或是比较他们的相关方面，以得出评价结论的教育评估模式。

活动评价量表可以帮助教师评估学生在实践活动中的学习成果，通过量表中的评价指标，可以客观地评估学生在实践活动中的表现，了解他们是否达到了预期的学习目标；同时，评价量表可以提高学生的团队合作能力。评价量表中的评价指标涵盖了学生在团队合作中的表现，包括沟通能力、协作能力、领导能力等，填写评价量表可以促使他们更好地发展自己的团队合作能力；填写评价量表可以激发学生的自我反思能力，通过自我评价和他人评价的对比，学生可以更好地认识到自己的不足之处，并进一步改进自己的学习方法和表现；填写评价量表还可以提高学生的创新能力，评价量表中的评价指标涵盖了学生的创新思维和创新实践能力，通过填写评价量表，学生需要评价自己的创新能力，这可以激发他们的创新意识，培养他们的创新能力；填写评价量表，还可以提升学生的表达和倾听能力，通过填写表格，知道自己的表达和倾听能力如何；评价量表还可以为教师提供改进教学的依据，通过评价量表的结果，教师可以了解学生在实践活动中的强项和弱项，从而有针对性地改进教学内容和方法，提高学生的学习效果。为此老师从"参与程度、收集能力、协作能力、探究能力、表达能力、倾听能力、理解能力、创新能力"等方面设计了量化的星级评价表（如表5-16）和表述性评价表（如表5-17）。

表5-16

| 评价内容 | 自我评价 | 小组评价 | 家长评价 | 老师评价 |
|---|---|---|---|---|
| 能主动收集资料，为演讲作准备。 | ☆☆☆☆ | ☆☆☆☆ | ☆☆☆☆ | ☆☆☆☆ |
| 能独立观察思考，有自己的见解。 | ☆☆☆☆ | ☆☆☆☆ | ☆☆☆☆ | ☆☆☆☆ |
| 探究实验设计新颖，有创意。 | ☆☆☆☆ | ☆☆☆☆ | ☆☆☆☆ | ☆☆☆☆ |

| 评价内容 | 自我评价 | 小组评价 | 家长评价 | 老师评价 |
|---|---|---|---|---|
| 演讲的观点、内容、阐述合理正确。 | ☆☆☆☆ | ☆☆☆☆ | ☆☆☆☆ | ☆☆☆☆ |
| 演讲时表达通顺，落落大方，声音响亮。 | ☆☆☆☆ | ☆☆☆☆ | ☆☆☆☆ | ☆☆☆☆ |
| 多媒体制作美观，能起到良好的辅助作用。 | ☆☆☆☆ | ☆☆☆☆ | ☆☆☆☆ | ☆☆☆☆ |
| 倾听别人演讲时能保持安静，认真专注。 | ☆☆☆☆ | ☆☆☆☆ | ☆☆☆☆ | ☆☆☆☆ |
| 讨论问题时，能有自己的见解，并善于表达。 | ☆☆☆☆ | ☆☆☆☆ | ☆☆☆☆ | ☆☆☆☆ |

表 5- 17

| 描述性评价 | 学生自评 | |
|---|---|---|
| | 同伴评价 | |
| | 家长评价 | |
| | 综合评价 | |

## 四、活动反思

跨学科的项目化学习是一种以问题驱动学生，使其在探索中自主构建知识体系的教育方法。通过问题场景来揭示其核心含义，并利用现实生活中的问题去探索相关领域的知识，从而构建可以转移的思维模式，并且在这个过程中深入理解各个科目的深层内容。因此，我们可以说，跨学科的项目化学习是一个为学生提供机会让他们持续迸发出思想火花、生成独特想法的过程。本次"探究神奇的科学现象"项目化学习，教师的设计意图就在此。

跨学科的项目化学习连接着生活、科学，为学生提供了深入研究的机会，让他们更为自主地去探索这个世界，从而深刻理解学习的价值所在。在这个特定的项目化教学过程中，教育者的角色又该如何定位？我想应该就是和学生一起合作，展开有意义的探究的过程。

在项目化教学中，我注重学生主体地位的确立，鼓励学生自主探究和合作学习。在实施过程中，我发现学生们能够更加积极主动地参与其中，他们在项目中扮演着独立思考者和合作者的角色。然而，有时候学生们在面对一些复杂的问题时，会出现困惑和迷茫的情况。因此，我认为在项目开始之前，应该对项目的目标、要求和任务进行详细讲解，让学生对项目有一个清晰的认识。同时，我也会设置一些引导性的问题，帮助学生理解和解决问题。有时候学生们在探究和实验的过程中会遇到一些困难和挫折，会失去信心和动力，每当此时，我会及时给予学生们鼓励和支持，帮助他们克服困难，增强他们的自信心和毅力。

项目化教学注重评价的多样化和个性化。在实施过程中，我发现学生们能够通过项目评价，提高自我认知和激发发展潜能。然而，有时候学生们在评价过程中会出现焦虑和压力，他们可能会过分关注分数和排名。因此，我认为在项目评价中要注重尊重个体差异，采用多种评价方式和标准，让学生们能够全面展示他们的能力和潜力。

总之，项目化学习要让学生热情而有创意地生活，让学生感受到学习的意义。

创意 29

# 磁力能不能让小车动起来

2022 年 3 月我国教育部颁发的《义务教育科学课程标准（2022）年版》在科学观念、科学态度中新增了"技术与工程领域"，可见技术工程领域在科学课程中培养的重要性。本案例依托校园资源包"趣·十一"中"磁悬浮小车"的内容，以"磁力能不能让小车动起来"为驱动问题，运用 I-DO 学习方式，在项目任务的解决过程中，调用、整合多门学科知识，提升学生的科学思维，增强学生的知识获取能力、知识整合能力与运用能力，从而培养学生的科学探究能力、技术与工程的实践能力，形成主动学习、积极探索的学习态度。

## 一、活动目标

根据我校 I-DO 课程的目标体系，将本活动的目标定为以下 4 个：

1. 通过探究磁铁的活动，尝试制订有关磁铁的探究计划，了解磁铁同极相斥、异极相吸的原理，体会磁现象的奇妙，能通过推理作出合理的假设，用文字、符号等形式记录探究磁现象的过程和结果，运用证据与初步结论对所探究问题作出合理的解释，形成细致认真、实事求是的科学态度。

2. 通过绘制磁力小车设计图的活动，能从图书、网络等途径查找所需的资料，用符号、图表等形式，绘制和设计磁力小车，提升搜集证据、处理信息、表达交流的能力，感悟合作学习的重要性。

3. 通过制作磁力小车的活动，能选择合适的工具、材料进行制作，能尝试根据发现的问题并结合实际情况进行调整、总结经验，在制作活动中培育节约资源的意识。

4. 在探究"磁力能不能让小车动起来"过程中，学生尝试开展小组内（间）的合作、学习分享，能尝试运用演示手段配合口头介绍交流探究的过程、方法和结果，并进行简单评议，激发学习兴趣与探究动力，领略我国磁悬浮科技发展的成就，感悟我国科技人员开拓创新的精神，具有民族自信和自豪感。

## 二、 活动过程

### （一） 观察现象，发现问题

学生在日常生活中接触过磁铁的现象，知道磁铁有磁性，也能说出磁铁在生活中的一些应用实例。学生在假期旅行中经常乘坐高铁，上海自 2003 年 1 月运行了中国第一辆磁悬浮列车，有的学生还乘坐过磁悬浮。学生有了自己的疑问：磁悬浮和高铁有什么区别呢？自己能不能设计一辆车，以磁力为动力，让小车动起来呢？结合生活经验与认知，并通过观察现象，学生提出了问题"磁力能不能让小车动起来？"于是，教师指导学生建立起了项目组，并组建了小组团队。

在团队的组建中，教师选取队员，随机分组。同时确定了团队名称，签订了团队协议，以此增加了团队认同感。在此过程中，学生需要选举队长，分配每个人的任务和角色，并在团队中讨论规则，例如分配好任务后，有人不完成怎么办？如何处理团队成员之间的分歧？这些规则的制订，有助于学生达成共识，遵循决策和冲突解决的规则。同时，也能够让学生投入到项目中，发挥其独特的才能。

### （二） 思考方案，制订计划

学生通过 KWL 表，列出已经学过或知道的内容，从而澄清和梳理整个项目中的已知、未知。

#### 表 5-18 项目的 KWL 表格

| 关于这一问题<br>我们的已知 | 关于这一问题<br>我们想知道 | 关于这一问题<br>我们打算如何解决 |
|---|---|---|
| 同极相斥<br>异极相吸<br>磁铁能吸铁<br>塑料不能被磁铁吸引<br>磁铁的种类有很多 | 磁力能不能让小车动起来<br>小汽车是用什么做成的<br>磁铁的大小<br>如何磁发电<br>小车还能怎么动 | 小车材质<br>查阅资料<br>问老师、家长<br>做实验 |

结合表 5-18，学生制订了学习计划，先了解有关磁铁的知识，再绘制设计图，最后根据设计图进行制作。

**（三）合作探究，收集证据**

1. 多种材料实验探究，实践形成科学观念

学生对于磁铁有初步感知，认识一些磁铁，但是对于"同极相斥、异极相吸""磁铁能指南北""磁悬浮的原理"尚不明晰。教师准备好大量的磁性材料和非磁性材料，让学生通过实验知道磁铁能吸引铁钴镍等磁性材料。继而教师演示实验，让学生知道磁铁能指示南北。同时，让学生经历设计——实验——分析的过程，先分别将一个磁铁的 N 极、S 极与另一个磁铁的 N 极、S 极互相吸引，然后小组交流、全班汇总数据，从而得出一般结论"同极相斥、异极相吸"。最后，通过猜想磁悬浮原理，模拟实验，学生了解磁悬浮的原理，为本次项目化学习树立科学观念。教师准备大量实验材料，学生经历演示实验、模拟实验、实验设计、实验等多种形式，从而构建知识能力。

2. 资料搜集合作交流，奠定工程实践基础

除了了解磁铁的性质及磁悬浮原理之外，真实世界的磁悬浮车的知识也应该是学生所具备的。现实的车的外形、结构、动力来源等是怎样的，这些让学生一一搜集资料了解有点困难。因此，可以通过小组分工，让学生选择自己感兴趣的板块，利用网络、书籍等多种渠道查找资料进行了解，再进行组间共享。在查找资料的过程中，学生对收集的信息进行整理和分析，并能够提出自己的看法和想法，为后续设计制作活动环节奠定了一定的基础。

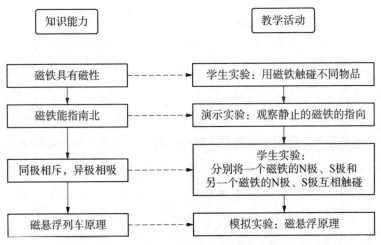

图 5-9　实验探究中知识能力的构建

3. 头脑风暴绘制图纸，促进团队合作探究

经历团队构建后，学生各司其职，完成自己擅长的部分，展开团队合作。先进行团队头脑风暴，确定小组想要制作的小车样式，小组集思广益，每个学生都能提出自己的观点和看法，但组内同伴之间要学会倾听不同的观点，学会去接纳别人的观点。在刚开始讨论时，学生的思维从发散性思维再到讨论过程中的聚合性思维，通过综合分析和整理，小组进行组间分享切实可行的设计。例如，动力装置安装在哪里？车各部分材料是怎么样的？通过全班组间的交流、提问，帮助每组对于自己的设计作品进行梳理审视，从而得到更为科学可行的方案。

4. 多元材料设计制作，培养综合素质能力

小组成员根据第二次修改好的图纸选择合适的材料进行制作。教师设置材料区，提供了塑料瓶、纸盒、超轻粘土、吸管、各种不同材料的纸等多样材料，供学生自主选择。同时，鼓励学生要善于发现，寻找身边可回收利用的材料进行制作。在制作的过程中，学生有的制作车身，有的制作动力，有的负责细节优化，有的负责颜色搭配，在制作的过程中，融入了科学、数学、美术等多学科知识。

### （四）形成修订，成果展示

经过课内外的活动，学生设计了自己小组的 1.0 版磁力小车，并进行了小组团队展示，介绍设计理念和作品的优缺点，以及在制作小车的过程中遇到的问题，又是怎么解决的。但经过全班交流汇总后发现，虽然经历了前期实验知识架构，学生对于如何制作一辆以磁力为动力的小车有了一定基础，但在制作过程中，动力的搭建和小车的搭建是分开完成的。虽然以手的推力作为动力来源能使小车动起来，证明小车的制作没有问题，但由于小车整体质量过大，而磁力过小，无法以磁力为动力使小车动起来。"磁力能不能让小车动起来"这个问题只完成了"小车"部分，而没有通过磁力让它动起来。全班经过交流讨论，发现了这个共性问题，在协商后一致决定，这一次要完成 2.0 版，要做一辆真正的"磁悬浮车"。

吸取之前整体车身质量大于磁力导致无法以磁力动起来的经验教训，此次制作车轨选用 A3 尺寸的纸，车身采用 A4 尺寸的纸。全班经过协商讨论，反复地折叠、尝试，确定了轨道的长和宽。经过尝试，确定了轨道两侧的磁铁全部为 N 极向上。小组合作时，核心组成员对轨道进行了搭建。在确定轨道后，学生利用一张 A4 纸将车身制作成磁悬浮车。

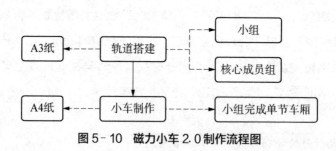

**图 5-10　磁力小车 2.0 制作流程图**

在小车的搭建过程中，学生首先绘制图纸，画下自己想做的小车的样子，然后用废旧的纸先做一个小模型，在模型的制作中进行修正、完善，最后制作成小车。学生发挥奇思妙想，有的做成盒子的形状，有的做成了飞机的样子，有的做成了赛车的样子……在动手操作中，学生运用到了数学、科学、美术等多项学科的能力，提高了技术与工程实践能力。

# 三、 活动评价

表 5‑18  "磁力能不能让小车动起来?" 项目活动评价表

| 编号 | 量规 | | | 自我评价 | 小组评价 |
|---|---|---|---|---|---|
| | ★★ | ★☆ | ☆☆ | | |
| 1 | 能说出三个以上被磁铁吸引的物质。 | 只能说出一到两个被磁铁吸引的物质。 | 不能说出被磁铁吸引的物质。 | ☆☆ | ☆☆ |
| 2 | 能通过实验概括总结"相同磁极互相排斥,不同磁极互相吸引"的原理。 | 能用自己的话大致描述出"相同磁极互相排斥,不同磁极互相吸引"的原理。 | 不能说出"相同磁极互相排斥,不同磁极互相吸引"。 | ☆☆ | ☆☆ |
| 3 | 能积极参与设计实验,规范进行实验,如实记录实验结果,选出适合的材料,对实验结果进行观点总结或主观判断。 | 能基本参与实验,进行实验,记录实验结果,选出合适的材料,基本能对实验结果进行观点总结或主观判断。 | 不能参与实验,不能进行实验,不能记录实验结果,不能选出合适的材料,不能对实验结果进行观点总结,或主观判断。 | ☆☆ | ☆☆ |
| 4 | 能根据磁铁特性,利用简单的文字、图表等合理设计绘制设计图。 | 不太能根据磁铁特性,利用简单的文字、图表等设计绘制设计图。 | 不能绘制设计图。 | ☆☆ | ☆☆ |
| 5 | 能根据设计图,选择适合的材料制作磁力小车,并对小车进行改进。 | 能制作磁力小车,选择的材料不太恰当,会出现偏差,没有对小车进行改进。 | 不能制作磁力小车。 | ☆☆ | ☆☆ |
| 6 | 磁力小车能正常行驶,外观精美。 | 磁力小车设计较简单,造型一般。 | 磁力小车不能行驶,没有美感。 | ☆☆ | ☆☆ |
| 7 | 能承担小组任务分工,并独立开展组内分工。 | 基本能承担小组任务分工,并独立开展组内分工。 | 不能承担小组任务分工,也不能独立开展组内分工。 | ☆☆ | ☆☆ |
| 8 | 能够结合评价的要求对各组小车设计进行观察与客观评价。 | 能够结合评价要求对各组小车设计进行部分观察与客观评价。 | 没有对各组小车设计进行观察与评价。 | ☆☆ | ☆☆ |

| 编号 | 量 规 | | | 自我评价 | 小组评价 |
|---|---|---|---|---|---|
| | ★★ | ★☆ | ☆☆ | | |
| 9 | 能够总结制作小车的经验，并在组内进行交流。 | 没有总结制作小车的经验，但在组内听取了他人的经验交流。 | 没有总结制作小车的经验，也没有参与组内的交流。 | ☆☆ | ☆☆ |
| 10 | 能够始终遵循组内交流依次发言的要求，别人发言时能安静、耐心倾听。 | 部分情况下能遵循组内交流依次发言的要求，别人发言时能安静、耐心聆听。 | 基本不能遵循组内交流依次发言和别人发言时安静、耐心倾听的要求。 | ☆☆ | ☆☆ |

项目化活动评价表可以对工程技术、作品、团队合作等不同板块进行评价。在制作的过程中，同时有过程性评价，例如小组探究成果自评表、同伴评议表等不同的表对所完成的模块进行阶段性的评价，如同伴评议将从设计图的科学性、可实施性、优缺点进行评价。同时，评价表也成了学习支架，为学生修改作品提供了可参考的项目。

表5-19  小组探究成果自评表

| 评量内容 | 评价标准 | 达成情况 |
|---|---|---|
| 成果质量 | 能将搜集到的资料进行筛选。 | |
| | 能清晰展示资料搜集的结果。 | |
| | 能说明引用的资料来源。 | |
| 现场表现 | 小组每位成员充满热情。 | |
| | 展示过程中能说清小组成员的分工任务。 | |
| | 条理清晰，语言简洁，能清晰表达探究的过程和结果。 | |
| 参与程度 | 每位成员都承担了相应任务，完成分内工作。 | |
| | 对其他小组的提问能积极作出回答。 | |
| 倾听态度 | 可以虚心接纳别人的意见和建议。 | |
| | 认真听取其他小组的交流汇报。 | |

教学和评价是项目实施的两个重要环节，相辅相成。评价既对教学效果进

行监测，也与教学过程相互交融，从而保证与促进学生的发展，以评价激励每个学生的发展。评价分为过程性评价和终结性评价，过程性评价强调对学生学习活动过程的评价，重视学生在活动过程中的态度、情感、行为表现，重视学生在活动中的努力程度，以及过程中的探索、思考、创意等。即使活动的最后结果没有达到预期的目标，也应从学生获得了宝贵生活经验的角度加以珍视。同时，也注重评价主体的多样化，学生既是评价的对象，也是评价的主体，强调以学生的自评、互评和师评相互结合的方式进行。在评价方式上多元化，从学生的搜集资料、演讲、设计、制作等多个方面分析评价学生。最后，由于本次活动是工程技术方向，因此要重视学生在"人人有创意，个个会创造"方面的个性化表现。

## 四、活动反思

在活动的过程中，教师营造了以学生为主体的活动氛围，引导学生在问题解决中感受技术的力量，体会了工程技术对人们生产生活的影响。在制作过程中，学生没有考虑到磁力大小的因素，出现了由于小车的整体质量过大，磁力无法让小车动起来的情况。因此，学生进行了二次修改和设计，使用了 A4 纸作为材料制作小车；同时在学生的商讨下，用 A3 纸作为轨道，车同轨，这样就可以使小车通过磁力悬浮起来。在整体的活动过程中，学生有充足的时间去体验、发现、尝试，最后体验成功的快乐，这促进了学生核心素养的形成，让科学的种子在学生心中生根发芽！

# 后记

　　本书编制的初衷是将我校自建校伊始在科创教育实践过程中的有益探索及时积累总结，以期为其他学校提供一些积极的参考。

　　本书由孙江涛撰写"第一章 有智慧地做"，屠卓莹撰写"第二章 有发现地做"，郭杉杉撰写"第三章 有设计地做"，邢冰伟撰写"第四章 有探究地做"，吴昕撰写"第五章 有成长地做"，由邢冰伟统稿，耿晨晅进行文字审核。感谢提供书稿案例的陆欣怡（创意1、 6、 16）、胡翔（创意2）、诸影墨（创意3）、郭杉杉（创意4、 14）、吴昕（创意5）、龚叶杰（创意7、 15）、朱晓琳（创意8）、朱研人（创意9）、金殊婉（创意10）、刘雨亭（创意11）、陈娟（创意12）、王旻嘉（创意13）、赵寅杰（创意17、 18）、汪荷露（创意19）、屠卓莹（创意20、 24）、丁正芳（创意20、 22）、邢冰伟（创意21、 29）、王怡婷（创意23）、陆馨苑（创意25）、童倩筠（创意26）、阮银飞（创意27）、徐轶（创意28）老师。

　　时光荏苒，从上海市教育科学研究院普教所杨四耕老师第一次来校指导已经过去一年有余，可以说没有杨老师的鼓励与指导，就没有这本书的成稿与出版。回顾整个过程，我们在市区专家的指导下，学习相关文献，提炼学习模式，继而进行实践探索，这已然成为全体参与者共同的责任和任务。其间，编写组全体成员经历多次的组内研讨、跨学科交流，多次听取各方的意见与建议，集思广益，反复修改。文章不厌百遍改，反复推敲佳句来。直到书稿付梓的这一刻，全体参与者才觉得稍稍松了一口气。

　　成书的过程中离不开许多人的付出与帮助。感谢首任校长王惠勤在建校初期明确提出"科创引领，文理相融"的办学特色，为我校科创特色发展奠定基础。感谢上海市浦东教育发展研究院陈祥金老师，自2017年起指导教师们共同编写校本科创课程资源包，丰富科创教学内容与形式。感谢区卓越团队工作室领衔人、特级校长吴庆琳，在她的示范引领下，我校如今的特色发展之路才能一步一个脚印走得尤为坚实。

我们的水平有限，如有不妥之处，敬请批评指正！

# "品质课程"阅读书目

学校整体课程规划 18 问
学校整体课程规划的七个关键
学校整体课程规划

## 📖 课程治理现代化丛书

阳光阅读的校本设计与特色创建
**CIM** 课程:创客教育的要素设计与实践探索
高品质学校课程体系
个性化学校课程体系
家校共育的 20 个实践模式
进阶式生涯教育
跨学科学习创意设计
美术特色课程设计与实施
体育,让儿童嗨起来:悦动体育课程的设计与实施
小剧场学校:激活戏剧课程的育人价值
小课题探究:激活学习方式
小切口课程设计:劳动教育的创意实施

## 📖 新质课程文化丛书

实践性学习的七重逻辑
面向每一个生命的课程
多模态学科实践
大规模因材施教的课程模式
为未来而学:未来课程的校本建构与深度实施
面向每一个学习者的课程设计
可感的学习经历:习性教育课程体系探索
单元课程要素统整与深度实施
具身学习与课程育人
把学生放在心上:学校课程变革之道

## 📖 课程治理新范式丛书

以学生为中心的教育治理
实践型学科课程设计与实施
共享式课程治理:集团化办学的课程治理方略
高具身性课程实施:路径、策略与方法

## 📖 特色学校聚焦丛书

让个性自然发荣滋长:"引发教育"的理论寻源与实践探索

面向每一个生命的教育
让每一个生命澄澈明亮:"小水滴"课程的旨趣与创意
新劳动教育:时代意蕴与实践创新
自信教育与个性生长
好学校的精神特质
教育,让个性舒展:"有氧教育"的模样与姿态
唤醒教育:触发生命的感动
生命的颜色与教育的意蕴
人格教育的四个关键点
做精神澄澈的教师

## 特色课程建设丛书

幼儿园特色课程的框架与实施
课程是鲜活的 :"大视野课程"的旨趣与活性
指向核心素养培育的学校课程图谱
让儿童生活在美的世界里:幼儿园全景美育的课程探索
核心素养与学习需求:学校课程建设导引
儿童自然探索课程
幼儿园视觉艺术创意活动设计与实施
连续性课程:特色课程发展的实践探索

## 课堂教学新样态丛书

课堂,与美最近的距离:基于学科核心素养的课堂教学变革
协同教学:意蕴与智慧
决胜课堂 28 招
一百个孩子,一百个世界:基于差异的教学变革
课堂如诗:"雅美课堂"的姿态
在教室里眺望世界:基于 BYOD 的教学方式变革
课堂教学的资源设计与方式变革
境脉教学的实践范式与创意设计
任务驱动与学科实践
课堂教学的智慧属性与意义增值:"灵动课堂"的六个关键词
如溪语文:诗意流淌的语文教育
I-DO 学习模式的创意与实践

## "一校一策"课程体系建设丛书

课程坐标及其应用:教师专业视角
"一校一策"课程规划
"一校一策"课程实施